제3판

유아를 위한

학교폭력예방 및 대책

조운주 · 최일선

창지사

머리말

학교 안과 밖에서 학생들 간의 신체적 · 언어적 폭력과 집단 따돌림 등의 문제들이 지속적으로 발생하면서 정부는 문제의 심각성을 인식하여 2004년에 「학교폭력예방 및 대책에 관한 법률」을 제정하였고, 그 후 지속적으로 개정해 오고 있다. 어린 영유아들의 경우, 유아교육기관에서 교사들의 폭력 문제가 조명되었고, 가정에서 부모의 아동학대 및 방임 등으로 인한 사망 사건들이 드러나면서 2014년 「아동학대범죄의 처벌 등에 관한 특례법」이 제정되기도 하였다.

학교 현장에서의 학교폭력과 교사 및 부모의 아동학대 등을 예방하기 위해서 교육부는 2013년부터 유 · 초 · 중등 교직과목으로 학교폭력예방에 대한 교과목을 이수하도록 하였다. 이에 따라 초 · 중등 교원양성대학의 학생들뿐 아니라 예비유아교사들도 학교폭력예방에 대한 교직과목을 이수하고 있다. 그동안 학교폭력 관련 교재들이 발행되었으나 초 · 중등에 초점을 맞추고 있어서 저자들은 예비유아교사들에게 실제적인 도움을 제공하고자 유아교육 현장에 초점을 맞춘 『유아를 위한 학교폭력예방 및 대책』을 2016년 집필하였다.

그 이후 2019년에 누리과정이 개정되었고, 2020년에는 「학교폭력예방 및 대책에 관한 법률」뿐 아니라 「아동학대범죄의 처벌 등에 관한 특례법」, 「인성교육진흥법」, 「인성교육진흥법 시행령」, 「아동복지법」 등 관련 법령들이 개정되었다. 이에 개정된 누리과정과 개정된 법을 반영하기 위해서 『유아를 위한 학교폭력예방 및 대책』에 대한 개정 작업을 진행하게 되었다.

초판에서 학교폭력 관련 법규, 실태에 대한 연구, 신문 기사, 폭력 관련 사이트 등을 제시하였고, 유아, 교사, 부모를 대상으로 실제 사용할 수 있는 예방교육 프로그램, 폭력의 실제 사례, 폭력을 진단하는 데 활용할 수 있는 평가도구 및 대책방법 등을 제시하였다. 이번 개정판에서는 첫째, 학교폭력을 예방하고 처리하기 위해서는 현행 법규를 이해하는 것이 중요하기 때문에 개정된 법규로 내용을 수정하였다. 둘째, 학교폭력 실태를 통해서 현 상황을 보다 정확하게 이해하도록 학교폭력 실태에 대한 최근 연구를 반영하였다. 셋째, 학교폭력을 예방하고 적절히 처리하기 위해서 도움을 받을 수 있는 기관들에 대한 최근 정보를 제시하였다. 넷째, 2019 개정 누리과정에 근거하여 유아폭력에 대한 예방교육을 운영할 수 있도록 내용을 수정하였다.

이 책의 구성은 1부 학교폭력의 이해, 2부 유아폭력의 예방 및 대책, 3부 유아교사 · 부모 학대의 예방 및 대책, 세 부분으로 구성되어 있다. 1부는 학교폭력에 대해서 전반적으로 이해할 수 있는 내용으로 1장은 학교폭력의 개념 및 특징, 2장은 학교폭력의 유형, 3장은 학교폭력의 현황 및 원인, 4장은 학교폭력 관련 법규, 5장은 학교폭력의 예방 및 대책에 대해서 설명하였다. 2부는 유아의 발달 특성을 이해하고, 폭력의 예방 및 폭력 발생 시 대책에 관한 내용으로 6장은 폭력예방을 위한 유아의 자아개념, 정서 및 행동 이해와 조절, 대인관계 발달에 대해서 다루었다. 7장은 2019 개정 누리과정에 기초한 유아폭력예방 교육, 8장은 유아의 신체폭력, 언어폭력, 따돌림, 성폭력에 대한 대책을 다루었다. 3부는 유아교육기관에서 교사의 학대 및 가정에서 부모 학대에 대한 예방과 대책에 대한 내용으로 9장은 유아교사 학대의 예방 및 대책, 10장에서는 부모 학대의 예방 및 대책에 대해서 다루었다.

이 책을 통해서 예비유아교사들이 유아교육 현장에 나가서 교사로서 유아의 폭력을 적절하게 지도하고, 바른 방법과 존중하는 태도로 유아를 지도하며, 혹시 발생할 수 있는 부모의 학대에 대응할 수 있는 지식과 기술을 학습하기를 바란다. 출판을 앞두고 보니 초판에서와 마찬가지로 아쉬운 부분이 있고 여러 가지 고민이 남는다.

끝으로 이 책의 출판을 허락해 주시고 정성을 기울여서 다시 만들어 주신 창지사 관계자분들께 감사를 드린다.

2022년 8월

저자 일동

목 차

2부 유아폭력의 예방 및 대책

1부

학교폭력의 이해

1장 학교폭력의 개념 및 특징

1. 학교폭력의 개념

최근 폭증하는 학교폭력으로 인하여 공교육이 제 기능을 수행하기 어려운 상황에 봉착해 있다. 이로 인해 우리 사회 전체는 학교폭력에 대한 심각한 위기의식을 느끼고 있는 실정이다. 이에 정부는 2012년 '학교폭력근절종합대책' 수립을 시작으로 하여 2013년 '현장중심 학교폭력대책' 에 이르기까지 학교폭력예방 및 근절에 대한 관심과 지원을 지속적으로 기울이고 있다. 그럼에도 불구하고 학교폭력 양상이 점점 더 저연령화·집단화·조직화됨에 따라 심각한 사회적 문제로 대두되고 있다(이종근, 2013).

일반적으로 '학교폭력' 의 개념은 학교에서 일어나는 폭력을 의미하지만, 학교폭력의 발생장소, 가해와 피해의 대상 등에 따라 학교폭력의 정의에 대한 학자들의 시각이 조금씩 상이하기도 하다. '학교폭력' 은 '학교' 와 '폭력' 이라는 두 가지 용어로 구성되어 있다. 여기서 '학교' 의 의미는 학교 주변을 중심으로 일정한 거리 이내에 위치한 지리적 · 공간적 장소를 지칭하는 것이다. '폭력' 의 의미는 다른 사람에게 상해나 피해를 입히기 위해 사용되는 물리적인 힘을 지칭하며, 자신의 이익을 관철시키기 위한 힘과 권력의 부당한 사용도 폭력의 의미에 포함될 수 있다(박상도, 2001).

문용린과 그의 동료들(2006)은 학교폭력을 학교 교내, 주변 등·하굣길, 집 주변, 학원 주변 등 물리적인 장소를 포함하여 교육과 관련된 장소 및 현장에서 부모와 교사를 제외한 모든 사람이 학생에게 행사한 정도가 상당히 심각한 유형, 무형의 모든 폭력을 의미하는 것으로 정의하였다. 한국청소년상담원(2009)에서는 학교폭력을 타인에게 해를 입히기 위하여 힘, 무력, 언어적 공격 혹은 집단 따돌림 등 다양한 수단을 통하여 심리적 혹은 육체적 피해를 입히는 행위로, 학교를 중심으로 맺어지는 관계들이 인간적이고 온정적이며 정상적인 성격을 띠지 못하고 비인간적이며 난폭하고 잔인하며 비정상적인 성격을 띠는 것으로 정의한 바 있다.

2004년에 제정된 「학교폭력예방 및 대책에 관한 법률」(대통령령 제18497호 2004. 1. 19. 제정, 2004. 7. 30. 시행/ 이하 학교폭력예방법)에 따르면 '학교폭력은 학교 내외에서 학생 간에 발생한 폭행, 협박, 따돌림 등에 의하여 신체, 정신 또는 재산상의 피해를 수반하는 행위로서 대통령령이 정하는 행위' 를 의미한다. 대통령령이 정하는 행위라 함은 상해, 폭행, 감금, 협박, 약취 및 유인, 추행, 명예훼손 및 모욕, 공갈, 재물손괴 및 집단 따돌림 그 밖에 의사에 반하는 행위를 하거나 하게 된 행위를 말한다(시행령 제2조). 그러나 법률에서 학교 내외에서의 행위를 학교폭력에 포함시킨 것은 적절하다고 할 수 있으나 폭행, 협박, 따돌림 등에 한정하여 그 개념이 지나치게 협의적이라 학교폭력에 해당하는 많은 부분이 동일한 법에 포함되지 못하는 한계점과 학교폭력의 개념을 지나치게 광범위하게 대통령령에 위임한다는 문제점이 있었다. 이에 2008년 9월 시행된 개정법에서는 학교폭력의 범위에 '상해, 감금약취, 유인, 명예훼손, 모욕, 공갈, 강요 및 성폭력, 정보통신망을 이용한 음란 폭력 정보 등에 의한 경우' 등을 새롭게 반영하여 학교폭력의 범위를 넓힘과 동시에 법률이 입법적으로 개념을 규정함으로써 죄형법정주의[1]에 위반하는 가능성을 제거하였다.

이후 2012년 3월에 개정된 「학교폭력예방 및 대책에 관한 법률」 제2조 제1항에서는 '학교폭력은 학교 내외에서 학생을 대상으로 발생한 상해, 폭력, 감금, 협박,

1) 어떠한 행위가 범죄에 해당하고, 그에 따르는 형벌은 무엇인지를 반드시 국회에서 제정한 법률에 의해 규정되어야 한다는 형사법의 대원칙을 말한다(한림학사, 2007).

약취 · 유인, 명예훼손 · 모욕, 공갈, 강요 · 강제적 심부름 및 성폭력, 따돌림, 사이버 따돌림, 정보통신망을 이용한 음란 · 폭력 정보 등에 의하여 신체 · 정신 또는 재산상의 피해를 수반하는 행위' 로 정의한다. 이는 학교폭력의 개념을 '학생 간에 발생한' 을 '학생을 대상으로 발생한' 으로 변경함으로써 학생 이외의 가해자도 학교폭력의 관련자가 될 수 있게 하여 동법의 적용대상을 확장한 것이고, 또한 '사이버 따돌림' 을 학교폭력의 개념에 포함시킴으로써 개념 범위를 더욱 확대한 것이다.

그러나 현재의 「학교폭력예방법」은 학교폭력의 개념을 정의함에 있어서 '학생을 대상으로 발생한 상해' 라고 하여 학교폭력의 개념을 포괄하지 못하는 한계를 갖는다. 학교폭력은 형사법적 개념이 아니라 교육법적 개념으로 접근해야 할 문제이므로 학교폭력이 문제가 되는 근본적인 이유를 고려해야 할 뿐 아니라 학교폭력은 학교가 직면하는 교육의무의 충돌을 해결하기 위한 것이고 학생, 교직원, 학교 경영자 모두가 교육의무를 수행하는 주체이기 때문에 학생, 교사, 직원들이 두려움 또는 위협을 느끼는 환경을 조성하는 모든 행위를 포함하는 것이 적절하다는 주장이 제시된 바 있다(이종근, 2013).

한편, 유아들이 보이는 폭력적인 행동을 단순히 장난이나 발달과정상의 한 부분으로 심각하게 생각하지 않는 경향이 있으나, 유아기부터 폭력에 대한 올바른 가치관을 형성하도록 폭력에 대한 바른 자세를 갖게 하는 것이 필요하다(김소영 · 노강욱, 2013). 그러나 유아의 폭력은 청소년기의 학교폭력에서 나타나는 폭력 유형이나 성격과는 다르므로 청소년 대상으로 진행되는 접근과 다르게 지도할 필요가 있다.

2. 학교폭력의 특징 및 유형

학교폭력은 학교 밖의 공간에서 힘의 불균형 상태가 조성될 때 고의적으로 일어나고 그 양상도 다양하며 해결이 쉽지 않다. 이전의 학교폭력은 주로 물리적 폭력을 수

반하는 위압적인 태도나 폭행 등을 통하여 주로 금품을 갈취하는 사례가 대다수였지만 최근엔 단순히 물리적 폭력이 아닌 지속적으로 다수의 학생이 한 학생을 집단적, 정신적으로 괴롭히는 경향이 나타나고 있다(김창군 · 임계령, 2010).

일반적으로 학생 간에 발생하는 학교폭력으로 규정할 수 있는 행동은 다음의 3가지 요건 중 하나 이상의 요건이 성립되면 해당한다고 볼 수 있다. 첫째, 고의성으로, 실수가 아닌 고의적으로 해를 입히거나 괴롭히는 말과 행동이다. 둘째, 반복성으로, 어쩌다 한 번 일어난 행동이 아니고 반복적으로 되풀이되는 행동이다. 셋째, 힘의 불균형으로, 힘이 더 센 학생이 약한 학생을, 상급생이 하급생을, 다수의 학생이 한두 명의 소수 학생을 괴롭히는 것이다(송재홍 · 김광수 · 박성희 · 안이환 · 오익수 · 은혁기 외, 2012).

이러한 학교폭력은 일반적인 폭력과는 다른 특징이 있다. 문용린과 그의 동료들(2008)은 학교폭력의 특징에 대해 다음과 같이 제시하였다.

첫째, 학교폭력은 피 · 가해학생의 힘의 균형이 깨어진 것으로 폭력사건 자체만으로도 위기상황이라 할 수 있다.

둘째, 학교폭력은 피해자, 가해자를 명확하게 구분하는 것이 쉽지 않다.

셋째, 학교폭력은 사건해결을 위한 초기 대처능력이 매우 중요하다. 학교폭력이 발생할 때 대부분의 당사자들은 이성적이기보다는 감정적으로 대처하거나 정보와 경험 부족으로 미흡하게 대처하는 경우가 있다.

넷째, 학교폭력은 피 · 가해학생 모두 심리적으로 위기의식을 경험하게 된다.

다섯째, 학교폭력은 단순히 학생들 간의 갈등으로 인해 발생하는 결과로만 볼 수 없다. 학교폭력은 피 · 가해자에 대한 접근뿐 아니라 사회 · 문화적인 접근 등의 다각적인 해결방안이 모색될 필요가 있다.

여섯째, 학교폭력은 주변의 방관자도 간접적 가해자이다. 학교폭력 발생 시 주변 학생들이 폭력행위를 방관하지 않는 행동이나 의지를 보인다면 학교폭력 상황을 예방할 수 있다.

학교폭력이 주로 소수의 문제 학생들에 의해 발생했던 과거와 달리, 최근에는 다수의 학생들에 의해서 지속적으로 이루어지고, 물리적인 신체폭력만이 아닌 정서적인 폭력을 이루어지는 경향이 있다(조종태, 2012). 과거와 최근의 학교폭력 주요 특징을 살펴보면 다음과 같다.

구분	주요 특징
과거의 학교폭력	① 폭력서클이 조직적, 집단적으로 저지르는 폭력이 대부분임 ② 폭행, 금품갈취 등 물리적 폭력이 많음 ③ 1회성 단기적 성격을 띤 경우가 많음 ④ 연령이 상대적으로 많은 학생들에 의해 발생됨 ⑤ 주로 다른 학교 학생들에 대해 폭력을 행사함(자기 학교 학생은 오히려 보호)
최근의 학교폭력	① 일부 학생에게만 국한된 것이 아니라 상당수 혹은 소그룹이 따돌림 등 집단으로 행하는 형태로 변화됨 ② 강제적인 심부름, 빵셔틀, 와이파이셔틀 등 협박, 집단 따돌림, 놀림 등 정신적 폭력의 형태로 다양하게 변화됨 - 인터넷과 스마트폰, SNS 등을 활용하여 교묘한 방식으로 괴롭히고 집단적으로 즐기는 사례가 증가함 ③ 특정 상대방을 대상으로 계속적, 집중적으로 행사하는 경우가 많음 ④ 주로 중학생들 사이에서 가장 많이 발생하나, 초등학생에 의한 학교폭력이 증가하는 등 저연령화 현상이 나타남 ⑤ 학교 현장 내에서 많이 발생함

출처: 법무부·교육과학기술부(2012). 학교폭력에 대한 교사의 역할—교사용(p. 9). 서울: 법무부·교육과학기술부.

최근에 발생하는 학교폭력의 특징을 구체적으로 살펴보면 다음과 같다(정현주·김하나·최보영, 2012).

첫째, 학교폭력이 점점 더 잔인해지고 비인간적인 방법으로 이루어진다. 가해학생들은 특별한 폭력 동기를 갖고 있지 않을 뿐 아니라 피해학생에 대한 죄책감이나 미안함을 갖지 않는다.

둘째, 학교폭력의 발생 시기가 저연령화되고 있다. 한 연구에 의하면 피해학생 중 53.6%는 초등학교 때 최초로 학교폭력을 경험하였으며, 가해학생의 경우는 58.0%

가 최초로 가해행동을 했다는 것으로 나타났다(조종태, 2012)

셋째, 학교폭력이 조직적이고 집단적인 경향을 갖는다. 가해학생들이 조직폭력처럼 조직화, 집단화되면서 성인들의 폭력조직과도 연결되는 경우가 발생하게 되었다.

넷째, 언어적 · 정서적 폭력이 증가되고 지속화된다. 신체적 폭력이 많았던 예전과 달리 요즘은 강제적 심부름, 사이버 폭력 등 언어적 · 정서적 폭력이 늘어나고 있는 실정이다.

이외에, 학교폭력의 특징으로는, 첫째, 피해자와 가해자가 같은 공간에 있는 시간이 많아 피해자는 항상 불안감을 느낀다. 둘째, 피해자의 행동에 관계없이 가해자의 의도 혹은 기분에 따라 폭력이 행사되는 경향이 많다. 셋째, 같은 공간에서 오랜 시간 같이 생활하여 폭력이 장기적으로 지속화되는 특성이 있다. 넷째, 예측 불가능하고 언제든지 행사될 수 있는 심각한 폭력에 장기간 시달릴 경우 폭력에 둔감해진다. 다섯째, 학교폭력은 학습의 결과로 나타날 수 있다. 여섯째, 피해자가 폭력을 미연에 예방할 수 있는 방법이 많지 않다. 일곱째, 학교폭력은 정신적으로 아직 발달하지 못한 학생들 사이에서 일어난다(동대문가정폭력상담소, 2012, 김성민, 2013, 재인용).

이상의 학교폭력의 특징을 종합해 보면, 학교폭력은 학생들 간의 힘의 불균형으로 발생하는 것으로, 최초 발생하는 연령이 하향화되고 있다. 아울러 가해자와 피해자의 구분이 불분명할 뿐 아니라 지속적이며 집단화하는 경향을 보이며, 폭력의 유형도 단순한 신체적 폭력에서 언어적 · 정신적 폭력이 증가하는 특징을 보인다.

한편, 학교폭력의 유형은 가벼운 유형부터 심각한 유형까지 다양하다. 학교폭력의 유형에는 신체폭력, 언어폭력, 금품갈취, 따돌림, 괴롭힘, 성폭행, 사이버 및 대체폭력, 폭력서클, 강요 등이 있다. 법률에 제시된 학교폭력의 유형은, 상해, 폭행, 감금, 협박, 약취 · 유인, 명예훼손 · 모욕, 공갈, 강요 · 강제적 심부름 및 성폭력, 따돌림, 사이버 따돌림, 정보통신망을 이용한 음란 폭력 등이다. 학교폭력의 유형 및 관련 내용과 예시를 제시하면 〈표 1-1〉과 같다.

〈표 1-1〉 학교폭력의 유형

유형	예시 상황
신체 폭력	• 신체를 손, 발로 때리는 등 고통을 가하는 행위(상해, 폭행) • 일정한 장소에서 쉽게 나오지 못하도록 하는 행위(감금) • 강제(폭행, 협박)로 일정한 장소로 데리고 가는 행위(약취) • 상대방을 속이거나 유혹해서 일정한 장소로 데리고 가는 행위(유인) • 장난을 빙자한 꼬집기, 때리기, 힘껏 밀치기 등 상대 학생이 폭력으로 인식하는 행위
언어 폭력	• 여러 사람 앞에서 상대방의 명예를 훼손하는 구체적인 말(성격, 능력, 배경 등)을 하거나 그런 내용의 글을 인터넷, SNS 등으로 퍼뜨리는 행위(명예 훼손). ※ 내용이 진실이라고 하더라도 범죄이고, 허위인 경우에는 형법상 가중 처벌 대상이 됨 • 여러 사람 앞에서 모욕적인 용어(생김새에 대한 놀림, 병신, 바보 등 상대방을 비하하는 내용)를 지속적으로 말하거나 그런 내용의 글을 인터넷, SNS 등으로 퍼뜨리는 행위(모욕) • 신체 등에 해를 끼칠 듯한 언행("죽을래" 등)과 문자 메시지 등으로 겁을 주는 행위(협박)
금품 갈취	• 돌려 줄 생각이 없으면서 돈을 요구하는 행위 • 옷, 문구류 등을 빌린다며 되돌려 주지 않는 행위 • 일부러 물품을 망가뜨리는 행위 • 돈을 걷어 오라고 하는 행위
강요	• 속칭 빵 셔틀, 와이파이 셔틀, 과제 대행, 게임 대행, 심부름 강요 등 의사에 반하는 행동을 강요하는 행위(강제적 심부름) • 폭행 또는 협박으로 상대방의 권리 행사를 방해하거나 해야 할 의무가 없는 일을 하게 하는 행위(강요)
따돌림	• 집단적으로 상대방을 의도적이고, 반복적으로 피하는 행위 • 싫어하는 말로 바보 취급 등 놀리기, 빈정거림, 면박 주기, 겁주는 행동, 골탕 먹이기, 비웃기 • 다른 학생들과 어울리지 못하도록 막는 행위
성폭력	• 폭행·협박을 하여 성행위를 강제하거나 유사 성행위, 성기에 이물질을 삽입하는 등의 행위 • 상대방에게 폭행과 협박을 하면서 성적 모멸감을 느끼도록 신체적 접촉을 하는 행위 • 성적인 말과 행동을 함으로써 상대방이 성적 굴욕감, 수치감을 느끼도록 하는 행위

유형	예시 상황
사이버 폭력	• 속칭 사이버모욕, 사이버명예훼손, 사이버성희롱, 사이버스토킹, 사이버음란물 유통, 대화명 테러, 인증놀이, 게임부주 강요 등 정보통신기기를 이용하여 괴롭히는 행위 • 특정인에 대해 모욕적 언사나 욕설 등을 인터넷 게시판, 채팅, 카페 등에 올리는 행위, 특정인에 대한 저격글이 그 한 형태임 • 특정인에 대한 허위 글이나 개인의 사생활에 관한 사실을 인터넷, SNS 등을 통해 불특정 다수에 공개하는 행위 • 성적 수치심을 주거나, 위협하는 내용, 조롱하는 글, 그림, 동영상 등을 정보통신망을 통해 유포하는 행위 • 공포심이나 불안감을 유발하는 문자, 음향, 영상 등을 휴대폰 등 정보통신망을 통해 반복적으로 보내는 행위

출처: 교육부·이화여자대학교 학교폭력예방연구소(2020). 학교폭력 사안처리 가이드북(p. 9). 세종: 교육부·서울: 이화여자대학교 학교폭력예방연구소.

활동 1 다음은 학교폭력의 오해에 대한 내용입니다. 이들 오해에 대한 여러분의 생각을 이야기해 보세요.

오해1: 우리 반에는 학교폭력이 없고 아이들끼리의 싸움은 학교폭력이 아니다.
오해2: 아이들 싸움은 아이들끼리 해결하도록 한다.
오해3: 아이들은 원래 싸우면서 크고 그런 행동은 성인이 되어 철이 들면 자연스럽게 없어진다.
오해4: 예전에 우리가 어렸을 때도 학교폭력이 있었지만, 지금은 다들 문제없이 잘 산다.
오해5: 사소한 행동이나 재미로 다른 아이를 놀리거나 괴롭히는 것까지 폭력으로 보는 것은 지나치다.

활동 2 다음의 자가진단표는 법에 근거한 학교폭력의 개념을 어느 정도 이해하고 있는지를 알아보는 것입니다. 학교폭력이라고 생각하면 Y에, 아니면 N에 표시해 보세요.

	내용	Y	N
1	A와 B가 싸움을 한 후, B가 겉으로 보기에는 멀쩡했으나 정신을 잃음		
2	복도를 걸어가고 있는 학생의 얼굴에 일부러 침을 뱉음		
3	싫다고 하는데도 강제로 손이나 옷을 잡아당김		
4	학생이 보는 앞에서 단순한 욕('지랄', '재수 없어', '깝치지 마' 등)을 함		
5	동아리 선배가 후배들에게 기합을 준 다음 동아리방의 문을 잠그고 밤 10시까지 나오지 못하게 함		
6	학생들이 보는 앞에서 아무 이유 없이 장난으로 '바보', '생긴 게 역겨워'라고 계속 놀림		
7	A가 B를 툭툭 치다가 팔에 멍이 살짝 듦		
8	동성에게 포르노 비디오를 보여 주면서 움직이지 못하게 한 후, 일부러 손을 만지작거려서 상대방이 창피하다는 생각과 짜증난다는 기분을 경험하게 함		
9	학생들이 보는 앞에서 '미친년', '개새끼', '병신새끼', '또라이 같은 년'이라고 욕을 함		
10	A가 B에게 돈을 빼앗는 것을 보고 C가 A에게 그 돈을 요구함		
11	30분 동안 기합을 줌		
12	하의를 벗기고 성기를 노출하게 한 후 핸드폰으로 사진을 찍어서 다른 친구들에게 전송함		
13	남학생이 좋아하는 여학생에게 '뽀뽀해 줘.'라고 문자를 보내 여학생이 불쾌감을 느낌		
14	화장실로 끌고 가서 때림		
15	친구들끼리 한 학생을 때리기로 한 후, 친구들이 때릴 때 옆에서 망을 봄		
16	집단으로 타 학교 학생들과 싸움을 함		
17	방과 후 같은 반 학생이 노래방에 같이 가자고 해서 갔는데, 다른 학교 학생들이 같이 있었고 노래방에서 폭행을 당함		
18	돈을 요구하고 심부름을 시켜서 하지 않으면 때림		
19	A는 B를 때릴 생각이 없었는데, C가 A에게 "B를 때리지 않으면 너를 죽여 버릴 거야."라는 말을 하여 A가 B에 대하여 폭력을 행사함		
20	4명 중 A학생이 자신들의 험담을 했다며 4명 중 3명이 A학생에게 동시에 말을 안 함		

문항	1	2	3	4	5	6	7	8	9	10	11	12	13	14	15	16	17	18	19	20
정답	Y	Y	Y	Y	Y	Y	Y	Y	Y	Y	Y	Y	Y	Y	Y	Y	Y	Y	Y	Y

출처: 청소년폭력예방재단·서울대학교 교육연구소(2008). 학교폭력 사안처리 가이드북(p. 18). 서울: 교육과학기술부.

2장 학교폭력의 유형

1. 신체폭력

1) 신체폭력의 개념

보통 폭력(violence)이라 함은 신체적인 공격행위 등 불법적인 방법을 행사하는 물리적 강제력을 의미한다(두산동아, 2006). 또한 사람이나 재산에 피해를 주는 인간의 공격적인 행위의 한 형태를 폭력이라고 하기도 한다(박한철, 1998). 신체폭력은 상해, 폭행, 감금, 약취 · 유인에 해당하는 것으로, 의도는 장난이었으나 상대학생이 폭력으로 인식한다면 학교폭력에 해당한다. 신체폭력은 상대에게 해를 끼치기 위해 사용하는 물리적인 힘으로 신체에 직접적인 해를 끼치는 행동을 포함하며, 공포심을 주는 심리적인 위협행위도 포함된다. 여기에는 주먹으로 때리거나 발로 차는 행위, 찌르고 목 조르는 행위, 꼬집기, 손가락 뒤로 꺾기, 화장실에서 문을 잠그고 때리기, 칼이나 몽둥이, 의자 등을 이용하여 상대방에게 피해를 주는 행위, 운동장으로 나오라고 해서 집단으로 때리는 행위, 장난을 빙자하여 때리거나 힘껏 밀치는 행위 등이 신체적인 폭력 등에 해당된다(김성곤 외, 2014; 정현주 · 김하나 · 최보영, 2012).

신체적·물리적 학교폭력 예시

- 고의적으로 건드리거나 치는 등 시비를 거는 행위
- 때리는 행위(다른 사람을 시켜서 때리는 행위 포함)
- 목을 조르는 행위
- 꼬집는 행위
- 장난을 가장해서 심하게 때리거나 밀치는 행위
- 신체적인 위협을 가하는 행위
- 신체적·성적 접촉을 강요하는 행위
- 학용품 등 물건이나 흉기를 이용해서 상해를 입히는 행위
- 신체 부위에 침을 뱉는 행위
- 한 학급학생을 모두 운동장으로 불러내어 기합을 주는 행위
- 돈이나 물건을 빼앗거나 감추는 행위
- 성폭력 행위

출처: 스쿨로(2020a). 학교폭력 개념 및 유형. http://schoolaw.lawinfo.or.kr (2021. 2. 17. 인출).

2) 신체폭력의 원인

신체폭력의 가해학생은 1차적으로 가족 환경에서 심리적으로 상처를 갖고 있는 경우가 대부분이다. 가해학생의 성격 유형으로는 가학적 성격, 경계선 성격 및 자기애 성격 등을 들 수 있다. 가학적 성격은 재미로 괴롭히는 유형으로, 자신이 저지른 신체폭력이 상대에게 어떤 아픔과 상처를 주는지에 대한 공감능력이 부족하다. 경계선 성격은 자기통제가 불가능한 상태의 유형으로, 원인은 부모로부터 학생이 자율성을 획득하지 못하는 데 있다. 마지막으로 자기애 성격은 공감능력이 결여되어 모든 관심의 초점이 자기 자신에게 있는 것으로, 자신을 폭력적이고 과시적인 방법으로 드러내고자 하는 성향이 강하다.

3) 신체폭력의 유형

신체폭력의 유형에는 상해 및 폭행, 감금, 약취 및 유인 등이 있다. 이 중 상해, 폭행은 신체를 손, 발로 때리는 등 고통을 가하는 행위로, 신체에 대한 가해행위의 가장 전형적인 유형을 말한다. 감금은 일정한 장소에서 쉽게 나오지 못하도록 하는 행위이다. 약취는 강제(폭행, 협박)로 일정한 장소로 데리고 가는 행위로, 형법상으로는 사람을 공갈하여 재물의 교부를 받거나 재산상의 불법한 이득을 취득하거나 타인으로 하여금 이를 얻게 함으로써 성립되는 범죄행위를 말한다. 마지막으로 유인은 상대방을 속이거나 유혹해서 일정한 장소로 데리고 가는 행위를 의미한다.

4) 신체폭력의 현황

2019년 한국교육개발원과 한국교육학술정보원에서 초등학교 4학년부터 고등학교 2학년까지 약 15만 명을 대상으로 '2019년 2차 학교폭력 실태조사' 를 실시한 결과(교육부, 2019d), 신체폭행이 7.7%로 이는 2019년도 1차 조사결과인 8.6%에 비해 감소된 것으로 나타났다.

한편, 유아들 중 또래를 신체적으로 공격하거나 자주 싸움을 일으키는 유아가 정해졌다고 생각하는지에 대한 교사의 의견을 조사한 김은설 외(2013)의 연구에 의하면, '그렇다' 는 응답이 45.4%로 가장 높았고, '그렇지 않다' 39.1%, '전혀 그렇지 않다' 11.2%, '매우 그러하다' 4.3%순으로 나타났다.

2. 언어폭력

1) 언어폭력의 개념

언어폭력은 '언어' 와 '폭력' 의 합성어로, 각각의 단어를 통해 그 의미를 살펴보면 언어란 '생각이나 느낌 따위를 나타내거나 전달하는 데 쓰이는 음성이나 문자 따위의 수단' 이란 뜻이며 폭력이란 '남을 거칠고 사납게 제압할 때 쓰는 수단이나 힘' 을 의미하므로 언어폭력은 '남을 거칠게 제압하기 위해 쓰는 음성이나 문자 따위의 수단' 으로 정의할 수 있다(이수영, 2010). 언어폭력의 사전적 의미를 살펴보면 '말로써 온갖 음담패설을 늘어놓거나, 욕설, 협박 따위를 하는 일' 또는 '남의 인격을 무시하는 모욕적인 말 또는 남을 저주하는 말' 로 정의된다(국립국어원, 2013). 이와 같은 정의에 의하면 상대방이 민감한 반응을 보이는 신체 및 성격상의 특징이나 약점, 출신성분, 행동을 이용하여 별명을 부르거나 놀리고 조롱하여 피해학생의 자존심에 상처를 입히거나 모욕감을 주는 행동들을 포함함을 알 수 있다. 언어적 폭력은 상대방에게 해를 끼칠 목적으로 다른 사람들이 보는 앞에서 성격 공격, 능력 공격, 배경 공격, 생김새 공격 등과 같은 언어적 공격, 저주, 희롱, 조롱, 욕설, 협박 등을 하는 경우에 해당된다(김성곤 외, 2014; 정현주 · 김하나 · 최보영, 2012)이다. 언어폭력은 한 마디로 학교 내 · 외에서 발생하는 부정적인 언어표현으로, 다른 사람에게 수치심이나 모욕감뿐 아니라 자아개념을 훼손하는 행위라 할 수 있다.

언어적·정신적 학교폭력 예시

- 말로 위협하거나 협박하는 행위
- 말을 걸어도 무시하고 면박을 주는 행위
- 욕설을 하는 행위
- 험담을 하는 행위
- 조롱하거나 비웃는 행위
- 모욕을 주는 행위(다른 사람이 누군가를 모욕하도록 설득하는 행위 포함)
- 약점을 들춰서 괴롭히는 행위
- 본인이 싫어하는 별명을 부르며 놀리는 행위
- 나쁜 소문을 퍼뜨리는 행위
- 특정 행동을 사진이나 동영상으로 찍어 본인에게 수치심을 주는 행위
- 본인이 싫어하는 사진이나 동영상을 퍼뜨리는 행위
- 부당한 일을 강요하는 행위
- 학교 게시판이나 인터넷 사이트에 비방·험담하는 글을 올리는 행위
- 이메일이나 휴대전화 등을 통해 비난하는 메시지를 보내거나 협박 또는 위협하는 행위

출처: 스쿨로(2020a). 학교폭력 개념 및 유형. http://schoolaw.lawinfo.or.kr (2021. 2. 17. 인출).

2) 언어폭력의 원인

언어폭력을 사용하는 가장 주된 이유는 습관과 다른 사람들이 사용하기 때문이다. 이는 언어폭력을 사용하는 원인이 자신은 의식하지 못한 채 이루어지는 습관적인 행동과 친구들 간에 생각 없이 주고받는 폭력적 언어에 대한 단순한 모방 때문이라는 것, 언어폭력이 주변 친구들의 언어 사용으로부터 많은 영향을 받는다는 것을 의미한다.

언어폭력은 집단 속에서 동료들 사이에 연대감을 확인하기 위해 사용되기도 한다. 상대방의 자아개념을 손상시키거나 모욕감을 주어 화를 나게 하는 것 또한 언어폭력을 사용하는 중요한 원인이라고 한다(박경현, 2001). 박민정(2006)의 연구에 의하면 자신을 돋보이게 하기 위해 상대방을 무시하는 말을 사용하는 것으로 나타났다.

이와 같은 내용들을 정리해 보면, 언어폭력은 습관적으로 사용하는 경우, 또래 사이의 연대감을 확인하거나 재미를 추구하기 위해 죄책감 없이 사용하는 경우, 고의로 상대방의 자아존중감을 손상시키거나 모욕감을 주고 이를 통해 자신의 우월감을 확인하려는 경우, 상대방이 자신의 자아존중감을 의도적으로 손상시킬 때 이에 저항하기 위하여 보복의 형태로 사용하는 경우로 정리할 수 있다.

언어폭력의 원인을 구체적으로 살펴보면 다음과 같다(이수영, 2010).

첫째, 대부분의 언어폭력은 상대방의 자아개념을 손상시키거나 상대방에게 모욕감을 주어 상대적으로 자신의 자아존중감을 높이고자 할 경우에 발생된다. 상대방의 기세를 꺾고 자신의 우월감을 확인하려고 하거나 상대방의 자존심을 건드려 모욕감을 느끼게 하거나 화를 내게 하려는 상황에서 언어폭력을 하는 경우가 이에 해당한다. 둘째, 내면의 강렬한 정서를 언어로 방출하여 정서적 긴장감을 해소하고자 할 경우, 신체적 폭력을 절제하려고 하는 것이다(박경현, 2001). 이러한 상황에서의 언어폭력은 자신의 사고나 정서를 조절하는 방법을 잘 알지 못하기 때문에 발생한다. 따라서 정서 조절 훈련은 자신의 긍정적 또는 부정적 정서를 상황에 맞게 효과적으로 조절하고 표현하게 하며, 적응할 수 있도록 도와서 언어폭력의 개선에 도움을 줄 것이다. 그리고 셋째, 언어폭력은 집단 속에서 동료들 사이에 연대감을 확인하기 위해 사용되기도 한다. 마지막으로, 자신이 사용하는 말을 크게 의식하지 않고 습관적으로 사용하여 스스로 하는 말이 언어폭력인지조차도 모르는 경우이다. 즉, 언어폭력 가해행동에 대한 인식부족을 원인으로 들 수 있다.

이상의 언어폭력의 원인을 살펴볼 때, 언어폭력은 자신의 자아존중감을 높이고자 상대방의 자아개념을 손상시키거나 모욕감을 주려고 할 때나 자신의 자아개념이 손상받았을 때, 정서적 긴장감을 해소하고자 할 때, 그리고 연대감을 확인하기 위한 목적이나 언어폭력 가해행동에 대한 인식부족 등에 의한 것임을 알 수 있다.

3) 언어폭력의 유형

언어폭력은 그 내용과 방법에 따라 유형화할 수 있다. Infante, Riddle, Horvath과 Tumlin(1992)은 언어폭력을 성격 공격, 능력 공격, 배경 공격, 외모 공격, 저주, 희롱, 조롱, 협박, 욕설의 9가지로 유형화하였다. 성격 공격, 능력 공격, 배경 공격, 외모 공격은 언어폭력의 내용적 요소로, 성격, 능력, 배경, 외모를 부정적으로 말하거나 공격하는 언어표현이라고 정의하였다. 그리고 저주, 희롱, 조롱, 협박, 욕설은 언어폭력의 방법적 요소로, 저주는 상대방에게 재앙이나 불행이 일어나기를 바라는 언어표현이고, 희롱은 상대방이 화가 나도록 약을 올리거나 놀리는 언어표현이며, 조롱은 상대방의 약점이나 단점을 농담 삼아 비아냥거리는 언어표현이고, 협박은 상대방을 처벌하겠다고 위협하는 언어표현이며, 욕설은 욕을 하는 것이라고 하였다.

박민정(2006)은 언어폭력을 자신의 부정적 감정을 전달하는 말, 상대방의 의견이나 외모 · 능력 등을 향해 표현하는 무시하는 말, 강한 공격적 어조로 상대방을 위협하는 말, 비속어의 4가지 유형으로 나누었다. 고성혜(1992)는 아동에 대한 언어적 학대를 원망, 위협, 경멸, 거부, 적대적 언어의 5가지 유형으로 나누기도 하였다. 이처럼 학자에 따라 다르게 언어폭력을 유형화하고 있고 그 구분이 명확하지 않지만 언어폭력 안에는 내용적 요소와 방법적 요소를 모두 포함하고 있다고 볼 수 있다(김나현 · 유형근 · 조용선, 2010).

4) 언어폭력의 현황

2000년에 들어서면서 학교에서의 언어폭력 실태를 조사하거나 심각성을 지적하는 연구들이 많이 등장하였다. 이를 통해 학교폭력의 세부 유형으로 언어폭력이 부각되었고(김준호 · 김선애, 2003), 학생의 언어폭력 실태를 분석하거나(김옥희, 2006; 박경현, 2001; 박민정, 2006) 초등학생의 비속어 및 욕설 사용의 심각함을 지적하기도 하였다(이순례, 2007; 천세옥, 2003).

한국교육개발원(2010)에서 조사한 욕설 사용 실태에 의하면 언어 사용과 관련하여 전체 응답자의 80%를 넘는 학생들이 욕설(50.5%)과 언어폭력(33.4%)이 가장 심각한 문제라고 대답하였으며, 응답자의 90%가 초등학교에서 욕설을 사용하기 시작했다고 대답한 것을 통해 언어폭력의 심각성을 예상할 수 있다.

특히, '2019년 2차 학교폭력 실태조사' 를 실시한 결과(교육부, 2019d)에 의하면, 피해유형별 비중 중 1위가 언어폭력으로 39.0%를 차지하는 것으로 나타났다. 이는 2019년 1차 조사결과인 35.6%보다 증가한 것이다. 학교급별 피해유형 비중을 살펴보면, 초등학교, 중학교, 고등학교 모두에서 비중이 가장 높았으며, 특히 초등학교의 언어폭력 비중이 중·고등학교보다 더 높게 나타났다.

언어폭력의 심각성에 대한 우려에도 불구하고 그 모습이 여전히 지속되거나 더욱 심각해지고 있는 것은 언어폭력을 예방하기 위한 보다 다각적인 노력이 필요하다는 것을 시사한다. 또, 욕설이나 언어폭력이 이루어지는 장소가 주로 교실이며, 함께 공부하는 친구를 대상으로 이루어진다는 연구결과들을 통해 학교, 특히나 가장 처음으로 욕설을 접하기 시작하는 '초등학교' 에서 언어폭력예방을 위한 교육이 이루어져야 하며, 학급별로 적극적인 대처가 필요함을 알 수 있다.

〈표 2-1〉 **학교급별 피해유형 비중**(19년 2차 조사, 단위 %)

피해유형	언어 폭력	집단 따돌림	스토킹	사이버 괴롭힘	신체 폭행	강제 심부름	성추행·성폭행	금품 갈취
전체	39.0	19.5	10.6	8.2	7.7	4.8	5.7	4.5
초	39.5	20.3	10.3	7.7	7.7	4.9	5.2	4.3
중	38.3	17.0	11.6	9.7	8.4	4.2	5.7	5.1
고	35.0	19.7	9.7	8.2	3.9	7.3	12.5	3.7

출처: 교육부(2019d). 2019년 2차 학교폭력 실태조사 결과 발표 보도자료. 2020. 10. 10. 세종: 교육부.

3. 따돌림

1) 따돌림의 정의

따돌림은 한 명 혹은 그 이상의 학생들이 대인관계 내에서 특정인을 두고 공격적인 행동과 고의적인 괴롭힘, 반복적이고 지속적으로 심리 · 언어적 폭력, 금품갈취 및 괴롭힘과 신체에 위해를 가하는 행동을 의미한다(Olweus, 1994). 국내 집단 따돌림에 관한 연구에 의하면, 집단 따돌림이란 다수로 구성된 집단이 소수의 집단성원 또는 개인을 집단적으로 소외시키는 현상으로(이경희 · 고재홍, 2006), 특정인을 소속 집단 속에서 소외시켜 구성원으로서의 역할 수행에 제약을 가하고 인격적으로 무시하고 음해하는 언어적 · 신체적 일체의 행위이다(구본용, 1999).

최근 SNS(social networking service)의 발달과 더불어 청소년들의 SNS 사용이 급증하면서 학교 장면뿐만 아니라 온라인상에서도 집단 따돌림이 이루어지고 있는 실정이다. 이러한 현상을 '사이버 따돌림' 혹은 '사이버 집단 따돌림' 이라고 지칭하고 있는데, 이는 인터넷, 휴대전화 등 정보통신기기를 이용하여 학생들이 특정 학생들을 대상으로 지속적, 반복적으로 심리적 공격을 가하거나 특정 학생과 관련된 개인정보 또는 허위 사실을 유포하여 상대방이 고통을 느끼도록 하는 일체의 행위를 말한다(「학교폭력예방법」 제2조 제1의3호).

따돌림 예시

- 고의적으로 따돌리는 행위
- 말을 걸어도 대답하지 않고 무시하는 행위
- 다른 친구들과 어울리지 못하게 하는 행위
- 친구의 접근을 막는 등 따돌림을 부추기는 행위
- 주변 친구들이 도우려는 것을 방해하는 행위
- 책상, 소지품 등을 감추거나 버리는 행위

출처: 스쿨로(2020a). 학교폭력 개념 및 유형. http://schoolaw.lawinfo.or.kr (2021. 2. 17. 인출).

2) 따돌림의 원인

따돌림의 원인은 생물학적 특성이나 성격장애와 같은 개인적 요인과 가정, 학교, 또래 및 사회와 같은 환경적 요인에서 찾아볼 수 있다(박종효 · 진석언 · 최지영 · 곽윤정, 2012). 개인적 요인은 전두엽의 실행기능상의 문제나 반사회적 성격장애, 히스테리성, 편집성, 의존적 성격장애 등으로 인하여 폭력적인 행동을 하는 경우이다. 환경적 요인에는 가정의 경제적인 빈곤이 지지 환경을 제공하지 못하게 되어 집단 따돌림 상황에서 다른 사람에게 해를 끼치는 폭력행동을 할 수 있다. 집단 따돌림 상황에서 다른 학생들에게 해를 끼치는 가해학생들의 경우, 자녀에 대해 지나치게 방임적이거나 처벌 중심의 양육태도를 보이고 양육방식에 있어 일관성이 결여된 부모인 경우가 많은 것으로 나타났다.

학교 요인의 경우에는 교사의 감독 부족으로 학생들 간에 일어나는 집단 따돌림 행동을 미처 발견하지 못하여 적절한 개입이 이루어지지 못한 경우이다. 아울러 집단 따돌림에 대한 확고한 학교정책의 부재나 경쟁 위주의 교육으로 인해 발생할 수 있다. 일부 집단 따돌림에 관여한 학생들의 경우에는 경쟁 위주의 교육풍토에서 좌절감을 느끼면서 이에 대한 스트레스를 따돌림과 같은 부적절한 방법으로 해결하려는 것으로 이해할 수 있다.

또래 요인의 경우에는 비행친구의 영향으로, 다른 사람을 괴롭히는 것을 통해 자신의 존재를 확인받고 그러한 행동을 함께하는 비행친구들과의 접촉을 통해 자신의 능력이 인정받고 있다는 느낌을 갖게 되면서 이와 같은 행동을 한다. 마지막으로 사회 요인은 텔레비전, 만화, 컴퓨터게임 등 다양한 대중매체를 통해 폭력 프로그램의 노출로 인해 폭력행동을 하게 된다.

3) 따돌림의 유형

따돌림은 소외형과 장난형으로 구분되는데, 소외형은 집단으로부터 친구를 배제하는 행위로서 놀아주지 않기, 친하게 지내는 친구도 같이 따돌리는 것이 해당된다.

장난형은 괴롭힘이 놀이 형태로 표현되는 것으로, 돈을 감춘다거나 일을 못하게 방해하기 등이 이에 해당된다(김규태 외, 2013).

4) 따돌림의 현황

'2019년 2차 학교폭력 실태조사'를 실시한 결과(교육부, 2019d), 피해유형별로는 언어폭력(39.0%), 집단 따돌림(19.5%), 스토킹(10.6%), 사이버 괴롭힘(8.2%), 신체 폭행(7.7%), 성추행 · 성폭행(5.7%), 강제심부름(4.8%), 금품갈취(4.5%) 순으로 발생했다. 학교급별 피해유형 비중을 살펴보면 초등학교가 20.3%로 중고등학교보다 모두 높은 것으로 나타났다.

한편, 유치원과 어린이집 교사 대상으로 기관 내 영유아들 간 따돌림 또는 배척 현상을 조사한 결과, '가끔 볼 수 있다'는 응답이 50.2%로, 절반 이상을 차지하는 것으로 나타났으며, '흔히 볼 수 있다'고 응답한 경우도 '1.8%'였다. '본 적 없다'는 응답은 48.8%로 나타났다. 또래를 따돌림 또는 배척하는 성향을 지닌 영유아들의 비율은 '한 반에서 10% 이내'가 91.8%로 가장 높았고, '한 반에서 20% 정도'는 6.3%, '한 반에서 30% 정도'는 1.9%로 나타났다(김은설 · 최은영 · 조아라, 2013).

4. 성폭력

1) 성폭력의 개념

성폭력의 사전적 정의는 성(性)을 매개로 가해지는 신체적 · 언어적 · 심리적 폭력으로서, 상대방의 동의 없이 강제적으로 성적 행위(언어 포함)를 하거나 성적 행동을 강요 · 위압하는 행위라 할 수 있다(두산동아, 2006). 성폭력에는 강간이나 성추행, 성희롱, 성기노출, 음란통신, 음란물 보기, 윤락행위 강요 등이 포함된다(한국여성개발원, 2004). 교육부(2014c)는 성폭력을 상대방의 의사에 반하여 성을 매개로 가해지는 모든 폭력(신체적 · 심리적 · 언어적 · 사회적) 행위로, 성추행, 성폭행뿐만 아니라 개인의 '성적 자기결정권' 을 침해하는 행위를 모두 포괄하는 개념으로 정의한 바 있다. 아동 성폭력은 아동 성학대와 상호교환적으로 사용되기도 한다(한국여성정책연구원, 2013).

우리나라「성폭력 특별법」제8조 제2항에서는 아동 성폭력의 개념을 '만 13세 미만의 미성년자에 대한 강간, 강제 추행' 으로 규정하고 있다. 교육인적자원부(2001)의 어린이 성폭력 개념은 13세 미만의 아동을 대상으로 가슴, 엉덩이, 성기 부위 등을 만지거나 어린이에게 자신의 성기를 만지도록 하는 행위를 비롯하여 어린이 성기에 자신의 손가락, 성기 등을 삽입하는 행위 등을 모두 포함하는 행동이다.

세계보건기구(World Health Organization, 1997)에 따르면 아동 성학대는 아동이 충분히 이해도 못하는 상태에서, 성행위에 대하여 동의를 표현할 수 없는 상황이나 동의를 할 수 있을 만큼 충분하게 발달하지 않았거나 법을 어기고 사회적으로 금지된 상황에서 이루어지는 성적 활동에 아동이 노출되는 것으로 보고 있다(박혜숙, 2012).

이상의 성폭력에 대한 정의를 정리하면, 피해자가 자발적 동의가 없다는 공통된 특징이 있다. 즉, 성폭력은 상대가 원하지 않는 성 관련 언어나 행동을 일방적으로 표출하여 상대에게 정신적 또는 신체적 피해를 주는 행위로 규정된다(한국여성정책연구원, 2013).

2) 성폭력의 원인

성폭력은 아동의 동의 여부에 관계없이 성을 매개로 한 모든 행위로서, 힘을 이용하여 이루어지므로 발생원인은 그 사회의 문화 환경의 영향 등에서 찾을 수 있다.

구체적인 발생 원인을 제시하면 다음과 같다(교육인적자원부, 2006a). 첫째, 성

차별적인 사회구조를 들 수 있다. 성폭력은 힘의 논리와 권력적 관계에 의해 발생한다. 특히, 우리나라와 같은 가부장적인 사회구조에서는 남성과 여성은 지배와 복종의 관계를 갖게 되고, 이러한 의식이 성폭력에도 그대로 적용되어 여성을 성적 대상물로 취급하는 경향의 영향을 받을 수 있다. 둘째, 음란물 및 음란매체의 영향이다. 현실적으로 우리 사회는 음란 퇴폐 비디오나 성인잡지, 음란만화 등 음란물이 적절한 여과장치 없이 스포츠 신문, 성인케이블TV, 인터넷 등을 통해 무분별하게 제공되어 심각한 성폭력 폐해를 만들어 내고 있다. 셋째, 비효과적인 성교육이다. 우리나라도 현재 유치원에서부터 학령기 학생들을 대상으로 학교 성교육이 실시되고 있지만, 형식적인 성교육에 한정되어 있어 학생들의 욕구를 제대로 반영하고 가치관을 정립시키는 데는 한계가 있기 때문이다. 넷째, 왜곡된 성문화로 상대방의 성을 배려하고 존중하는 건전한 관계보다는 변태적이고 퇴폐적인 성관계를 다루는 다양한 상업물에 익숙해지게 하는 왜곡된 성문화가 성폭력을 부추기는 요인이 되고 있다. 다섯째, 법조계의 인식 부족 및 아동 성폭력 범죄의 발견, 개입을 위한 시스템 부족을 들 수 있다. 그릇된 성규범과 성차별적인 성인식은 사법처리 과정에도 그대로 적용되어 피해여성 및 아동의 권익이 제대로 보호받지 못하는 결과가 초래되고 있다. 아동 성폭력은 상습적이고, 재범 가능성이 높기 때문에, 피해 사실을 조기에 발견하여 초기 대응을 신속히 하는 것이 무엇보다도 중요하다. 그러나 아동 성폭력 피해 구제를 담당할 수 있는 시스템이 체계적으로 마련되어 있지 않고, 현실적으로 마련되어 있는 구제시스템은 일반인들이 잘 모르기 때문에 제대로 활용하지 못하고 있는 실정이다.

3) 성폭력의 유형

「학교폭력예방 및 대책에 관한 법률」에 따라 학교 내외에서 발생한 학생 대상의 성폭력을 학교폭력의 한 유형으로 보는데, 성폭력의 유형은 행위, 대상을 기준으로 분류할 수 있다. 분류 유형별 내용을 제시하면 다음 〈표 2-2〉와 같다.

〈표 2-2〉 성폭력 유형별 내용

유형		내용
행위	강간, 유사 강간	폭행 또는 협박에 의해 상대방의 반항을 곤란하게 하여 행위자가 자신의 성기를 피해자의 성기에 삽입하는 행위
		폭행 또는 협박에 의해 상대방에 대하여 구강, 항문 등 신체(성기는 제외)의 내부에 성기를 넣거나 성기, 항문에 손가락 등 신체(성기는 제외)의 일부 또는 도구를 넣는 행위
	강제추행, 준강간·준강제추행	폭행 또는 협박에 의해 성교는 하지 않고 가슴, 엉덩이, 성기 부위 및 다른 신체 부위에 접촉하거나 키스, 음란행위, 피해자나 행위자의 성기를 노출시키는 등 성적 침해행위
		상대방의 심신상실(장애, 수면, 술에 취함, 의식 잃음) 또는 항거불능(심리적, 육체적으로 반항이 불가능한 상황)의 상태를 이용하여 강간 또는 추행을 하는 행위
	성희롱	업무 또는 고용, 기타 관계에서 성적 언동 등으로 성적 굴욕감 또는 혐오감을 느끼게 하거나 성적 언동 또는 그 밖의 요구에 따르지 아니하였다는 것을 이유로 불이익을 주는 행위
	성학대	보호하거나 양육하는 아동·청소년에 대한 성적 가혹행위
	스토킹	상대방이 원하지 않는데도 지속적 또는 반복적으로 접근, 미행, 연락 등을 하며 정신적·신체적 피해를 입히는 행위
	사이버 성폭력	온라인상에서 상대방의 동의를 구하지 않고 원치 않는 성적 대화나 메시지, 야한 사진, 동영상 등을 전달 또는 유포하여 불쾌감, 위협감 등을 느끼게 하는 행위
대상	아동 성폭력	13세 미만 미성년자에 대한 간음, 강간, 강제추행 등의 성폭력 행위 ※ 청소년 성폭력과의 차이점: 피해자의 동의가 있더라도 처벌됨
	청소년 성폭력	13세 이상 19세 미만 미성년자에 대한 강간, 강제추행 등의 성폭력 행위
	장애인 성폭력	장애인에 대한 강간, 강제추행 등의 성폭력 행위

출처: 교육부(2019a). 학교내 성희롱·성폭력 대응매뉴얼. 세종: 교육부.

4) 성폭력의 현황

'2018년 아동 · 청소년 대상 성범죄 동향분석'(여성가족부, 2018)에 따르면 2018년도 아동 · 청소년 성범죄자 수는 3,219명으로 전년도 3,195명보다 24명 증가한 것으로 나타났다. 성범죄 중 성폭력 범죄는 2,431명으로 가장 높았다.

대검찰청(2020)의 2020 범죄분석 내용을 살펴보면, 2019년 13세 미만 아동을 대상으로 한 성폭력 범죄는 총 1,376건이었다. 13세 미만 아동 대상 성폭력 범죄는 2010년부터 증감을 반복하다가 2012년 이후 대체로 증가추이를 보이고 있다. 지난 10년 동안 13세 미만 아동 대상 성폭력 범죄는 16.6% 증가하였다. 아동 대상 성폭력 범죄의 구체적인 유형을 살펴보면, 강제추행이 73.5%로 가장 많았고, 그다음은 강간/간음으로 15.3%를 차지하였다. 13~20세 연령층 대상 성폭력 범죄의 경우에도 강제추행(48.2%)이 가장 높은 비율을 차지하고 있으나 아동 대상 성폭력 범죄에 비하여 비율이 낮으며, 카메라 등 이용 촬영 범죄가 16.2%로 상대적으로 높은 비율을 차지하고 있다. 전체적으로 아동과 13~20세 연령층 대상 성폭력 범죄는 강제추행이 52.3%로 가장 높은 비율을 차지하고 있고, 그다음은 강간/간음(22.3%), 카메라 등 이용 촬영(14.0%) 등의 순이다. 13세 미만 아동 피해자의 87.0%가 여아이다. 아동 피해자 중 13.0%가 남아였는데, 이는 13~20세 연령층 피해자의 경우 남자 피해자가 6.3%라는 점과 비교할 때 상대적으로 높은 수치이다.

발생시간을 살펴보면, 13세 미만 아동 성폭력 범죄가 가장 많이 발생하는 시간은 오후(12:00~17:59, 53.9%)인 것으로 나타났다. 이는 13~20세 청소년 대상 성폭력 범죄는 밤(20:00~03:59, 41.0%)에 가장 많이 발생한다는 점과 대비된다.

발생장소의 경우, 기타를 제외하고 13세 미만 아동 대상 성폭력 범죄가 가장 많이 발생하는 장소는 주거지(37.7%)이며, 그다음은 노상(17.5%) 등의 순이었다. 13~20세 연령층 대상 성폭력 범죄가 가장 많이 발생한 장소는 주거지(24.4%)이며, 그다음은 숙박/유흥업소(21.9%), 노상(14.1%) 등의 순이었다.

범죄자와 피해자의 관계를 살펴보면, 13세 미만 아동 대상의 57.6%가 타인이었다. 그다음으로 이웃/지인(17.5%), 친족(15.6%) 등의 순이었다. 13세 미만 아동 대상 성폭력 범죄는 13~20세 연령층 대상 성폭력 범죄에 비해 범죄자가 피해자의 친족이거나 이웃/지인인 비율이 상대적으로 더 높았다.

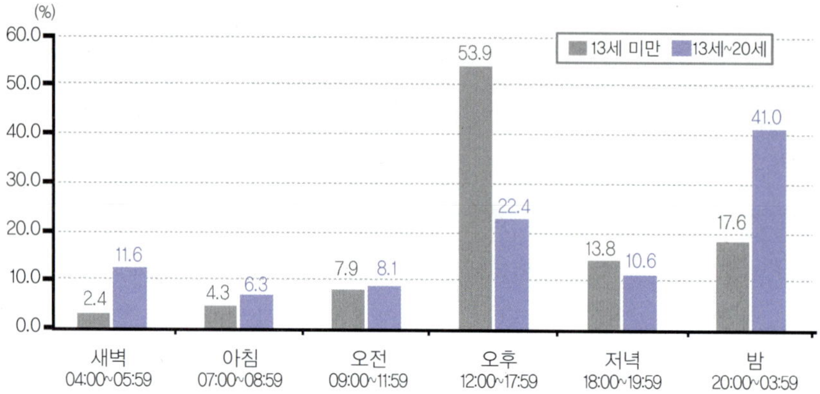

[그림 2-1] **연령별 범죄 발생 시간별 비율**

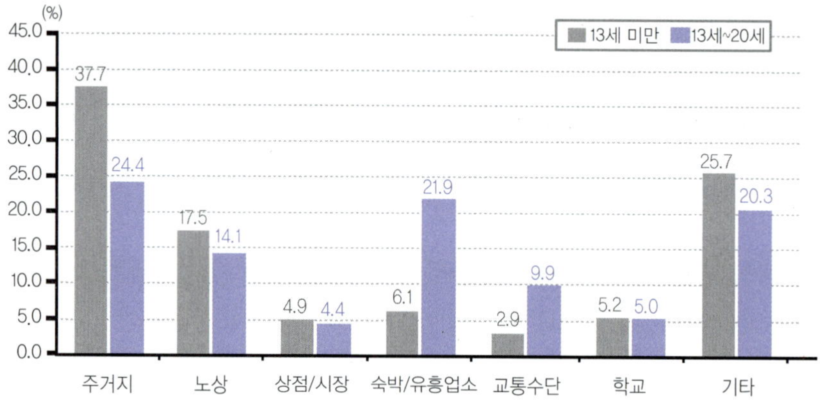

[그림 2-2] **연령별 범죄 발생 장소별 비율**

출처: 검찰(2020). 범죄분석. https://www.spo.go.kr (2020. 12. 29. 인출).

이상의 실태에서 알 수 있듯이 우리 사회에서 유아 성폭력 피해는 간과할 수 없는 수준이며 성폭력 피해의 특성상 통계로 드러나지 않는 건수 및 사례도 적지 않음을 감안할 때 유아 성폭력에 대한 사회적 차원의 적극적인 대처가 이루어져야 할 것이다.

활동 1 다음은 학교폭력의 유형에 대한 질문입니다. 여러분은 학교폭력의 유형을 어느 정도 알고 있는지 알아봅시다.

① 신체폭력 ② 언어폭력 ③ 금품갈취 ④ 강요 ⑤ 따돌림 ⑥ 성폭력 ⑦ 사이버폭력
예) 신체폭력이면 ①

1	목을 졸라 기절시키고 깨어나면 때리고 다시 기절시키는 행동 반복	
2	아무 이유 없이 지나가면서 머리를 하루에도 몇 번씩 때림	
3	'5만 원 가지고 놀이터로 오지 않으면 죽어.'라고 문자를 보냄	
4	싸움 잘하는 학생이 약한 학생에게 자신의 청소를 대신 시킴	
5	말을 듣지 않으면 끌고 가서 때리겠다고 함	
6	돈을 갚을 확실한 약속 없이 자꾸 빌려 달라고 하고 갚지 않는 경우	
7	'나는 네가 너무 재수 없어.'라는 말을 상대방 학생을 볼 때마다 함	
8	종이에 '죽여 버리겠다.', '몸 조심해.'라는 말을 적어 보냄	
9	뒷담화를 했다며, 가서 다짜고짜 때림	
10	'넌 얼굴이 너무 환자같이 생겨서 기분 나빠.'라고 말함	
11	학교 짱이 학생들에게 2천 원씩 일괄적으로 걷어 오라고 시킴	
12	마주칠 때마다 '뻐큐'를 하며, 주먹을 쥐고 무서운 표정을 지음	
13	사이버상에서 자신의 게임 아이템을 상대방에게 대신 키우도록 협박	
14	야한 동영상을 캡쳐하여 자신이 싫어하는 학생에게 이메일로 보냄	
15	싫은 학생의 운동화에 락스를 부음	
16	지나갈 때 부딪히는 척하면서 가슴을 만지는 행동을 2~3번 반복함	
17	조별 숙제를 하면서 같은 반 학생들이 한 학생을 의도적으로 배제시킴	
18	선배가 자신의 생일이라고 비싼 선물을 달라고 해서 운동화를 사 줌	
19	싫어하는 학생의 가방에 여러 번 뱀 모양의 모형을 넣어 두어서 놀라게 함	
20	여러 명이 한 명의 학생이랑 놀지 말자면서 인사도 받지 않음	
21	'쟤네 집은 가난해서 놀이공원도 가지 못할 거야.'라고 소문을 냄	
22	수업시간에 바로 뒷자리에서 샤프나 볼펜으로 계속 찌름	
23	학교 화장실에서 일진 신고식을 한다며 학생들 뺨을 때림	
24	일부러 소문을 내서 다른 학생들이 피해학생을 싫어하도록 조장함	
25	게임 아이템을 주지 않으면 '가만 두지 않겠다.'고 협박하여 빼앗음	

문항	1	2	3	4	5	6	7	8	9	10	11	12	13
정답	①	①	⑦	④	②	③	②	②	①	②	③	②	④
문항	14	15	16	17	18	19	20	21	22	23	24	25	
정답	①	③	⑥	⑤	③	⑤	⑤	②	①	①	⑤	③	

출처: 청소년폭력예방재단·서울대학교 교육연구소(2008). 학교폭력 사안처리 가이드북(p. 20). 서울: 교육과학기술부.

3장 학교폭력의 현황 및 원인

1. 학교폭력의 현황

오늘날 학교폭력은 지속적이며 은밀하게 발생하고 있을 뿐 아니라 그 피해가 축소되지 않고 오히려 확대된다는 점에서 심각한 문제라 할 수 있다. 이에 학교에서 발생하는 일련의 학교폭력 사항을 심의하고 의결하는 학교폭력대책자치위원회, 학교폭력예방재단, 학교폭력피해자 가족협의회 등 수많은 민간인 단체까지 조직되어 학교폭력을 예방하고 긍정적 방법으로 대처하기 위해 노력해 왔다(김광수, 2013)

우리나라에서 학교폭력예방에 대한 본격적인 관심과 지원은 2004년「학교폭력예방 및 대책에 관한 법률」및 동 시행령을 시작으로, 2005년 '학교폭력예방 및 대책 5개년 기본계획' 수립, 2012년 '학교폭력근절종합대책' 발표, 2013년 '현장중심 학교폭력 대책'까지 지속적으로 이루어져 왔다. 그러나 학교 내 · 외부의 요인에 의해 학생의 안전을 위협하는 사건이 지속적으로 발생하고 있으며, 학교폭력의 양상도 기존에 비해 더욱 다양해졌다.

학교폭력의 노출 정도는 거의 매일 또는 한 달 이상 지속될 정도로 학교폭력 피해는 크게 줄어들지 않는 것으로 나타났다. 일반적인 학교폭력의 경향을 보면 가해자와 피해자 구별이 불분명하며, 정서적 폭력의 증가와 폭력의 지속성 확대를 들 수 있다.

17개 시도교육감이 초등학교 4학년~고등학교 3학년 410만 명을 대상으로 '2019년 1차 학교폭력 실태조사' 를 실시하였다(교육부, 2019c). 연도별 학교폭력의 피해응답 변화를 살펴보면 다음 [그림 3-1]과 같다.

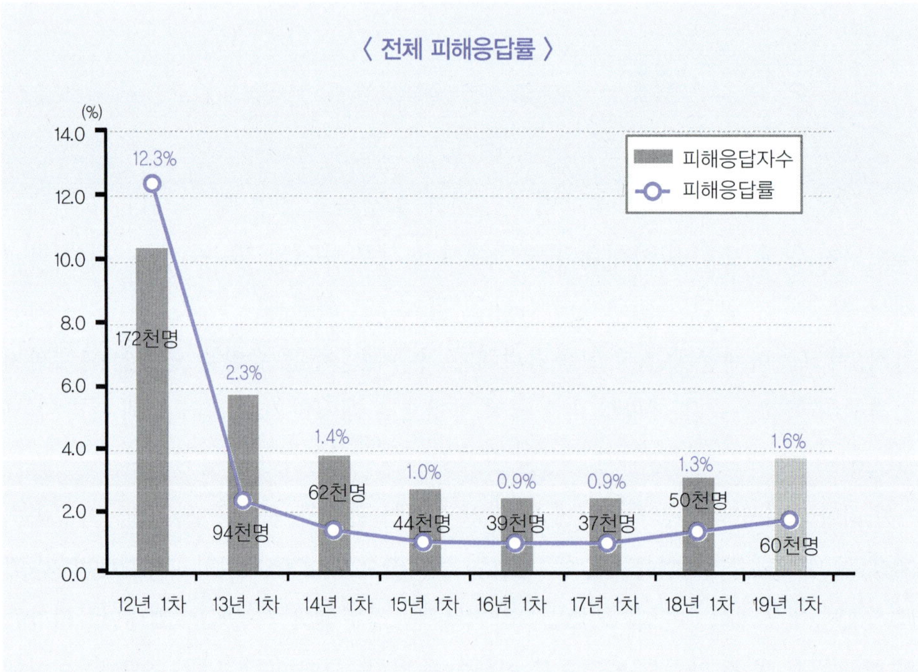

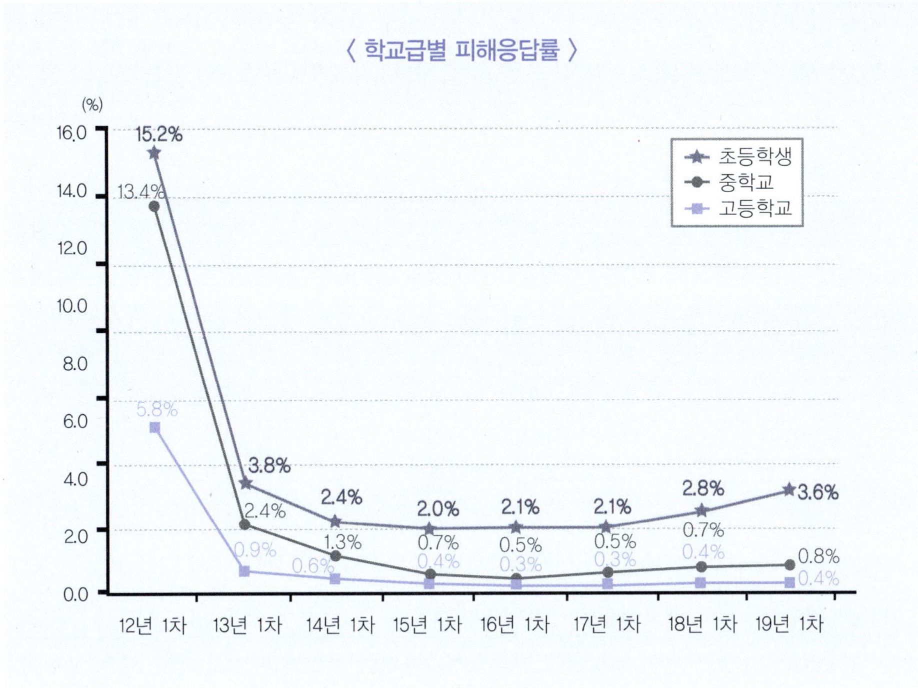

[그림 3-1] **연도별 학교폭력의 피해응답 변화**

출처: 교육부(2019c). 2019년 1차 학교폭력 실태조사 결과 발표 보도자료. 2019. 8. 26. 세종: 교육부.

[그림 3-1]에 의하면, 전체 피해응답률은 1.6%로 2018년 조사에 비해 0.3% 증가한 것으로 나타났다. 학교급별로 피해 규모를 살펴보면, 초등학교 3.6%, 중학교 0.8%, 고등학교 0.4%로 조사되어, 초 · 중학교는 각각 0.8%p, 0.1%p 증가하였으며, 고등학교는 전년도와 동일하였다. 이는 학년이 올라갈수록 학교폭력 피해응답률이 감소하는 경향이 뚜렷하다고 볼 수 있다.

학교폭력을 당한 모습을 목격했다고 응답한 학생은 4.0%로 전년도 대비 0.6% 증가하였는데, 학교급별로 초등학교 7.9%, 중학교 2.7%, 고등학교 1.4%로, 초 · 중학교는 각각 1.6%, 0.3% 증가한 반면, 고등학교는 0.1% 감소하였다. 다음으로, 학교폭력 피해 사실을 '주위에 알리거나 신고' 한 응답율은 81.8%로,

그 비율이 매년 증가하는 추세이며, '아무것도 하지 못했다'는 '방관' 응답은 30.1%로 전년도에 비해 0.4% 감소한 것으로 나타났다(교육부, 2019c).

〈표 3-1〉 피해유형별 비중

구분	'13년 1차	'14년 1차	'15년 1차	'16년 1차	'17년 1차	'18년 1차	'19년 1차	증감 (%p)
언어폭력	34.0	34.6	33.3	34.0	34.1	34.7	35.6	0.9
집단 따돌림	16.6	17.0	17.3	18.3	16.6	17.2	23.2	6.0
사이버 괴롭힘	9.1	9.3	9.2	9.1	9.8	10.8	8.9	−1.9
스토킹	9.2	11.1	12.7	10.9	12.3	11.8	8.7	−3.1
신체폭행	11.7	11.5	11.9	12.1	11.7	10.0	8.6	−1.4
금품갈취	10.0	8.0	7.2	6.8	6.4	6.4	6.3	−0.1
강제심부름	6.1	4.7	4.2	4.3	4.0	3.9	4.9	1.0
성추행·성폭행	3.3	3.8	4.2	4.5	5.1	5.2	3.9	−1.3

출처: 교육부(2019c). 2019년 1차 학교폭력 실태조사 결과 발표 보도자료. 2019. 8.26. 세종: 교육부.

2019년 학교폭력 피해유형(표 3-1)을 살펴보면, 언어폭력(35.6%)이 가장 높았으며, 다음으로 집단 따돌림(23.2%), 사이버 괴롭힘(8.9%) 등의 순이었으며, 2018년과 비교하여 사이버 괴롭힘의 비중이 스토킹(8.7%)보다 좀 더 높아진 반면, 신체폭행의 비중은 '17년부터 지속적으로 낮아진 것으로 나타났다. 학교폭력 피해유형에 대한 관련 조사결과를 종합하면, 물리적 유형의 학교폭력에 해당하는 신체폭행, 성추행 · 성폭행, 금품갈취의 비중은 낮아졌으나, 언어폭력, 집단 따돌림 등의 정서적 폭력의 비중은 증가하였으며, 초등학생의 피해응답률이 중 · 고등학생보다 증가한 경향을 보였다.

한편, 2014년 전국 600개교의 학부모를 대상으로 학교폭력에 대한 인식조사를 실시한 결과(교육부 · 한국교육개발원, 2014), 학교폭력이 심각하다고 생각하는 학부모는 43.2%로, 작년의 2차 조사에 비해 6.2%p 감소하여 학교폭력의 심각성에 대한 학부모 우려가 일부 해소되고 있는 것으로 나타났다. 심각하다고 생각하는 학교폭력의 유형은 집단 따돌림(37.8%), 언어폭력(28.1%), 폭행(12.3%)순으로, 학생들의 응답(10.1%)과 비교해 볼 때 스토킹(0.3%) 비중이 낮은 것으로 나타났다. 학교폭력의 원인으로는 '가해학생의 인성 또는 가정환경' (22.3%), '대중매체의 영향' (20.3%), '나쁜 친구의 영향' (16.0%)순으로 나타났다. 학부모가 가장 필요하다고 생각하는 예방대책은 '인성 교육 강화를 통한 인성회복' , 'CCTV 확대설치' , '가해학생에 대한 적절한 조치' 등의 순서로 나타났다.

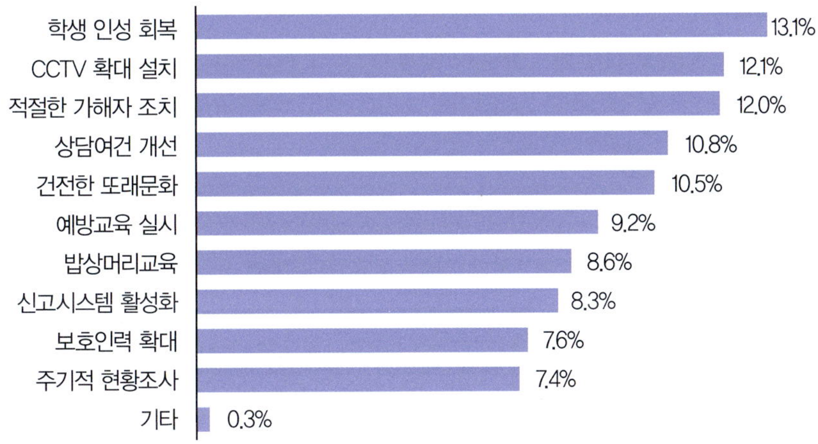

[그림 3-2] 학부모가 가장 필요하다고 생각하는 예방대책

출처: 교육부·한국교육개발원(2014). 2014년 2차 학교폭력 실태조사 분석결과 발표. 서울: 교육부·한국교육개발원.

학교폭력으로 인한 사회 문제가 지속적으로 보고되고 있다. 학교폭력은 피해자들에게 신체적 피해뿐만 아니라 우울증, 불안감, 분노, 수치심 등 정서적으로도 부정적인 영향을 미치고, 심각한 경우에는 자살까지 유발하는 경우도 있다. 학교폭력 가해자 또한 부정적 성격특성으로 인한 긍정적 관계 형성에 어려움을 겪으며 또 다른 학교폭력의 피해자가 된다(오주 · 아영아, 2006). 이에 학교폭력의 예방 및 책임감 있는 대처가 필요하다.

최근에는 유아교육기관에서의 학교폭력에 대한 위험이 나타나고 있다. 전국 유치원 및 어린이집 교사 1,004명을 대상으로 기관 내 영유아들 간의 따돌림 또는 배척현상을 조사한 결과, 이런 행동을 '가끔 볼 수 있다'는 응답이 50.2%로 절반 이상을 차지하는 것으로 나타났으며, '흔히 볼 수 있다'고 응답한 경우도 '1.8%'이었다. '본 적 없다'는 응답은 48.8%로 나타났다(김은설·최은영·조아라, 2013). 이외에도 담당 학급에서 '아동 간 따돌림이나 배척 행동을 보이는 아동이 있다'고 응답한 경우는 52%, '공격적인 아동이 있다' 48.7%, '욕설이나 비속어를 사용하는 아동이 있다' 36.7%였으며, 반면 '발달과 행동이 느려 학교폭력에 취약할 가능성을 보이는 아동이 있다'는 53.2%로 나타났다(육아정책연구소, 2014).

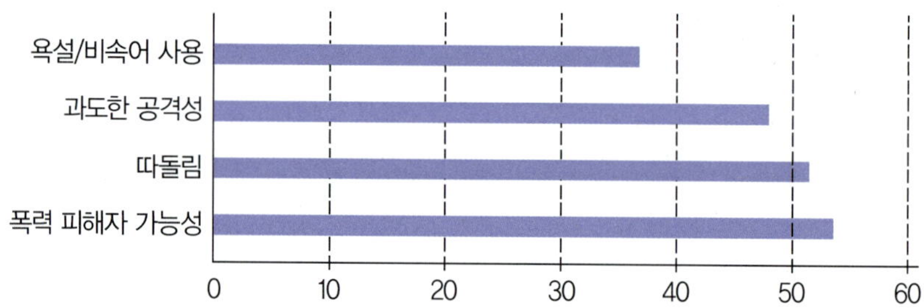

[그림 3-3] 학교폭력행동 유형이 관찰되는 유아 학급의 비율

출처: 육아정책연구소(2014). 유아교사 52%, 아동 간 따돌림 경향 있다고 밝혀… 유아기 인성교육 절실. 육아정책 Brief, 22. 서울: 육아정책연구소.

한편, 지난 2014년 7월에는 어린 아이를 학대해 온 보육교사에게 6개월의 실형이 선고되기도 하였다(정윤덕, 2014). 이러한 사례는 학교폭력이 초 · 중 · 고등학교만의 문제가 아니라 유아교육기관에서도 발생할 가능성이 있다는 인식을 학부모와 교사에게 인식시켜 준다. 실제 유아교육기관에서의 학교폭력 기사에 대한 수만 건의

댓글로 논쟁이 일어났고, 이후 저연령화된 학교폭력 현상을 취재한 기사가 추가 편성되기도 하였다(이승주, 2014, 곽현주 · 김명하, 2014, 재인용).

이에 초 · 중 · 고등학교를 중심으로 형성된 학교폭력이라는 용어가 유아교육기관으로 하향화하는 결과를 유발하는 것이 아닌가 하는 우려의 목소리와 함께, 학교폭력에 대한 대책과 인식이 유아교육기관에서부터 시작되어야 한다는 주장도 제기되고 있는 실정이다. 반사회적인 성향을 보이는 청소년 중에는 유치원 시기부터 공격행동이 나타나기 시작하여, 경미한 수준에서 점차적으로 심각한 수준으로 진행될 가능성이 높고, 더 나아가 극단적인 수준의 문제행동으로 악화되어 간다는 연구가 있다. 또한 아동기에 경험한 공격적인 행동은 청소년기나 성인기의 공격적인 행동과 밀접하게 관련이 있어 신체폭력, 범죄행동 및 배우자 학대와 같은 반사회적 행동을 예언하는 연구결과도 보고된 바 있다(한국학교폭력상담협회, 2013). 이러한 연구결과들은 공격성, 따돌림, 언어적 폭력 등 교육기관에서 발생하는 또래갈등이 이후의 학교폭력의 징후가 된다는 측면에서 유아교육기관의 학교폭력을 체계적으로 다룰 필요가 있음을 시사한다.

2. 학교폭력의 원인

학교폭력을 예방하고 처리하는 합리적인 대책을 마련하기 위해서는 먼저 학교폭력의 원인을 명확하게 이해하는 것이 필요하다. 정부가 발표한 학교폭력근절 종합대책(관계부처합동, 2012)에 의하면 학교폭력의 원인은 학생의 인성 및 사회성 함양을 위한 교육적 실천의 미흡, 교사의 적절한 생활지도가 어려운 교육 여건, 학부모의 자녀교육에 대한 관여 부족, 인터넷 게임, 영상매체의 부정적 영향력 증가 등으로 요약된다.

학교폭력은 한 가지 원인에 의해 발생하는 경우가 극히 드물고 여러 가지 원인들이 복합적으로 작용하여 발생하는 경우가 대부분이다. 학교폭력은 학교 내의 요인에 한정되지 않고 학생의 개인적인 특성 및 가정환경과 더불어 학생을 둘러싼 다양한 사회·문화적 체계들이 통합적으로 영향을 미친 결과이다. 학교폭력을 예방하고 대처하기 위해서는 학교폭력에 영향을 미치는 주요 요인을 다각적으로 분석할 필요가 있다. 이에 학교폭력을 개인 요인, 또래 요인, 가정 요인, 교사 및 학교 요인, 사회 요인으로 구분하여 살펴보고자 한다.

1) 개인 요인

최근 학교폭력에 영향을 주는 개인 요인들에 관한 연구들에 의하면 개인의 생물학적 요인, 성격적 요인, 신체적 특성 및 장애 요인, 인지적 요인, 정서적 요인 등이 학교폭력을 유발하는 중요한 요인으로 밝혀진 바 있다. 이에 각 개인 요인별 내용을 살펴보면 다음과 같다.

첫째, 생물학적 요인이다. 반사회적인 행동을 하는 학생들은 휴식 시 심장박동과 피부전도 반응이 일반 학생에 비해 낮으며, 자율 반응이 낮다는 연구 결과가 제시된 바 있다(Magnusson, 1992). 아울러 생물학적 측면에서 폭력적인 행동을 XYY염색체, 뇌의 변연계기능장애나 뇌전달물질의 불균형 등이 그 원인이라고 밝혀진 바 있다(김혜원, 2013).

둘째, 성격적 요인이다. 학교폭력 가해행동은 공격성과 충동성이 높고, 자신이 비행청소년이라고 인식하는 일탈적 자아개념이 높고, 경쟁적이고 권력 지향적이며, 전통적 남성 역할에 대한 동조가 높을수록 많이 나타났다(이상균, 2005). 즉, 긍정적 자아개념, 일탈적 자아, 공격 및 충동성, 성 역할 고정관념이 학교폭력에 영향을 미치는 개인특성 요인이라 볼 수 있다. 박효정과 그의 동료들(2007)은 학교폭력예방을 위한 개인특성을 보호 요인과 위험 요인으로 구분한 바 있다. 보호 요인은 자존감, 공감능력, 자기통제, 학교적응이며, 위험 요인은 분노, 적대적 귀인, 학대 및 부당한 대우, 스트레스, 무기력, 좌절감, 공격성, 반사회성이다. 오인수(2013)는 학교폭력에 영향을 미치는 개인 수준의 위험 요인을 공격성, 충동성으로, 보호 요인을 유능감, 존중감으로 제안하기도 하였다.

셋째, 신체적 특성 및 장애 요인이다. 연구에 의하면 신체적인 특성과 학교폭력 피해와 어느 정도 관계가 있다고 한다. 특히 남학생의 경우 신체 크기가 학교폭력피해와 관련성이 높다는 것이다. 그러나 대부분의 연구에서는 신체적인 특성이 직접적인 원인은 아니라고 결론지었다. 이외에 장애를 가지고 있거나 특수교육을 받고 있는 경우, 학교폭력의 가해 및 피해자가 될 가능성이 높다고 하였다. 왜냐하면 여러 가지 장애 요인으로 인해 사회적으로 기능하기가 어렵고, 폭력으로부터 자신을 보호하는 능력이 부족하기 때문이다(문용린 · 김준호 · 임영식 · 곽금주 · 최지영 · 박병식 외, 2006, 재인용).

넷째, 인지적 요인이다. 인지적 측면에서는 학교폭력을 대인관계에서의 인지적인 오류에 기인한 것으로 설명한다. 즉, 또래관계에서 잘못된 지각을 갖거나 부족한 조망수용능력으로 인해 타인의 중립적인 행위를 도발하는 행위로 지각하는 경향 때문에 폭력적인 행동을 보인다는 것이다. D' Zurilla와 Goldfried(1973)에 의하면 폭력행동을 하는 학생들은 문제상황에 대한 민감성이 미흡하여 과잉지각 하거나 적대적으로 잘못 이해하는 경향이 높다고 하였다(김혜원, 2013, 재인용).

다섯째, 정서적 요인이다. 학교폭력의 가해학생에서 나타나는 대표적인 정서는 타인에 대한 공감 및 수용능력의 부족이다. 공감능력은 타인의 감정, 생각, 의견 등에 대해서 함께 느끼는 능력으로, 이미 여러 연구들에서 학교폭력 가해학생들은 이러한 타인의 감정을 느끼는 능력이 부족하다는 결과들이 나왔다. 아울러 자신과 타인을 있는 그대로 인정하고 받아들이는 수용능력은 학교폭력 가해학생들의 경우, 자기중심적이고 동정심이 부족하여 편협한 시각을 갖는 경우가 많다(김혜원, 2013). 이에 반해 학교폭력의 피해학생과 관련된 정서는 정서표현능력이다. 피해학생들은 자기표현이나 자기주장 행동이 약하고 수동적이고 순응적인 태도를 보이는데, 이러한 태도가 폭력을 지속시키는 요인이 될 수 있다(김혜원, 2013).

이상의 학교폭력에 영향을 주는 개인적 요인을 정리하면 다음과 같다(서울대학교 교육연구소, 2007).

첫째, 유전적 요인으로, 선천적으로 공격성이 발달하였을 가능성이 있다. 둘째, 발달적 요인으로, 또래보다 여러 가지 면에서 느리고 미숙한 것이 요인이 될 수 있다. 셋째, 인지적 요인으로, 문제해결기술능력과 상황판단능력의 저하가 요인이 될 수 있다. 넷째, 성격적 요인으로, 지나친 내향성이나 공격적 성향, 자기중심적 성격들이 영향을 줄 수 있다. 다섯째, 정신병리적 요인으로, 성격적 결함과 도덕성과 사회성, 법의식이 부족한 경우, 영향을 줄 수 있다. 여섯째, 신경심리학적 요인으로, 자아기능이 약화되어 있을 때 발생할 수 있다. 일곱째, 사회정서적 요인으로, 사회적 기술과 대인관계능력 미숙으로 발생할 수 있다.

2) 또래 요인

학생들은 또래집단을 통해 동질감을 느끼고 또래관계 속에서 상호작용에 필요한 사회적 기술을 습득하며 사회적 지원과 안정감을 느끼게 된다. 때문에 또래집단은 학생들의 행동에 매우 중요하게 작용하며, 또래집단에 소속되기 위해 집단화가 이루어진다. 이로 인해 자신이 소속되어 있는 또래집단에서 공격적인 행동이나 학교폭력을 경험하면서 또래집단에서의 갈등해결 방식이 공격적으로 변화하고, 이러한 변화가 학교폭력에 대한 허용적인 태도를 갖게 한다. 그러므로 비행친구와의 접촉은 학교폭력에 영향을 미치는 요인으로(이상균, 2005), 비행성향이 높은 집단과 어울릴 경우, 문제행동을 학습하는 동시에 또래집단의 압력에 의해 비행행동에 참여하게 된다는 것이다. 또한 청소년의 집단화 경향성, 집단의 갈등해결 방식, 비행친구와의 접촉 정도가 학교폭력에 영향을 미치는 또래 요인이라고 볼 수 있다(김미경, 2007). 한편, 학교폭력은 친구나 주변 선후배들이 중요한 영향을 미치며(윤철경 · 강명숙, 2012), 또래관계 및 또래 중재자가 학교폭력예방을 위한 보호 요인으로 작용(박효정 · 정미경 · 박종효, 2007)하는 등 학교폭력에서 또래 요인을 강조하고 있다.

3) 가정 요인

가정은 학생 개인의 성격과 행동을 형성하는 데 매우 중요한 영향을 미치며, 많은 연구에서 가정환경이 학교폭력을 유발할 수 있는 중요한 위험 요인이라고 지적한 바 있다. 학교폭력 가해학생들의 가정은 대개 부모의 무관심, 가족 간의 부실한 상호작용, 결손 가정, 부모의 사회·경제적 지위가 낮은 계층 등의 특성을 보인다(박효정·정미경·박종효, 2007).

가정과 관련된 요인을 가정의 구조적인 특성과 기능적인 특성에서 살펴보면 다음과 같다.

첫째, 가정의 구조적인 특성으로 일반화하기에는 어려우나 대체로 경제적 수준이 낮고 범죄발생 위험이 있는 지역에 거주하는 학생들이 안정된 환경을 제공받지 못하여 범죄를 학습하거나 관계될 가능성이 높기 때문에 폭력적인 행동을 할 경향이 있다(서울대학교 교육연구소, 2007). 가정 경제의 어려움으로 용돈이 부족한 것도 학교폭력의 원인이 되기도 하고, 부모 모두 직업을 가지고 있거나 또는 가정의 결손 등으로 인하여 부모와 학생 간의 의사소통 기회는 물론, 전반적으로 자녀와 함께하는 시간이 적어 가정교육 기회가 부족한 경우가 학교폭력 원인의 대부분이다(박효정·정미경·박종효, 2007).

둘째, 가정의 기능적인 특성으로 주로 가정 안에서의 부모의 양육태도, 부모자녀관계, 가정 내 폭력 등을 들 수 있다. 오인수(2013)는 학교폭력에 영향을 미치는 가정의 위험 요인으로 권위적인 양육방식, 역기능적 의사소통, 보호 요인으로는 민주적인 양육방식, 개방적인 의사소통을 제안하고 있다. 또한 이상균(2005)은 가족 구성원 간의 폭력적이고 갈등적인 상호작용을 경험하는 청소년일수록 또래 간의 학교폭력의 가해자가 될 가능성이 높다고 하였다.

일관성 없고 권위적인 양육태도나 처벌적인 태도를 경험한 자녀나 과잉보호 받은 자녀들은 학교폭력의 피해·가해학생이 될 가능성이 높으며, 부모와 자녀 간에 갈등이 많고 정서적인 유대감이 낮고 친밀성이 부족한 자녀들도 학교에서 학교폭력 가해자가 될 가능성이 많은 경향이 있다. 가정폭력도 학교폭력과 관련이 있다. 가정 내 폭력을 경험하면서 성장한 학생은 부모의 폭력행동을 모델링하여 가해행동을 보일 가능성이 높다.

학교폭력에 영향을 주는 가정 요인을 정리하면 다음과 같다(서울대학교 교육연구소, 2007). 첫째, 가정훈육의 방법의 문제이다. 둘째, 부모의 일관성 없는 양육태도와 자녀에 대한 이해부족 및 무관심을 들 수 있다. 셋째, 부모님의 이혼이나 별거와 같은 가정의 해체 및 불화가 원인이 될 수 있다. 넷째, 경제적인 빈곤으로 자녀를 방치하거나 지원체계가 부족한 경우에 학교폭력이 발생할 수 있다. 다섯째, 가정폭력 경험의 후유증 때문에 학교적응장애, 행동장애, 성격장애, 정신장애 문제가 학교폭력 원인이 될 수 있다.

4) 교사 및 학교 요인

학교폭력에 영향을 미치는 중요한 요인 중 하나는 교사 및 학교 요인이다. 지나치게 엄격한 교사의 학생지도는 학생들의 공격적 행동과 관련성이 있으며, 학생과 교사 간의 갈등, 교사의 억압적이고 과도한 학생 규제가 학생의 학교폭력 문제를 증가시킬 수 있다(이상균, 2005). 또한 교사와 학생 간의 친밀감이 낮고, 교사의 학생에 대한 관심이 낮을수록 학교폭력 등 학생의 문제행동이 높게 나타났으며, 교사의 지지가 높을수록 문제행동 및 비행수준이 낮은 것으로 나타났다(김미경, 2007). 학교폭력에 대한 교사의 태도는 학교폭력에 영향을 미치는데, 특히 교사의 폭력적인 언어나 행동, 교사의 무관심과 방임은 학교폭력예방을 위한 위험 요인으로 작용하게 된다(박효정 · 정미경 · 박종효, 2007). 한편, 교사가 학교폭력 문제를 해결하는 데 있어 장애 요인으로는 교사로서 학생과 소통하고 교감할 수 있는 능력 및 방법의 부족, 학생들의 또래관계를 파악하기 어려운 수업 위주의 학교환경, 문제 학생을 전담하여 지도할 전문 상담교사의 부족, 행정업무 등 수업 외 업무로 인한 학생지도 시간의 부족, 교사 상호간 일관성 없는 학생 생활지도가 이루어지고 있는 것 등이었다

(윤철경 · 강명숙, 2012).

우리나라 학생들은 다른 나라에 비해 진학과 학업 문제가 가장 많은 고민으로 나타났다. 학교는 학생들이 상급학교에 진학하는 데 우선권을 두고 있는 실정이므로, 학생들이 자신의 적성이나 개인적인 취향에 맞춰 자신의 인생을 설계하고 준비하는 장소로서의 기능을 제대로 수행하지 못하는 등 왜곡된 모습을 보이고 있다(곽영길, 2007). 또한 학교교육이 갖고 있는 여러 가지 역기능적 요소들도 학교폭력의 직접적인 원인이 되고 있다. 이러한 요소들로는 과밀한 학급 또는 학생 수, 폭력회피 능력의 제한, 분노, 거부, 불만 등을 야기시킬 수 있는 행동의 제약과 순응의 요구, 폭력행위를 유발하기 쉬운 건물구조 등을 들 수 있다. 게다가 교사의 무관심, 학교의 미온적인 대응, 학교에 대한 지역사회의 무관심, 통솔력과 지도력의 부재 등도 학교폭력에 영향을 미칠 수 있는 요인으로 지적되고 있다(이상균, 1999).

이상의 학교폭력에 대한 교사 및 학교 요인을 정리하면 다음과 같다.

첫째, 인간중심적 가치관에 대한 학교교육의 부족으로 자기중심적인 가치관을 갖기 때문이다. 둘째, 학교폭력에 대한 교사의 인식 부족 및 학교폭력예방 및 대책 방법의 부족이 원인이 될 수 있다. 셋째, 수업시간 이외의 학생 생활지도 부족도 영향을 미친다. 넷째, 시험스트레스와 지나친 경쟁을 부추기는 입시 위주의 교육풍토도 학교폭력 요인이 될 수 있다.

5) 사회·문화적 요인

학교폭력에 영향을 미치는 사회 · 문화적 요인으로는 전통적인 가치관의 붕괴, 학교폭력에 대한 사회의 무관심, 퇴폐적인 향락 및 소비문화와 인터넷 폭력게임 및 폭력적인 대중매체, 맞벌이 부부 및 소외계층의 증가 등을 들 수 있다. 또한 인터넷, 온라인게임 등 유해매체의 영향과 폭력에 대한 사회의 민감성 정도, 학교폭력예방 정책, 문화예술 등 청소년 활동 지원 등의 요인도 학교폭력에 영향을 미치는 사회 · 문화적 요인이라 할 수 있다(윤철경 · 강명숙, 2012).

대표적인 사회 · 문화적 요인을 살펴보면 다음과 같다(김성곤 · 황인호 · 차주환 · 장성화 · 김순자 · 윤향숙, 2014; 김창군 · 임계령, 2010).

첫째, 대중매체의 무분별한 범람이다. 오늘날 지나치게 상업적 · 폭력적 · 선정적인 내용이 대중매체를 통해 파급되고 있는데, 학생들이 이를 무비판적으로 받아들일 때 심각한 문제를 야기할 수 있다. 둘째, 학교 주변의 유해한 환경이다. 학교 주변에서 성행하는 오락실, 노래방 그리고 게임방 등과 같은 유해환경은 학생들의 호기심을 자극하여 금품갈취와 같은 행동을 조장하는 분위기를 조성한다. 셋째, 지역사회의 해체이다. 도시화와 산업화 발달로 인해 규범과 전통문화가 약화되어 학생들이 올바른 도덕적인 가치관이나 공동체적 유대감을 형성할 기회를 갖지 못했다. 넷째, 학교폭력예방 및 근절을 위한 범사회적인 노력의 미흡이다. 학교폭력예방 및 근절을 위해서는 정부 차원에서 적극적으로 다양한 관련 정책을 마련하고 아울러 피 · 가해학생의 선도 및 보호 지원을 위한 시스템 및 프로그램 마련이 이루어질 필요가 있다.

활동 1

다음은 2019년 학교폭력 실태조사 결과, 중·초등학생 학교폭력현황에 대한 내용입니다. 초등학교 시기에 학교폭력이 증가하는 현상과 관련하여 그 원인을 개인, 가정, 학교 및 사회·문화적 측면에서 이야기해 봅시다.

- 피해응답률은 전체적으로 하향 추세이나, 초등학생의 학교폭력 피해응답률과 가해응답률은 각각 3.6%, 1.4%로 중학교의 0.8%, 0.3%보다 높은 것으로 나타났다.
- 초등학생의 피해유형의 비중은 언어폭력(39.5%), 집단 따돌림(20.3%), 스토킹(10.3%), 사이버 괴롭힘(8.2%), 신체폭행(7.7%), 성추행·성폭행(5.7%), 강제심부름(4.8%), 금품갈취(4.5%) 등으로 나타났으며 정서적 폭력이 두드러지게 나타나고 있다.

4장 학교폭력 관련 법규

1. 「학교폭력예방 및 대책에 관한 법률」

「학교폭력예방 및 대책에 관한 법률(약칭 학교폭력예방법)」은 사회 상황을 반영하여 지속적으로 개정되고 있는 실정이다. 2004년 1월 29일 법률 제7119호 제정을 시작으로, 여러 차례 개정과정을 거쳐 지금에 이르렀다. 2012년 3월 21일 주요 사항들이 일부 개정·신설되었고, 2013년 정부의 '4대 근절 악' 조항에 포함되고 조직개편으로 인해 2013년 3월 21일 개정된 바 있으며, 2020년 12월 22일 법률 제17668호에 의거하여 일부개정이 이루어졌다(교육부, 2020a).

1) 「학교폭력예방 및 대책에 관한 법률」의 목적

「학교폭력예방법」의 제정 취지는 1990년대 후반부터 학교폭력 문제가 심각한 사회적 문제로 대두되어, 정부가 여러 가지 긴급대책을 시행했음에도 불구하고 학교폭력은 약화되기는커녕 더욱 교묘하고 정도가 심하게 진행되었다. 이에 학교폭력 문제에 효과적으로 대처하기 위한 방안으로 정기적인 학교폭력예방 교육을 실시하고, 학교폭력 피해학생을 보호하며 학교폭력의 가해학생의 선도 · 교육, 피해학생과 가해학생 간의 분쟁조정을 위한 제도적 틀을 마련하기 위해서 「학교폭력예방법」을 제정하게 되었다.

「학교폭력예방법」은 교육기본법 제12조(학습자) 제1항에 해당하는 "학생을 포함한 학습자의 기본적 인권은 학교교육 또는 사회교육의 과정에서 존중되고 보호된다."는 규정에 의한 것이고 "학생을 건전한 사회구성원으로 육성"(동법 제2조)하고자 함이며, 학교폭력을 엄중한 사법절차에 의해 해결하기보다는 학교에서 자율적으로 해결하는 데 그 주된 취지가 있다. 또한 학교폭력에서 큰 문제점으로 지적되고 있는 학교폭력 사건의 은폐 · 축소의 관행을 바로잡는 데에도 그 목적이 있다.

「학교폭력예방법」 제1조(목적)에 의하면, 이 법은 학교폭력의 예방과 대책에 관하여 필요한 사항을 규정함으로써 피해학생의 보호, 가해학생의 선도 · 교육 및 피해학생과 가해학생 간의 분쟁조정을 통하여 학생의 인권을 보호하고 학생을 건전한 사회구성원으로 육성하는 것을 목적으로 한다.

2) 「학교폭력예방 및 대책에 관한 법률」의 특징 및 내용

「학교폭력예방법」의 특징을 살펴보면 다음과 같다. 첫째, 「학교폭력예방법」의 적용은 오로지 학교 내 · 외에서 발생하는 학생을 대상으로 발생한 폭력에 한한다. 현행법에서는 피해학생에 대한 보호를 위해 가해자가 학생이 아닌 경우에도 「학교폭력예방법」이 적용될 수 있도록 학교폭력 개념을 '학생을 대상으로 발생한' 사건으로 확대하여 학교 밖 청소년 등에 의한 학교폭력도 「학교폭력예방법」에 따라 지원을 받을 수 있게 되었다. 즉, 학교 내 · 외의 사건에서 학생이 피해자이거나 가해자이면 그 상대방의 신분과 무관하게 「학교폭력예방법」의 적용을 받게 된다는 의미이다.

둘째, 「학교폭력예방법」은 특별법이 아닌 일반법이기 때문에 다른 법률에 폭력과 관련 규정이 있을 경우 그 법을 준용하여야 한다(동법 제5조). 예를 들어, 성폭력 사건의 경우, 그 사건은 「학교폭력예방법」이 아닌 성폭력 관계법에 따라 처리하여야 하며, 정보통신망에 의한 학교폭력 등은 해당 법률에 따라야 한다(2012. 3. 21 본조 신설).

셋째, 학교폭력으로 인해 발생한 분쟁에 대한 조정의 결과는 화해의 효력이 없다. 이는 학교폭력으로 인해 학생 간에 분쟁이 발생했을 경우, 사법기관에 고소 · 고발 또는 민사소송을 제기하기 전에 교육 공동체가 교육적으로 해결하자는 데 근본 취지가 있기 때문이다.

넷째, 학교폭력 신고의무 규정이 있다(동법 제20조 제1항). 법률에 따르면 누구든 학교폭력 현장을 보거나 그 사실을 알게 된 자는 학교 등 관계기관에 즉시 신고하여야 하며, 신고를 받은 기관은 이를 가해학생 및 피해학생의 보호자 또는 소속 학교의 장에게 통보하여야 한다. 또한 제17조 제9항에 따른 자치위원회의 교육 이수조치를 따르지 아니한 보호자에게는 300만 원 이하의 과태료를 부과(동법 제22조 제2항)하는 등의 특징을 가지고 있다.

다섯째, 교원은 학교폭력에 대한 보고의무가 있다(동법 제20조 제4항). 누구라도 학교폭력의 예비 · 음모 등을 알게 된 자는 이를 학교의 장 또는 자치위원회에 고발할 수 있다. 다만, 교원이 이를 알게 되었을 경우에는 학교의 장에게 보고하고 해당 학부모에게 알려야 한다.

여섯째, 신고자 · 고발자에 대한 비밀누설 금지의무가 있다(동법 제21조 제1항). 학교폭력 신고자 및 고발자와 관련된 자료를 누설하여서는 안 된다.

「학교폭력예방 및 대책에 관한 법률」의 관련 조문 및 주요 특징을 정리하면 다음 〈표 4-1〉과 같다.

〈표 4-1〉「학교폭력예방 및 대책에 관한 법률」 관련 조문 및 주요 특징

* 「학교폭력예방 및 대책에 관한 법률」 제5조(다른 법률과의 관계)

① 학교폭력의 규제, 피해학생의 보호 및 가해학생에 대한 조치에 있어서 다른 법률에 특별한 규정이 있는 경우를 제외하고는 이 법을 적용한다.
② 제2조 제1호 중 성폭력은 다른 법률에 규정이 있는 경우에는 이 법을 적용하지 아니한다.

* 「학교폭력예방 및 대책에 관한 법률」의 주요 특징

① 일반법·보충법의 성격 : 학교폭력 사건이 발생한 경우에는 규정이 있는 다른 법률을 먼저 적용하기 때문에 「학교폭력예방법」은 보충적으로 적용된다(제5조(다른 법률과의 관계)). 예컨대, 「형법」, 「폭력행위 등 처벌에 관한 법률」, 「소년법」 등에 폭력과 관련된 규정이 있는 경우 해당 법률을 먼저 적용하게 된다.
② 교육적 해결을 위한 입법취지 : 「학교폭력예방법」은 학교폭력의 예방뿐만 아니라 상황이 발생하였을 때 사법기관으로 가기 전에 교육공동체가 자체적으로 먼저 교육적으로 해결해 보자는 취지로 제정된 법률이다. 예컨대 학교폭력으로 인해 발생한 분쟁은 '학교폭력대책자치위원회'에서 조정할 수 있지만, 이 조정의 결과는 법적인 효력이 없고, 단지 사법기관에 가기 전에 가해학생 측과 피해학생 측을 교육적으로 화해시키는 정도의 의미만을 가지게 된다(제18조(분쟁조정)).
③ 학교폭력 신고의무(제20조(학교폭력의 신고의무)) : 학교폭력 현장을 보거나 그 사실을 알게 된 사람은 학교 등 관계기관에 즉시 신고하여야 할 의무가 있다(제1항). 누구라도 학교폭력의 예비·음모 등을 알게 된 사람은 학교의 장 또는 자치위원회에 고발할 수 있으며, 다만 교원이 이를 알게 되었을 경우에는 학교의 장에게 보고하고 해당 학부모에게 알려야 하며(제4항), 학교폭력신고 및 고발자에 대한 신고행위를 이유로 한 불이익처분을 금지하고 있다(제5항, 2012.3.21. 신설). 따라서 학생들에게 「학교폭력예방법」에 학교폭력 신고의무 및 학교폭력 예비·음모의 고발 규정, 신고행위를 이유로 한 불이익처분 금지규정이 있음을 분명하게 알려 상황을 빨리 감지할 수 있다면 학교폭력의 상황이 심각해지기 전에 초기 대응이 가능할 수 있다.
④ 비밀누설금지 등 위반죄(제21조(비밀누설금지등), 제22조(벌칙)) : 「학교폭력예방법」에 따라 학교폭력의 예방 및 대책과 관련된 업무를 수행하거나 수행하였던 사람은 그 직무로 알게 된 비밀 또는 가해학생·피해학생 및 제20조에 따른 신고자·고발자와 관련된 자료를 누설하여서는 아니 되며(제21조 제1항, 2012.1.26. 개정), 이를 위반한 경우 300만 원 이하의 벌금형에 처해진다(제22조 제1항, 2012.3.21. 개정).

* 비밀의 범위(학교폭력예방 및 대책에 관한 법률 시행령 제33조) : 법 제21조 제1항에 따른 비밀의 범위는 다음 각 호와 같다.
  1. 학교폭력 가해학생과 피해학생 개인 및 가족의 성명, 주민등록번호 및 주소 등 개인정보에 관한 사항
  2. 학교폭력 가해학생과 피해학생에 대한 심의·의결과 관련된 개인별 발언 내용
  3. 그 밖에 외부로 누설될 경우 분쟁당사자 간에 논란을 일으킬 우려가 명백한 사항

출처: 도중진·박광섭·박행렬(2012). 학교폭력의 예방 및 근절을 위한 지자체의 역할 수립 용역(pp. 5-6). 대전: 대전광역시.

「학교폭력예방 및 대책에 관한 법률」(교육부, 2020a) 내용을 대상 및 기구별로 요약하면 다음과 같다.

(1) 교육부장관

교육부장관은 학교폭력예방 및 대책에 관한 정책 목표 · 방향을 설정하고, 이에 따라 학교폭력의 예방 및 대책에 관한 기본계획을 학교폭력대책위원회의 심의를 거쳐 5년마다 수립 · 시행한다(동법 제6조 제1항, 제2항).

(2) 학교폭력대책위원회

학교폭력의 예방 및 대책에 관한 사항을 심의하기 위하여 국무총리 소속으로 학교폭력대책위원회를 둔다(동법 제7조 제1항). 대책위원회는 위원장 2명을 포함하여 20명 이내의 위원으로 구성한다(동법 제8조 제1항).

(3) 학교폭력대책지역위원회

지역의 학교폭력 문제를 해결하기 위하여 시 · 도에 학교폭력대책지역위원회를 두며, 특별시장 · 광역시장 · 특별자치시장 · 도지사 및 특별자치도지사는 지역위원회의 운영 및 활동에 관하여 시 · 도의 교육감과 협의하여야 하며, 그 효율적인 운영을 위하여 실무위원회를 둘 수 있다(동법 제9조 제1항, 제2항). 지역위원회는 기본계획에 따라 지역의 학교폭력예방 대책을 매년 수립한다(제10조 제1항)

(4) 학교의 장

학교의 장은 대통령령으로 정하는 바에 따라 학교에 상담실을 설치하고 교감, 전문상담교사, 보건교사 및 책임교사(학교폭력 문제를 담당하는 교사를 말한다), 학부모 등으로 학교폭력 문제를 담당하는 전담기구를 구성한다. 이 경우 학부모는 전담기구 구성원의 3분의 1 이상이어야 한다(동법 제14조 제1항, 제3항). 또한 학생의 육체적 · 정신적 보호와 학교폭력의 예방을 위한 학생 및 교직원, 학부모에 대한 교육을 학기별로 1회 이상 실시하여야 한다(동법 제15조 제1항, 제2항).

(5) 학교폭력대책심의위원회

2020년「학교폭력예방법」개정에 따라 단위학교의 학교폭력대책자치위원회는 폐지되고, 그 업무는 교육지원청의 학교폭력대책심의위원회로 이관됐다. 이에 학교폭력의 예방 및 대책에 관련된 사항을 심의하기 위하여「지방교육자치에 관한 법률」제34조 및「제주특별자치도 설치 및 국제자유도시 조성을 위한 특별법」제80조에 따른 교육지원청에 학교폭력대책심의위원회를 둔다(동법 제 12조 제1항). 심의위원회는 10명 이상 50명 이내의 위원으로 구성하되, 전체위원의 3분의 1 이상을 해당 교육지원청 관할 구역 내 학교(고등학교를 포함한다)에 소속된 학생의 학부모로 위촉하여야 한다(동법 제13조 제1항). 심의위원회는 학교폭력의 예방 및 대책 등을 위하여 학교폭력의 예방 및 대책, 피해학생의 보호, 가해학생에 대한 교육, 선도 및 징계, 피해학생과 가해학생 간의 분쟁조정 및 그 밖에 대통령령으로 정하는 사항을 심의한다(동법 제12조 제2항).

3) 학교폭력 피해학생 및 가해학생 관련 법령

학교폭력 피해학생(이하 '피해학생' 이라 함)이란 학교폭력으로 피해를 입은 학생을 말한다(「학교폭력예방 및 대책에 관한 법률」제2조 제4호). 피해학생은「학교폭력예방 및 대책에 관한 법률」에 따라 보호조치를 받을 수 있으며, 학교폭력 가해학생(이하 '가해학생' 이라 함)을 대상으로 형사상의 책임과 민사상의 책임을 물을 수 있다.

한편, 가해학생이란 학교폭력을 행사하거나 그 행위에 가담한 사람을 말한다(「학교폭력예방 및 대책에 관한 법률」제2조 제3호 참조). 또한, 가해학생은「형법」을 비롯한 형사법에 따라 형사처벌 될 수 있으며, 연령과 가해 행위의 동기 및 죄질을 고려해서 「소년법」에 따른 보호처분을 받을 수도 있다. 가해자가 학생인 경우에는 「학교폭력예방 및 대책에 관한 법률」에 따른 조치를 받을 수 있다.

〈표 4-2〉 **학교폭력 피해학생 및 가해학생 관련 법령**

분류	관련 법령
학교폭력 피해학생	피해학생은 「학교폭력예방 및 대책에 관한 법률」에 따라 다음과 같은 보호조치를 받을 수 있다(제16조 제1항). • 학내외 전문가에 의한 심리상담 및 조언 • 일시보호 • 치료 및 치료를 위한 요양 • 학급교체 • 그 밖에 피해학생의 보호를 위해 필요한 조치 피해학생이나 그 보호자는 학교폭력대책자치위원회에 신청해서 치료비 등 학교폭력에 관한 분쟁조정을 받을 수 있다(「학교폭력예방 및 대책에 관한 법률」 제18조 및 「학교폭력예방 및 대책에 관한 법률 시행령」 제25조). 피해학생은 가해학생 또는 그 보호자나 가해학생의 교사를 대상으로 학교폭력으로 인한 손해배상을 청구할 수 있다(「민법」 제750조 및 제755조).
학교폭력 가해학생	가해학생은 「학교폭력예방 및 대책에 관한 법률」에 따라 다음과 같이 조치된다(제17조 제1항). • 피해학생에 대한 서면 사과 • 피해학생에 대한 접촉, 협박 및 보복행위의 금지 • 학교에서의 봉사 • 사회봉사 • 학내·외 전문가에 의한 특별 교육이수 또는 심리치료 • 출석정지 • 학급교체 • 전학 • 퇴학처분 「학교폭력예방 및 대책에 관한 법률」에 따라 처분되었다고 해서 가해학생에 대한 처벌이 끝난 것은 아니다. 가해학생이 14세 이상인 경우에는 형사처벌의 대상이 될 수 있다(「형법」 제9조). 가해학생이 14세 미만이면 형사미성년자로 취급되기 때문에 형벌 법령을 위반하더라도 「형법」에 따라 형사처벌 되지는 않지만(「형법」 제9조), 10세 이상 14세 미만인 경우에는 「소년법」에 따라 보호처분될 수 있다(「소년법」 제4조 제1항 제2호).

2. 「학교폭력예방 및 대책에 관한 법률」과 다른 법률과의 관계

「학교폭력예방 및 대책에 관한 법률」은 다른 법률의 내용을 배제하는 특별법이 아니기 때문에 학교폭력의 규제, 피해학생의 보호 및 가해학생에 대한 조치에 있어서 다른 법률(「형법」, 「폭력행위 등 처벌에 관한 법률」, 「소년법」, 「민법」 등)에 특별한 규정이 있는 경우에는 다른 법률의 규정에 따른다. 그러나 다른 법률에 특별한 규정이 없는 경우에는 「학교폭력예방 및 대책에 관한 법률」을 적용한다(황혜경 · 윤희경 · 김지영 · 박호정 · 김성화, 2014).

「학교폭력예방 및 대책에 관한 법률」에 따른 조치 중에는 피해학생 측이 경찰이나 검찰에 고소하여 형사절차가 개시되거나 법원에 민사상의 손해배상 소송을 제기한 경우에는 자치위원회 또는 교육감은 관련 사건에 대한 분쟁조정을 중지할 수 있고(시행령 제28조 제1항 제1호), 학교의 장은 「학교폭력예방 및 대책에 관한 법률」상의 조치(가해학생에 대한 조치, 피해학생에 대한 조치 등)를 계속할 수 있다. 폭행은 피해자가 처벌을 원치 않으면 처벌할 수 없으나(「형법」 제260조 제3항), 「학교폭력예방 및 대책에 관한 법률」에 따라 가해학생에 대한 조치를 해야 한다.

형사절차가 개시된 경우, 가해피해의 상황이 명확한 경우에는 「학교폭력예방 및 대책에 관한 법률」에 의한 조치를 취하고 가해피해의 상황이 명확하지 않은 경우에는 사법적 처리결과에 따라서 조치를 취한다.

정리하면, 학교폭력은 형벌의 대상이 되기 때문에 이에 따라 학교폭력 가해학생에게는 「형법」 및 「폭력행위 등 처벌에 관한 법률」을 비롯한 형사법이 적용될 수 있으며, 가해학생의 연령 · 행위의 동기와 죄질 등을 고려해서 「소년법」이 적용될 수도 있다. 그 외에도 손해배상과 관련해서 「민법」이 적용될 수 있다. 따라서 민 · 형사상의 책임이 발생할 수 있음을 주지해야 한다. 즉, 학교폭력이 발생하여 가해학생이 「학교폭력예방법」에 따라 선도, 징계처분을 받았다고 해서 민 · 형사상의 책임이 면제되는 것은 아니다. 왜냐하면 「학교폭력예방법」은 단순히 학교폭력의 피해학생과 가해학생에 대해 학교에서 자율적으로 교육적 차원에서 조치를 취하도록 한 법률이지, 다른 법적 책임을 면하게 해 주는 법률은 아니기 때문이다(도중진 · 박광섭 · 박행렬, 2012).

「학교폭력예방 및 대책에 관한 법률」과 관련된 법들은 다음과 같다(보건복지부, 2020; 여성가족부, 2020b).

성폭력방지 및 피해자보호 등에 관한 법률(약칭: 성폭력방지법)
(법률 제17895호, 2021. 1. 12., 일부개정)

제5조(성폭력 예방교육 등) ① 국가기관 및 지방자치단체의 장, 「유아교육법」 제7조에 따른 유치원의 장, 「영유아보육법」 제10조에 따른 어린이집의 원장, 「초·중등교육법」 제2조에 따른 각급 학교의 장, 「고등교육법」 제2조에 따른 학교의 장, 그 밖에 대통령령으로 정하는 공공단체의 장(이하 "국가기관등의 장"이라 한다)은 대통령령으로 정하는 바에 따라 성교육 및 성폭력 예방교육 실시, 기관 내 피해자 보호와 피해 예방을 위한 자체 예방지침 마련, 사건발생 시 재발방지대책 수립·시행 등 필요한 조치를 하고, 그 결과를 여성가족부장관에게 제출하여야 한다. 〈개정 2012. 12. 18., 2016. 5. 29., 2021. 1. 12.〉

② 제1항에 따른 교육을 실시하는 경우 「성매매방지 및 피해자보호 등에 관한 법률」 제4조에 따른 성매매 예방교육, 「양성평등기본법」 제31조에 따른 성희롱 예방교육 및 「가정폭력방지 및 피해자보호 등에 관한 법률」 제4조의3에 따른 가정폭력 예방교육 등을 성평등 관점에서 통합하여 실시할 수 있다. 〈신설 2014. 1. 21., 2014. 5. 28.〉

③ 국가기관등의 장은 제1항에 따라 실시하는 성교육 및 성폭력 예방교육의 참여에 관한 사항을 소속 직원 및 종사자에 대한 승진, 전보, 교육훈련 등의 인사관리에 반영할 수 있다. 〈신설 2021. 1. 12.〉

⑪ 관계 중앙행정기관의 장 및 시·도지사는 대통령령으로 정하는 바에 따라 매년 성폭력 예방에 필요한 계획을 수립·시행하여야 한다. 〈신설 2016. 5. 29., 2018. 4. 17., 2021. 1. 12.〉

아동복지법(법률 제17784호, 2020. 12. 29., 일부개정)

제31조(아동의 안전에 대한 교육) ① 아동복지시설의 장, 「영유아보육법」에 따른 어린이집의 원장, 「유아교육법」에 따른 유치원의 원장 및 「초·중등교육법」에 따른 학교의 장은 교육대상 아동의 연령을 고려하여 대통령령으로 정하는 바에 따라 매년 다음 각 호의 사항에 관한 교육계획을 수립하여 교육을 실시하여야 한다. 이 경우 그 대상이 「영유아보육법」 제2조제1호에 따른 영유아인 경우 아동복지시설의 장, 같은 법에 따른 어린이집의 원장 및 「유아교육법」에 따른 유치원의 원장은 보건복지부령으로 정하는 자격을 갖춘 외부전문가로 하여금 제1호의2에 따른 아동학대 예방교육을 하게 할 수 있다. 〈개정 2015. 12. 29., 2021. 12. 21.〉

1. 성폭력 예방

1의2. 아동학대 예방

2. 실종·유괴의 예방과 방지

3. 감염병 및 약물의 오남용 예방 등 보건위생관리

4. 재난대비 안전

5. 교통안전

3. 학교폭력 사안처리 Q & A (법무부, 2012; 찾기 쉬운 생활 법령 정보, 2020)

■ 언어적으로 별명 등을 부르며 놀리거나 악의적인 소문을 퍼트리는 행위는 학교폭력인가?

→ 동법 제2조의 명예훼손 및 모욕에 해당됨. 즉, 학교폭력의 판단기준은 '피해자의 입장'을 그 기준으로 하므로, 가해학생의 입장에서는 사소한 놀림이나 장난이라고 할지라도 피해학생이 정신적으로 고통을 느낀다면 이는 엄연한 학교폭력에 해당됨.

■ 친하게 지내는 친구들 사이에서 그중 한명에게 가방을 들게 하거나 돈을 주면서 간식 등을 사오게 시키는 행위는 학교폭력인가?

→ 심부름을 시키는 데 있어 협박이나 폭력이 가해지지 않았고 간식을 사오도록 돈을 주었다 하더라도 피해학생 입장에서 거절하기 힘든 강제적인 지시로 인식되었다면 동법 '강요 강제적인 심부름'에 해당되며 피해학생이 이러한 행위로 인하여 심리적인 고통을 받았다면 설령 물리적 폭력 등이 개입되지 않았더라도 학교폭력에 해당됨.

■ 여러 학생이 한 학생을 상대로 말을 걸어와도 대답하지 않고, 고의적으로 무시하는 행동을 하였지만, 폭언 및 폭행 등의 적극적인 행위를 한 사실이 없는 경우 학교폭력인가?

→ 고의적인 무시행위가 지속적 반복적으로 2명 이상의 학생에 의하여 이루어지고 피해학생이 이로 인하여 심리적 고통을 받았다면 피해학생을 무시하는 행위 자체만으로도 동법의 '따돌림'에 해당될 수 있음.

■ 가해학생의 보호자가 피해학생과의 대질을 요구하거나 반대로 피해학생의 보호자가 가해학생과의 대질을 요구하는 경우 이를 허락하여야 하는가?

→ '학폭법' 상 가·피해학생의 보호자가 상대학생과의 대질을 요구할 수 있는 권리는 존재하지 않습니다. 따라서 학교 측은 이러한 보호자의 요청에 응할 의무가 없음. 다만, 양측이 모두 대질을 요구하는 경우 정확한 실태조사를 위하여 대질조사를 진행할 수도 있을 것임. 한쪽만 대질을 원하는 경우에는 상대방측에 이를 강요할 수 없음.

■ 학폭법 제17조 제4항에 따라 선도가 긴급하다고 인정할 경우 가해학생에 대해 학교장은 우선 긴급조치를 취할 수 있는데 조치 내용과 처리 방법은?

→ 학교장은 가해학생에 대한 선도가 긴급하다고 인정할 경우 제1호(서면사과), 제2호(접촉, 협박, 보복행위 금지), 제3호(학교에서의 봉사), 제5호(특별교육 또는 심리치료), 제6호(출석정지) 조치를 할 수 있으며 제5호와 제6호는 병과조치 할 수 있음.
또한 조치 내용은 자치위원회에 즉시 보고하고 추인을 받아야 함.
(* 자치위원회 회의록에 추인 여부가 기재되어야 함)
→ 자치위원회에서 추인을 하면 자치위원회 조치와 동일한 효력을 가지므로 결과 통지서에 추인받는 선 조치도 기재하여 통지하여야 함.
※ 추인받은 긴급조치도 생활기록부에 기재하여야 하고 긴급조치로 출석 정지 시 무단결석으로 처리하여야 함.

■ 학교폭력 사안 중 학교장이 우선 출석 정지를 할 수 있는 경우는?

→ 학교장이 우선 출석 처리할 수 있는 경우.
- 2명 이상의 학생이 고의적·지속적인 폭력을 행사한 경우.
- 폭력을 행사하여 전치 2주 이상의 상해를 입힌 경우.
- 학교폭력에 대한 신고, 진술, 자료 제공 등에 대한 보복을 목적으로 폭력을 행사한 경우.
- 학교장이 피해학생을 가해학생으로부터 긴급하게 보호할 필요가 있다고 판단되는 경우.

※ 학폭법 제17조 제4항, 『학교폭력사안처리 Q&A』 p. 17 참조.

- 학교장이 가해학생에 대해 긴급조치로 출석 정지 조치를 할 경우 유의 사항은?

→ 해당학생 또는 보호자의 의견을 들어야 하며, 이를 따르지 아니하는 경우 그러하지 아니함.
※ 학폭법 시행령 제21조 제2항.

- 학교장이 학교폭력 사건에 대한 긴급조치를 취할 경우 가해학생이 이를 거부하거나 회피하는 때에는 어떻게 해야 하는가?

→ 「초·중등교육법」 제18조에 의거하여 별도의 징계처분(선도위원회)을 하여야 함.

- 피해학생에 대한 보호조치에 따라 피해학생이 불가피하게 수업에 참여할 수 없는 경우 출석처리는 어떻게 해야 하는가?

→ '학폭법' 제16조 제4항 및 제5항에 따라 조치에 필요한 결석을 출석일수에 산입할 수 있으며 기타 성적평가 등에서 불이익을 주지 않도록 하여야 함.

- 가해학생의 전학 후 피해학생의 양해를 구하여 다시 본래의 학교로 재전학하는 것이 가능한가?

→ '학폭법' 제17조 제10항에 따라 원칙적으로 불가능함. 피·가해학생 간 합의하여 양해를 구한다고 하여도 허용할 수 없음.
※ 제17조 제10항 가해학생이 다른 학교로 전학을 간 이후에는 전학 전의 피해학생 소속학교로 다시 전학올 수 없도록 하여야 함(2012. 3. 21. 개정).

- 가해학생에 대하여 법률 제17조 제3항 제3호, 제4호, 제5호의 교내봉사, 사회봉사 조치 및 전문가에 의한 특별교육 또는 심리치료가 이루어진 경우 위 조치기간 동안 가해학생에 대한 결석처리 방법은?

→ '학폭법' 제17조 제8항에 따라 가해학생에 대한 교내봉사, 사회봉사, 특별교육, 심리치료 등의 조치가 이루어진 경우 이와 관련된 결석은 학교장이 수업출석으로 인정하여 출석일수에 산입할 수 있음.

■ 피해학생의 보호조치에 따른 상담 등의 비용이 발생하는 경우 누가 부담해야 하는가?

→ 가해학생 보호자
피해학생의 신속한 치료를 위하여 학교장 또는 피해학생 보호자가 원할 경우에는 처리 방법은? → 학교안전공제회 또는 시도교육청이 부담한 후 가해학생 보호자에게 구상권을 행사할 수 있음. ※ '학폭법' 제16조 제6항.

■ 피해학생의 보호를 위하여 긴급하다고 인정하는 경우 자치위원회 개최 전에 학교장이 취할 수 있는 것은?

→ 긴급보호조치권 (* 조치 후 자치위원회에 사후 보고하도록 함)

■ 학생 A가 학생 B의 성기를 만지는 등의 성추행이 여러 차례 있었는데 학교 측에서는 모르고 있었던 상황에서 B의 부모와 친인척이 학교에 찾아와서 담임교사에게 욕설과 협박을 하는 상황이 있었다면 어떻게 해야 하나요?

→ 학교폭력 피해학생 보호자라고 하더라도 교사에 대한 협박, 모욕, 명예훼손 등 형법상의 범죄 행위가 성립될 수 있음.
※ 모욕감을 주는 언동의 경우 - 모욕죄(형법 제311조)에 해당됨.
담임교사에게 해악을 고지하여 겁을 주는 언동의 경우 - 협박죄(형법 제283조).
교실 등 학교내에서 고함을 지르거나 난동을 부린 경우 - 업무방해죄(형법 제314조).

■ 우발적인 학생 간 쌍방 폭행 사건의 경우에 '학폭법' 에 의거한 절차에 따라야 하는가?

→ 학생 상호 간의 쌍방 폭행의 경우 '학폭법'을 적용 절차에 따라야 함. 단, 쌍방 폭행의 경우 양 당사자가 모두 가해학생 및 피해학생이 될 수 있으므로, 폭행의 유발 원인, 폭행으로 인한 피해 정도, 반성의 기미, 당사자 간의 화해 및 합의 노력 등 사실관계를 고려하여 조치 수준을 결정하여야 함.

■ 같은 반 아이들이 단체 채팅방에서 제 욕을 하면서 계속 따돌립니다. 이것도 학교폭력에 해당되나요?

→ 학교폭력에 해당됨. 학교폭력은 신체에 대한 직접적인 폭력행위에 한정되지 않음. 학교폭력의 유형에는 신체폭력, 언어폭력, 금품갈취(공갈), 강요, 따돌림, 성폭력 및 사이버폭력이 있음.

■ 학교폭력 사건이 발생하면 해결절차가 어떻게 되나요?

→ 학교폭력이 발생하면 학교폭력 문제를 담당하는 전담기구에서 학교장 자체해결 부의 여부를 심의하고 그 결과를 학교의 장에게 보고함. 그 결과 학교장 자체해결 또는 학교폭력대책심의위원회 개최 여부가 결정됨.

학교의 장은 학교폭력 사태를 인지한 경우 지체 없이 전담기구 또는 소속 교원으로 하여금 가해 및 피해 사실 여부를 확인하도록 하고, 전담기구로 하여금 학교의 장의 자체해결 부의 여부를 심의하도록 함. 전담기구는 가해 및 피해 사실 여부에 관하여 확인한 사항을 학교의 장에게 보고해야 함. 전담기구는 학교폭력에 대한 실태조사와 학교폭력예방 프로그램을 구성·실시하며, 학교의 장 및 학교폭력대책심의위원회의 요구가 있는 때에는 학교폭력에 관련된 조사결과 등 활동결과를 보고해야 함. 피해학생 또는 피해학생의 보호자는 피해 사실 확인을 위하여 전담기구에 실태조사를 요구할 수 있음.

■ 학교폭력 신고를 하고 싶은데 신고 내용이 누설될까봐 겁이 납니다. 신고 내용 누설 시 어떤 처벌을 받나요?

→ 학교폭력의 예방 및 대책과 관련된 업무를 수행하거나 수행했던 사람은 그 직무로 인하여 알게 된 비밀 또는 가해학생·피해학생 및 신고자·고발자와 관련된 자료를 누설해서는 안됨. 비밀의 범위는 다음과 같음.

- 학교폭력 피해학생과 가해학생 개인 및 가족의 성명, 주민등록번호 및 주소 등 개인정보에 관한 사항
- 학교폭력 피해학생과 가해학생에 대한 심의·의결과 관련된 개인별 발언 내용
- 그 밖에 외부로 누설될 경우 분쟁 당사자 간에 논란을 일으킬 우려가 있음이 명백한 사항

※ 이를 위반하면 1년 이하의 징역 또는 1천만 원 이하의 벌금에 처해짐.

■ 말다툼 중에 순간 화가 나서 친구의 어깨를 주먹으로 한 대 때렸습니다. 이 경우에도 학교폭력대책심의위원회가 열리는 건가요?

→ 경미한 학교폭력 사건은 학교의 장이 자체적으로 해결할 수 있음. 학교폭력이 발생한 사실 및 가해학생이 협박 또는 보복한 사실을 신고받거나 보고받은 경우에도 불구하고 피해학생 및 그 보호자가 학교폭력대책심의위원회의 개최를 원하지 않는 다음에 모두 해당하는 경미한 학교폭력의 경우 학교의 장은 학교폭력 사건을 자체적으로 해결할 수 있음.

- 2주 이상의 신체적·정신적 치료를 요하는 진단서를 발급받지 않은 경우
- 재산상 피해가 없거나 즉각 복구된 경우
- 학교폭력이 지속적이지 않은 경우
- 학교폭력에 대한 신고, 진술, 자료제공 등에 대한 보복행위가 아닌 경우

※ 이 경우 학교의 장은 지체 없이 이를 학교폭력대책심의위원회에 보고해야 함.

→ 학교의 장은 자체적으로 사건을 해결하려는 경우 다음의 절차를 모두 거쳐야 함(「학교폭력예방 및 대책에 관한 법률」 제13조의2 제2항).

- 피해학생과 그 보호자의 학교폭력대책심의위원회 개최 요구 의사의 서면 확인
- 학교폭력의 경중에 대한 전담기구의 서면 확인 및 심의

■ 학교폭력대책심의위원회 위원인데 제 아이가 학교폭력 피해를 입었습니다. 그 사건의 심의에 참여할 수 있나요?

→ 학교폭력대책심의위원회의 위원은 피해학생과 가해학생에 대한 조치를 요청하는 경우와 분쟁을 조정하는 경우 다음 어느 하나에 해당하면 해당 사건에서 제척됨.

- 위원이나 그 배우자 또는 그 배우자였던 사람이 해당 사건의 피해학생 또는 가해학생의 보호자인 경우 또는 보호자였던 경우
- 위원이 해당 사건의 피해학생 또는 가해학생과 친족이거나 친족이었던 경우
- 그 밖에 위원이 해당 사건의 피해학생 또는 가해학생과 친분이 있거나 관련이 있다고 인정하는 경우

■ 아이가 친구들과 함께 옆반 학생들을 때려서 학교폭력대책심의위원회가 열립니다. 제 아이는 어떤 조치를 받게 되나요?

→ 학교폭력 가해학생은 서면 사과, 봉사, 출석 정지, 학급 교체, 전학 등의 조치를 받을 수 있음. 학교폭력대책심의위원회는 피해학생의 보호와 가해학생의 선도·교육을 위하여 가해학생에 대하여 다음 어느 하나에 해당하는 조치(수 개의 조치를 병과하는 경우를 포함)를 할 것을 교육장에게 요청해야 함.

- 피해학생에 대한 서면 사과
- 피해학생 및 신고·고발 학생에 대한 접촉, 협박 및 보복행위의 금지
- 학교에서의 봉사
- 사회봉사
- 학내외 전문가에 의한 특별교육 이수 또는 심리치료
- 출석 정지
- 학급 교체
- 전학
- 퇴학 처분(단, 의무교육과정에 있는 가해학생은 제외)

※ 위의 요청이 있을 때에는 교육장은 14일 이내에 해당 조치를 해야 함.

출처: 찾기쉬운 생활법령정보(2020). 학교폭력 100문 100답. https://www.easylaw.go.kr (2020. 12. 31 인출).

활동 1 다음의 사례는 학교폭력에 해당되는지를 이야기해 봅시다.

오늘 갑자기 교실이 소란스러워서 보니까 친구 A랑 B가 뒤엉켜서 싸우는 거예요. 친구들 말이 A가 자꾸 B의 머리를 때리니까 B가 감정이 격해져서 같이 머리를 때리는 바람에 싸움이 벌어졌다고 하더라고요. A가 평소에 약한 아이들을 괴롭혀 왔기 때문에 전 B의 편을 들어 싸움을 말렸어요. 그런데 싸움을 말리는 과정에서 제가 흥분해서 A를 미는 바람에 A의 다리가 부러졌어요. 저도 학교폭력의 가해자가 되는 건가요?

활동 2 현행법상 학교폭력 가해사실을 학교생활기록부에 기재할 수 있도록 되어 있습니다. 여러분은 '학교폭력 가해사실의 학교생활기록부 기재' 에 대하여 찬성 또는 반대하십니까? 함께 의견을 나누어 봅시다.

학교폭력 가해 사실, 앞으로 학교생활기록부에 기록된다(교육부 보도자료, 2012.1.16).
2012년 3월 1일부터 초·중·고등학생의 학교생활기록부에 학교폭력 가해 사실을 기재한다.
학교생활기록부의 학적사항, 출결상황, 행동특성 및 종합의견란에 종래는 학교폭력 가해 행위가 기록되지 않았으나, 앞으로는 학교폭력이 발생할 경우 학교폭력대책자치위원회에서 결정되는 가해학생에 대한 조치사항이 기록된다.
학교생활기록부에 기록된 가해학생에 대한 조치사항은 고등학교와 대학교에서 입시 전형 자료로 요구할 경우 입시 전형 자료로 제공되며 입력 내용에 대한 입시 반영 여부 및 방법은 해당 고교와 대학에서 자율적으로 결정한다.
또한 「학교생활기록 작성 및 관리지침」 제18조 제2항에 따라 학교생활기록부에 기록된 가해학생에 대한 조치사항은 초등학교와 중학교는 졸업 후 5년간 보존되고 고등학교는 10년간 보존된다.

5장 학교폭력의 예방 및 대책

1. 학교폭력의 예방 및 대책의 중요성과 내용

학교폭력의 발생을 최소화하기 위해서는 그에 대한 예방 및 대책을 효율적으로 강화하는 것이 무엇보다 중요하다. 더불어 가정, 학교와 사회에서 관심을 가지고 폭력 없는 학교문화를 형성해 나가는 노력이 수반되어야 한다.

학교폭력예방 교육의 목적은 학교폭력에 대한 학생들의 잘못된 인식과 변화를 통해 가해학생 또는 가해 징후가 있는 학생들에게 학교폭력이 범죄라는 인식을 유도하고 일반 학생에게는 학교폭력을 효과적으로 대처할 수 있도록 교육하여 학교폭력의 잠재적인 가능성을 줄이는 데 있다. 이를 위해서는 학교폭력을 유발하는 위험 요인을 없애고 학교폭력을 억제하는 보호 요인을 강화함으로써 학교폭력을 예방하는 것이 필요하다. 학교폭력을 유발하는 개인적 보호 요인에는 자존감, 공감, 조망 능력, 자기통제, 학교적응이 있으며, 환경적 보호 요인에는 긍정적인 또래관계, 교사애착, 공정한 학교 규칙, 또래중재자를 들 수 있다. 이에 반해 학교폭력을 발생시키는 개인적 위험 요인에는 분노, 적대적 귀인, 학대 및 부당한 대우, 스트레스, 무기력, 좌절감, 공격성, 반사회성이 있으며, 환경적 위험 요인에는 과도한 경쟁, 소외나 외톨이, 학교 규칙의 부재나 비일관성, 교사의 폭력적인 언어나 행동, 교사의 무관심과 방임을 들 수 있다.

2012년 정부는 학교폭력예방 및 대책 노력의 일환으로 '학교폭력근절 종합대책'을 마련한 바 있다. 이는 각계각층에서 제안한 대안을 심층적으로 검토하여 학교폭력근절을 위한 종합적인 대책을 제시한 것이다. 구체적인 내용은 다음과 같다(관계부처합동, 2012).

첫째, 학교의 권한과 책임 강화이다. 학교는 금품수수, 성적 조작, 성폭력 범죄, 신체적 폭력 등의 폭력사건이 발생한 즉시 가해학생의 출석을 정지할 수 있고, 이미 발효된 출석 정지도 해제할 수 있다. 담임교사는 이와 관련 사항을 가해학생의 학교생활기록부에 기재해 초·중·고 졸업 후 최대 5년까지 기록을 보존할 수 있고, 개인별로 누적 관리하여 생활지도에 활용할 수 있다.

둘째, 신고 조사체계 개선 및 가·피해학생에 대한 조치강화이다. 학교는 신고나 학교폭력 사건 접수 등을 토대로 일진을 파악한 후 엄정하게 대처한다. 피해학생에 대한 치료비를 우선 지원하고, 상급학교 진학 시 피해학생과 가해학생을 분리해서 배정한다. 또 피해학생 및 보호자에게 학교폭력대책자치위원회 의견진술의 기회를 부여하는 등 피해학생을 우선적으로 보호한다. 아울러 가해학생에 대한 조치와 치유가 병행되는데, 가해학생의 전학조치를 가능하도록 하고, 특별교육 또는 심리치료를 받도록 한다. 가해학생 특별교육 조치 시 학부모 교육을 의무화한다.

셋째, 또래활동 등 예방교육의 확대이다. 또래상담, 중재 및 조정 프로그램, 자치법정 등의 운영을 활성화한다. 창의적 체험활동과 연계해 관련 내용을 학생부 특기사항 및 에듀팟에 기록한다. 모든 학생을 대상으로 정서·행동발달 선별검사를 실시한 후, 고위험 학생을 치료하고, 사이버 상담 등을 강화한다.

넷째, 학부모 교육 확대 및 학부모의 책무성을 강화한다. 학부모가 자녀를 더 잘 이해할 수 있는 교육을 제공한다. 학부모와 학교 부적응 학생 간에 1:1 결연을 통해 상담, 자원봉사를 할 수 있도록 하거나, 학교설명회를 개최하거나, 교사와 상담을 하도록 해서 학교 참여의 기회를 높인다.

다섯째, 교육 전반에 걸친 인성 교육 실천을 강화한다. 3~5세부터 질서, 나눔, 배려, 협력, 존중 등을 철저히 지도한다. 정규 교과 내 공감과 소통, 갈등해결 내용을 강화하고, 지식 중심에서 사례 중심의 학습으로 개편한다. 인성 교육에 도움이 되는 체육, 예술, 독서교육도 강화한다.

여섯째, 가정과 사회의 역할을 강화한다. 가족사랑의 날인 수요일에 가족이 함께 식사하며 기본 예절교육을 받고 상호 이해하는 시간을 마련한다. 가족단위 청소년 대상 프로그램을 대폭 확대한다.

일곱째, 게임 · 인터넷 중독 등 유해 · 유인대책을 마련한다. 학생들을 대상으로 영상매체(폭력영화, 인터넷, 게임 등)의 학교폭력 영향력을 조사한 결과 53.7%가 "영향력이 있다."고 대답했다. 이에 게임 및 인터넷 중독으로 정신건강을 해치지 않도록 학생들의 게임 · 인터넷 중독 예방교육과 치유활동을 활발히 전개한다.

2020년부터 2024년까지 시행되는 제4차 학교폭력예방 및 대책 기본계획은 '모두가 함께 만드는 행복한 학교'를 비전으로 하여 '존중과 배려를 바탕으로 한 학교문화 조성, 학교의 신뢰 제고, 가정과 사회의 역할 강화'를 목표로 5대 정책영역에 걸쳐 14개 추진과제를 제시하였다. 주요 내용으로는 학교폭력의 예방 및 대응을 위한 학교의 교육적 역할 강화 지원, 피해학생 보호 · 치유를 위한 지원 강화, 중대한 학교폭력에 엄정 대처하고 가해학생의 재발 방지를 위해 가해학생 교육의 강화 등에 대한 것이다. 구체적인 내용은 다음 〈표 5-1〉과 같다.

〈표 5-1〉 **제4차 학교폭력예방 및 대책 기본계획**

5대 정책영역	14개 추진과제
학교공동체 역량 제고를 통한 학교폭력예방 강화	• 학교·학급 단위의 학교폭력예방 교육 내실화 • 학생 참여·체험 중심의 학교폭력예방 활동 확대 • 학교폭력 유형·추세 대응 예방활동 강화 • 전 사회적 협력을 통한 학교폭력예방 문화 조성
학교폭력에 대한 공정하고 교육적인 대응 강화	• 학교폭력 조기 감지 및 대응체계 강화 • 학교의 교육적 해결 역량 제고 • 사안처리의 공정성·전문성 확보

5대 정책영역	14개 추진과제
피해학생 보호 및 치유 시스템 강화	• 피해학생 맞춤형 보호·지원체계 강화 • 사후지원 강화 및 학교 안팎 협력체계 구축
가해학생 교육 및 선도 강화	• 가해학생 교육·선도 내실화 • 중대한 학교폭력 가해학생에 대한 엄정 대처
전 사회적 학교폭력예방 및 대응 생태계 구축	• 가정의 교육적 역할 강화 • 지역사회의 역할 및 책무성 강화 • 전 사회적 대응체계 강화 및 대국민 인식제고

출처: 교육부(2020f). 제4차 학교폭력예방 및 대책 기본계획 발표 보도자료. 2020.1. 14. 세종: 교육부.

2. 학교폭력의 예방 및 처리기구

학교폭력은 발생하기 전에 사전에 예방하는 것이 무엇보다 중요할 뿐 아니라 발생 후에는 신속하고 합리적으로 처리하는 것이 중요하다. 학교폭력을 예방하기 위해서 학교에서 학교폭력예방 교육을 충실하게 시행하거나 의료, 법률 및 상담지원을 하는 학교폭력예방 기구를 활용할 수 있다. 학교폭력이 발생하는 경우에는 학교 자체적으로 진행해야 되는 절차를 올바르게 알고 처리하는 것이 필요하다. 이에 학교폭력예방 및 처리기구들에 대해 살펴보면 다음과 같다.

1) 학교폭력예방 교육

학교폭력예방 교육은 학교에서 자체적으로 진행하거나, 학교폭력 관련 전문기관과 연계해서 실시하고 있다. 최근 학교폭력예방 교육은 그 실효성을 높이기 위해서 학교급별 맞춤형 학교폭력예방 교육 강화, 전 교원의 학교폭력대응 역량 강화, 학교폭력 추세에 맞춘 선제대응, 가정의 학교폭력예방 기능 강화 등에 초점을 맞추고 있다(관계부처합동, 2014).

학교의 장은 「학교폭력예방 및 대책에 관한 법률」에 의거하여 학생의 육체적·정신적 보호 및 학교폭력의 예방을 위해서 학생들을 대상으로 학기당 1회 이상 학교폭력의 개념·실태 및 대처방안 등을 포함한 학교폭력예방 교육을 실시해야 한다(제15조 제1항). 또한, 학교폭력의 예방 및 대책 등을 위한 교직원 및 학부모에 대한 교육을 학기당 1회 이상 실시해야 한다(제15조 제2항). 학교폭력예방 프로그램은 학생, 교직원, 보호자를 따로 교육하는 것이 원칙이나, 내용에 따라 함께 교육할 수 있다(시행령 제17조 제3호). 학교폭력예방 프로그램은 '학교폭력전담기구' 에서 구성·실시(제14조 제5항)하거나 전문단체 또는 전문가에게 위탁(제15조 제3항)할 수 있다. 아울러 학교폭력예방 교육 프로그램 구성과 운용계획을 인터넷 홈페이지에 게시하고 그 밖에 다양한 방법으로 학부모에게 알려야 한다(제15조 제4항). 대상별 예방교육 실시방법을 소개하면 다음 〈표 5-2〉와 같다.

〈표 5-2〉 **대상별 학교폭력예방 교육 실시방법**

대상	횟수	방법
학생	학기별 1회 이상 (연 2회 이상)	• 학급 단위로 실시함이 원칙(시행령 제17조 제2호) • 강의, 토론, 역할연기 등 다양한 방법 활용(시행령 제17조 제4호) • 교과 및 창의적 체험활동 교육과정을 활용하여 실시
교직원	학기별 1회 이상 (연 2회 이상)	• 학교폭력 관련 법령에 대한 내용, 발생 시 대응요령, 학생 대상 예방 프로그램 운영방법 등을 포함(시행령 제17조 제5호)
보호자	학기별 1회 이상 (연 2회 이상)	• 학교폭력 징후 판별, 발생 시 대응요령, 가정에서의 인성 교육에 관한 사항 포함(시행령 제17조 제6호)

출처: 교육과학기술부·이화여자대학교학교폭력예방연구소(2020). 학교폭력 사안처리 가이드북(p. 9). 교육부·서울: 이화여자대학교 학교폭력예방연구소.

'제3차 학교폭력예방 및 대책 기본계획(2015~2019)' 에 근거해서 다음과 같이 전 교원의 학교폭력대응 역량 강화교육이 심화되고 있다. 세부 내용은 다음 〈표 5-3〉과 같다(교육부 외·정부부처, 2014).

〈표 5-3〉 학교급별 맞춤형 학교폭력예방 교육내용

구 분	세부 내용
조기 예방교육 (유치원 및 초등학교)	• 유치원 기본교육과정 운영의 내실화 • 가정친화적 인성 교육 강화로 유아 발달단계에 기초한 학교폭력예방 교육을 실시 • 초등학교 학년 단계별 예방프로그램 운영 • 학교폭력 가·피해 예측학생에 대한 예방상담 강화
맞춤형 예방교육 (초·중·고)	• 매년 3월과 9월 셋째 주를 학교폭력 관련 프로젝트 주간으로 정해 다양한 프로그램 운영 • 학교폭력의 이해, 예방 및 대처능력 등을 학교급과 발달단계를 고려해서 학급단위로 운영 • 단위학교의 학교폭력 발생 특성을 고려한 맞춤형 예방교육 병행 • 집단 따돌림 예방교육 및 상담 강화 • 강요에 의한 휴대폰 대여, 심부름 등 다양한 괴롭힘에 대한 예방교육 강화 • 다문화가정 및 장애학생 예방교육 강화 • 성인지적 통합인권교육 실시 • 사이버 청정학교 및 인터넷 미디어 교실 운영

출처: 법제처(2015a). 찾기 쉬운 생활 법령 정보: 학교폭력개요.

교육부 등 정부부처는 위와 같은 맞춤형 예방교육을 지원하기 위해 맞춤형 학교폭력예방 교육자료를 개발 · 보급하고 있으며, 학교급별 학생을 대상으로 준법강연과 범죄예방교실 등을 진행하고 있다.

이외에 가정의 예방기능을 강화하는 교육을 소개하면 다음〈표 5-4〉와 같다.

〈표 5-4〉 가정의 예방기능강화 교육내용

구 분	세부 내용
학부모회를 활용한 학교폭력예방 교육 실시	• 학부모교실 등을 통한 학교폭력예방 교육 확대 • 아버지 학교, 아버지 교실 운영
찾아가는 학부모 교육 실시	• 학교폭력 취약지역을 대상으로 '찾아가는 학부모 교육' 실시 • 직장인 대상 '찾아가는 학부모 교육' 실시 • 자발적 학습조직 대상 '찾아가는 학부모 교육' 실시

출처: 법제처(2015a). 찾기 쉬운 생활 법령 정보: 학교폭력개요.

한편, 교육부 등 정부부처는 가정의 예방기능 강화교육을 지원방안으로 학교폭력예방 교육자료를 개발·보급하고 있으며, 학교폭력 이해, 예방 및 대처 방법 등을 담은 사이버 콘텐츠를 개발해서 교육부(http://www.mest.go.kr)와 각 시·도교육청 '학부모 섹션' 에 탑재하였다.

학교폭력예방 교육자료

- (어울림 프로그램) 학교급별, 학생·교직원·학부모 대상별로 공감, 소통, 학교폭력 인식 및 대처 등 6개 모듈 예방교육 프로그램(학교폭력예방교육지원센터(http://www.stopbullying.re.kr)에 탑재)
- (학교폭력 대응) 학교폭력 사안대응 Q&A, 학교폭력 사안처리 가이드북, 학교폭력 사안처리 및 초기 대응절차(교원용) 등
- (원격연수 콘텐츠) 학교폭력예방 길라잡이(시·도연수원 공동활용), 학교폭력 없는 배움터 만들기(중앙교육연수원)
- (사이버폭력예방) '사이버폭력예방을 위한 인터넷 가치 사전 만들기'(학생용, 교재), 사이버폭력예방 자료'(학생용, 교재), 사이버폭력예방 리플릿 및 포스터 등
- (성폭력예방) 성폭력예방 교육 길라잡이(아동 및 초등 저학년용, 교원·학부모용, 책자), 성폭력예방 교육 길라잡이(초등 고학년용, 교원용, 책자), 성폭력예방 및 대처방안(중·고 학생용, 책자), 아동 성폭력예방을 위한 학부모 10계명(학부모용, 리플릿), 성폭력예방 교육 길라잡이(중·고·특수학생·교사용, 책자) 등
- (교육용 영상자료)

자료명	대상	자료제공
학교폭력예방 교육자료	학생, 학부모, 교사	학교폭력예방교육지원센터 (http://www.stopbullying.re.kr)
개그콘서트와 함께하는 '해피콘서트'	초·중학생	
다큐 '이제 네가 말할 차례'	중·고등학생	
드라마 '미안해'	학부모	
EBS청소년 특별기획 〈학교폭력〉 6부작	학생, 학부모, 교사	EBS홈페이지 무료 시청 가능

이외에도 학교폭력 관련 전문기관 연계교육 위탁 및 연계교육을 실시한다. 학교의 장은 학교폭력예방 교육 프로그램의 구성 및 운용 등을 전담기구와 협의해서 전문단체 또는 전문가에게 위탁할 수 있다(「학교폭력예방 및 대책에 관한 법률」 제15조 제3항). 학교폭력예방 교육 프로그램들은 교육청, 청소년 폭력예방재단, 한국교육개발원 등을 비롯한 다양한 단체에서 개발해서 보급하고 있다. 이 프로그램들은 멀티미디어 시청, 개인상담, 집단상담, 미술치료, 역할놀이, 봉사체험 등 구성이 매우 다양해서 상황에 맞는 교육이 가능하다는 특징이 있다. 학교폭력예방 교육 프로그램은 각 학교, 학교폭력 관련 전문기관 등에서 진행하고 있으며, 사이버 교육의 실시간 온라인과 스마트폰을 통해서도 학교폭력예방 교육을 받을 수 있다. 그중 대표적인 프로그램은 다음 〈표 5-5〉와 같다.

〈표 5-5〉 온라인 및 스마트폰 활용 학교폭력예방 교육

구분	프로그램	프로그램 특징	이용방법
온라인	솔리언 또래상담 프로그램	청소년이 뽑은 고민상담 대상 1순위인 '또래친구'를 통한 현장상담 프로그램	한국청소년상담복지개발원
스마트폰 어플리케이션	굿바이! 학교폭력	스마트폰 어플을 이용한 학교폭력예방·상담	안드로이드마켓 또는 애플앱스토어에서 다운

출처: 법제처(2019). 찾기 쉬운 생활 법령 정보: 학교폭력.

2) 학교폭력예방 기구

학교폭력예방 기구는 주로 의료, 법률 및 상담지원을 실시한다. 의료지원이 가능한 기구에는 해바라기아동센터, 안전 Dream 아동 · 여성 · 장애인 경찰지원센터나 성폭력전담의료기관 등이 있다. 법률지원이 가능한 기구로는 해바라기아동센터, 안전 Dream 아동 · 여성 · 장애인 경찰지원센터, 성폭력상담소나 법률구조기관 등이 있다. 이들 기관은 모두 무료로, 기구별 주요 업무를 소개하면 다음과 같다.

(1) 해바라기센터(아동)

해바라기센터(아동)는 2004년 아동 성폭력 관련 법제의 다양성, 관할기관의 복잡화 등으로 효과적이고 실효성 있는 대응체계 정립 곤란 등을 해결하고, 성폭력 피해아동 중심의 통합시스템의 종합진료 지원체계 구축의 필요성으로 여성부에 의해 설립되었다. 이 센터는 성폭력 피해아동의 신체적 · 정신적 피해에 대한 종합 진료 체계를 구축하여 피해아동 중심의 통합서비스를 실시하여 수사 증거자료 확보 등을 위한 응급처치, 소아정신과, 임상심리전문가 등 전문가 그룹에 의한 후유증 치료를 실시함으로써 성폭력 피해아동의 건강한 성장과 함께, 부모 및 보호자의 정신건강을 증진하는 것을 목적으로 한다(http://www.child1375.or.kr).

〈표 5-6〉 **해바라기센터(아동)의 주요 업무 및 내용**

24시간 아동 성폭력 접수 및 법률지원	건강 회복	아동 성폭력예방
• 소송안내 및 상담 • 수사 및 재판지원 • 변호사 자문상담 연계 • 2차 피해 예방 및 조정 • 증거물 채취 • 진술녹화 • 진단서 발급	• 의료지원 - 면담평가 - 소아정신과 진료 - 심리평가 - 외상진료 • 치료지원 - 외상치료 - 약물치료 - 입원치료 - 심리치료 • 아동의 보호 환경 지원 - 가족상담 - 부모교육 - 부모 자조모임 - 지역사회 자원 연계	• 교육 - 아동 성폭력예방 교육 - 피해 대처방법 교육 - 관련 기관 종사자 교육 • 홍보 - 캠페인 - 교육 프로그램 - 세미나 및 워크숍 • 조사 및 연구 - 아동 성폭력 실태 및 현상 조사 - 매뉴얼 제작 - 재발 방지 프로그램 - 지원 프로그램 개발 - 정책 제안

(2) ‘안전 Dream’ 아동·여성·장애인 경찰지원센터

경찰청은 해마다 증가하는 사회적 약자 대상 범죄에 대한 피해 신고접수와 신속한 구조활동을 지원하기 위해, 기존 182 실종아동찾기센터, 117 학교폭력신고센터 등 관련 홈페이지를 ‘안전 Dream’ 이라는 명칭으로 통합하였다. ‘안전 Dream’ 아동 · 여성 · 장애인 경찰지원센터는 전국에서 발생하는 실종아동, 성범죄, 청소년 · 학교폭력, 가정폭력 · 학대 등 다양한 신고 서비스와 온라인 상담, 범죄예방 컨텐츠 등을 제공하며, 경찰청 내부 업무 시스템인 ‘프로파일링시스템’ 과의 연계로 보다 빠르고 신뢰성 있는 치안 서비스를 지원한다(http://www.safe182.go.kr).

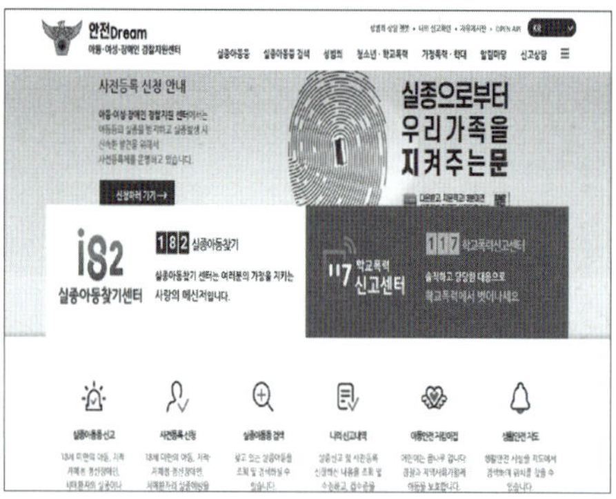

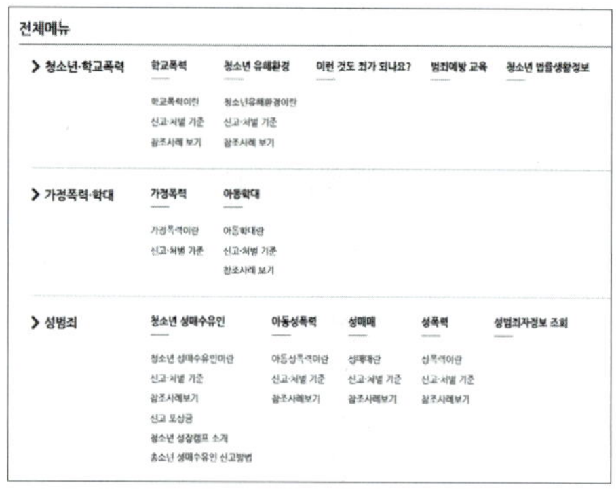

(3) 위(Wee) 프로젝트

위(Wee) 프로젝트는 학교, 교육청, 지역사회가 연계하여 학생들의 건강하고 즐거운 학교생활을 지원하는 다중의 통합지원 서비스망이다. 위(Wee) 프로젝트의 추진체계로 학교에는 위(Wee) 클래스, 교육지원청에는 위(Wee)센터, 교육청에는 위(Wee) 스쿨, 가정형 위(Wee)센터, 병원형 위(Wee)센터, 학교폭력 피해학생 전담지원기관, 학교폭력 가해학생 특별교육이수기관, 117신고센터 등이 개설되어 있다(https://www.wee.go.kr). 내용은 다음 〈표 5-7〉과 같다.

〈표 5-7〉 위(Wee) 프로젝트의 체계도

추진체계	업무	지원 내용
위(Wee) 클래스	학생이 재학하고 있는 소속 학교의 상담실을 통해 상담·교육 프로그램 운영	• 상담·교육 연계
위(Wee)센터	지역 내 인적·물적 자원 연계망을 활용하여 심리평가-상담-치유를 위한 one-stop 서비스 제공	• 개인상담, 집단상담, 전화상담 • 온라인상담, 순회, 상담심리검사 • 특색사업 및 행사, 자문, 연계교육, 홍보
위(Wee) 스쿨	상담을 비롯한 인성·직업교육 및 사회 적응 프로그램 등을 제공하는 대안교육 기관 겸 중·장기 위탁기관	• 2011년 이후 입학생은 2015 개정 교육 과정(교육부 고시 제2015-74호(2015. 9. 23.), 제2017-108호(2017. 1. 6.)에 따라 추후 교시되는 각 시·도 교육청의 '고등(중)학교 교육과정 편성 운영지침' 참조
가정형 위(Wee)센터	보호·상담·교육을 통해 학생의 적응 환경을 개선하여 가정 및 학교 복귀를 지원하는 중·장기 위탁기관	• 2011년 이후 입학생은 2015 개정 교육 과정(교육부 고시 제2015-74호(2015. 9. 23.), 제2017-108호(2017. 1. 6.)에 따라 추후 교시되는 각 시·도 교육청의 '고등(중)학교 교육과정 편성 운영지침' 참조
병원형 위(Wee)센터	심리적·정서적 어려움을 겪고 있는 위기 학생들에게 상담·교육·치료와 의료 자문뿐만 아니라, 필요한 경우 전문의의 병원 치료까지 지원하는 위탁 치료형 대안교육 위탁기관	• 상담 : 주 호소 문제에 따른 전문의 상담, 개인상담, 양육자상담 • 기초 건강검진, 심리검사 • 담임/연계기관 실무자 회의 • 교육 : 학교 복귀를 위한 교과학습 진행 • 심리치료 프로그램 : 음악치료, 미술치료, 놀이치료 • 체험활동 : 다양한 직업체험 활동, 공예, 놀이 야외활동, 재난대비 체험형 안전교육활동

출처: 위(Wee) 홈페이지(https://www.wee.go.kr). 재구성.

(4) 전국아동보호전문기관

아동보호전문기관은 아동학대 신고접수, 현장조사 및 각종 서비스 제공 등의 업무를 수행하며 아동학대예방을 위한 교육 및 캠페인을 진행한다. 현재 아동보호전문기관은 전국에 54개소가 설치되어 있다. 주요 업무를 소개하면 다음과 같다(중앙아동보호전문기관, 2015e).

① 지역아동보호전문기관 업무지원

- 법률자문 및 의료연계지원

  효과적인 사례관리 및 학대피해아동보호를 위한 법률자문 제공

- 아동학대사례 슈퍼비전 제공 및 DB모니터링

  아동학대사례 개입과 관련한 슈퍼비전 제공 및 아동학대사례 DB모니터링을 통한 질적 향상 도모 및 아동학대사례 DB관리

② 아동보호전문기관 종사자 직무별 교육

- 관리자 직무교육

  전국 아동보호전문기관장 및 상담팀장 대상 상담원 윤리,아동학대 관련 법, 정보시스템 사용 등과 관련한 실무교육 및 슈퍼비전 기술교육 실시

- 상담원 직무교육

  상담원 윤리, 아동학대 관련 법, 전산시스템 사용 등과 관련한 실무교육 실시

- 임상심리치료인력 직무교육

  행위자 상담 및 교육업무수행 지침 교육 실시

- 학대피해아동쉼터 직무교육

  쉼터 직원들을 대상으로 윤리, 아동학대 관련법, 아동 특성 등과 관련한 실무교육 실시

③ 업무협의회의 운영

- 기관장회의

  전국아동보호전문기관장 대상으로 아동학대예방정책 방향 및 업무연계 논의

④ 아동학대사례 개입

- 해외 발생 아동학대사례 개입

  해외에서 발생한 아동학대사례와 관련하여 피해아동 귀국, 보호자 지정 등에 관한 업무 지원

- 국내 발생 아동학대사례 신고접수

아동학대 신고전화 및 상담을 통한 아동학대 의심사례 접수 후 관찰 아동보호 전문기관으로 이관

이외에도 청소년 상담과 고민해결 및 청소년들의 자립과 성장지원을 돕는 서울시 청소년상담센터, 학교와의 협조관계를 형성하여 학교부적응 · 학업중단청소년을 조기 발견하고 지원하는 학교지원단이 있다.

〈표 5-8〉 **학교폭력 지원기관**

기관	지원사항	홈페이지	상담전화
안전 Dream (117 학교폭력 신고상담센터)	학교, 여성폭력 및 성매매피해자 긴급지원, 긴급 상황 시에는 경찰 출동, 긴급 구조 실시	http://www.safe182.go.kr	117
푸른나무재단 (청소년폭력예방재단)	학교폭력 관련 전화 및 사이버상담 실시, 학교폭력 피해학생 및 가족 대상 통합지원	http://www.btf.or.kr	02-585-0098
Wee센터 (전국 시·도교육청)	교육지원청 단위에서 학생 상담 지원	http://www.wee.go.kr	-
청소년꿈키움센터 (법무부 범죄예방정책국)	학교폭력 가해학생 및 보호자 특별교육, 찾아가는 학교폭력 예방 교육 등 운영	https://www.cppb.go.k	02-2110-3000
청소년상담복지센터 (전국 단위)	위기청소년에게 적합한 맞춤형 서비스를 제공	https://www.kyci.or.kr/	1388
청소년사이버상담센터	인터넷을 활용하여 가족갈등, 교우관계 문제, 학업 중단, 가출, 인터넷 중독, 진로 및 학업 문제 등을 경험하는 청소년에게 상담 서비스 제공	https://www.cyber1388.kr/	-
여성 긴급전화	가정폭력·성폭력·성매매 등으로 긴급한 구조·보호 또는 상담	http://www.seoul1366.or.kr *지역별 여성 긴급전화 운영	1366
학교폭력피해자가족협의회	학교폭력예방 및 치유사업	http://uri-i.or.kr/	02-582-8118
대한법률구조공단	법률상담, 변호사 또는 공익법무관에 의한 소송대리 및 형사변호 등의 법률적 지원	http://www.klac.or.kr	02-532-0132

3) 학교폭력 처리기구

학교폭력이 일어나면 학교에서는 자체적으로 조사를 시행해야 하며, 그 결과에 따라 학교장은 해당 학생들에게 징계 등을 내려야 한다. 그러나 수사기관에 신고가 되면 형사절차가 진행되며 학교폭력의 피해자는 민사소송을 제기할 수 있다. 학교폭력이 발생하면 가장 먼저 학교 내에 설치되어 있는 학교폭력대책자치위원회가 소집된다. 이후 소집위원회는 피해학생에 대한 보호조치와 가해학생의 교육을 위한 조치를 학교장에게 요청해야 한다.

학교폭력 처리기구에는 학교폭력 전담기구와 학교폭력 관련 위원회가 있다. 구체적인 내용을 살펴보면 다음과 같다.

(1) 학교폭력 전담기구

① 학교폭력 전담기구의 구성 및 역할

학교의 장은 「학교폭력예방 및 대책에 관한 법률」(교육부, 2020a) 제14조 제3항에 의거하여 교감, 전문상담교사, 보건교사 및 책임교사(학교폭력 문제 담당 교사), 학부모 등으로 학교폭력 문제를 담당하는 전담기구를 구성한다. 이때 학부모는 전담기구 구성원의 3분의 1 이상이어야 하며, 학교운영위원회에서 추천한 사람 중에서 학교장이 위촉한다. 학교장의 상담실 설치, 전문상담교사 배치 및 책임교사 선임 의무는 재량에 따라 결정할 수 없는 법적 의무이다. 학교폭력 전담기구의 구성을 정리하면 다음 [그림 5-1]과 같다.

학교폭력 전담기구의 역할은 학교폭력에 대한 실태조사와 학교폭력예방 프로그램을 구성 · 실시하며, 학교장 및 심의위원회의 요구가 있을 때에는 학교폭력에 관련된 조사 등 활동 결과를 보고하는 것이다(「학교폭력예방법」 제14조 제5항). 학교의 장은 학교폭력 사태를 인지한 경우, 지체 없이 전담기구 또는 소속 교원으로 하여금 가해 및 피해 사실 여부를 확인하도록 하고, 전담기구로 하여금 제13조의2에 따른 학교장의 자체해결 여부를 심의하도록 한다(동법 제14조 제4항)

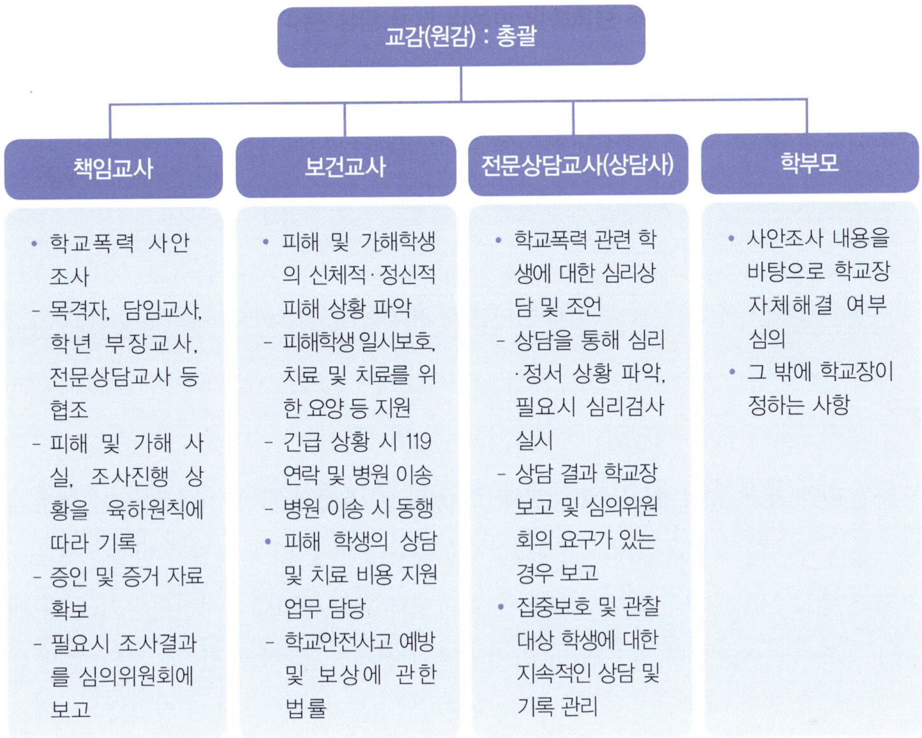

[그림 5-1] **학교폭력 전담기구의 구성**

출처: 전라남도진도교육지원청(2020). 2020 학교폭력 사안처리 매뉴얼. 전라남도: 진도교육지원청.

② 학교폭력 전담기구의 사안조사 원칙 및 요소

학교폭력 전담기구는 학교폭력이 발생 시 이에 대한 사안을 조사할 때, 다음의 원칙을 준수해야 한다. 첫째, 서면조사, 면담조사, 사안현장조사 모두 실시한다. 둘째, 면담조사의 경우, 관련자 진술서를 받는다. 셋째, 소속교사는 면담조사 일지를 작성한다. 넷째, 학생 조사 및 지도는 수업시간 이외에 하는 것을 원칙으로 한다.

전담기구의 사안조사 시 중점적으로 파악해야 할 요소는 다음 〈표 5-9〉와 같다(교육부, 2013).

〈표 5-9〉 전담기구의 사안조사 시 중점 파악요소

폭력 유형		중점 파악요소
신체적 폭력		발생 경위, 상해의 심각성, 감금·신체적 구속 여부, 성폭력 여부
경제적 폭력		반환 여부, 손괴 여부, 협박/강요의 정도
정서적 폭력	괴롭힘	지속성 여부, 협박/강요의 정도, 성희롱 여부
	따돌림	
언어적 폭력		욕설/비속어, 허위성, 성희롱 여부
사이버 배제 폭력		명의도용, 폭력성/음란성, 유포의 정도, 사이버 성폭력 여부

(2) 학교폭력 관련 위원회

학교폭력 관련 위원회에는 학교폭력의 예방 및 대책에 관한 심의를 하기 위하여 국무총리 소속의 학교폭력대책위원회(「학교폭력예방 및 대책에 관한 법률」 제7조), 지역의 학교폭력 문제를 해결하기 위한 시 · 도에 학교폭력대책지역위원회(동법 제9조), 학교폭력예방 대책을 수립하고 기관별 추진계획 및 상호 협력 · 지원 방안 등을 협의하기 위한 시 · 군 · 구 학교폭력대책지역협의회(동법 제10조의 제2항), 학교의 학교폭력대책심의위원회(동법 제12조)가 있다. 이 중 학교 내에 설치된 학교폭력대책심의위원회를 소개하면 다음과 같다(교육부, 2020a).

① 학교폭력대책심의위원회의 설치 및 운영

「학교폭력예방법」 제12조 제1항에 의거하여 학교는 학교폭력의 예방 및 대책에 관련된 사항을 심의하기 위하여 학교폭력대책심의위원회를 두어야 한다. 심의위원회는 학교폭력의 예방 및 대책수립을 위한 학교체제 구축, 피해학생의 보호, 가해학생에 대한 선도 및 징계, 피해학생과 가해학생 간의 분쟁조정 및 그 밖에 대통령령으로 정하는 사항을 심의한다(동법 제2조 제2항 및 제13조 제1항).

학교폭력대책심의위원회는 피해학생의 보호를 위하여 필요하다고 인정하는 때에는 피해학생에 대하여 '학내외 전문가에 의한 심리상담 및 조언, 일시보호, 치료 및 치료를 위한 요양, 학급 교체, 그 밖에 피해학생의 보호를 위하여 필요한 조치' 중 어느 하나에 해당하는 조치를 교육장에게 요청할 수 있다(동법 제16조 제1항의 각호). 피해학생의 보호와 가해학생의 선도·교육을 위하여 가해학생에 대하여, '피해학생에 대한 서면 사과, 피해학생 및 신고·고발 학생에 대한 접촉, 협박 및 보복행위의 금지, 학교에서의 봉사, 사회봉사, 학내·외 전문가에 의한 특별교육 이수 또는 심리치료, 출석 정지, 학급 교체, 전학, 퇴학 처분의 조치' 중 어느 하나에 해당하는 조치를 하도록 교육장에게 요청하여야 한다(동법 제17조 제1항의1~9호).

심의위원회는 학교폭력과 관련하여 분쟁이 있는 경우에는 분쟁조정을 할 수 있고(동법 제18조 제1항), 피해학생과 가해학생 간 또는 그 보호자 간의 손해배상에 관련된 합의조정과 그 밖에 심의위원회가 필요하다고 인정하는 사항에 대하여 분쟁조정을 할 수 있다(동법 제18조 제3항). 국가·지방자치단체 또는 학교장은 학교폭력을 예방하기 위하여 학교 내에 학생 보호인력을 배치하여 활용할 수 있고(동법 제20조의5), 학교폭력 현장을 보거나 그 사실을 알게 되면 학교 등 관계 기관에 이를 즉시 신고하여야 한다(동법 제20조 제1항) 등이다.

② 학교폭력대책심의위원회의 구성 및 역할

심의위원회는 10명 이상 50명 이내의 위원으로 구성하되, 전체 위원의 3분의 1 이상을 해당 교육지원청 관할 구역 내 학교(고등학교를 포함한다)에 소속된 학생의 학부모로 위촉하여야 한다. 심의위원회 위원의 임기는 2년으로 한다. 심의위원회 위원은 다음의 어느 하나에 해당하는 사람 중에서 해당 학교장이 임명하거나 위촉한다.

심의위원회의 구성·운영
(「학교폭력예방 및 대책에 관한 법률 시행령」 제13조)(교육부, 2020b)

① 심의위원회는 10명 이상 50명 이내의 위원으로 구성하되, 전체위원의 3분의 1 이상을 해당 교육지원청 관할 구역 내 학교(고등학교를 포함한다)에 소속된 학생의 학부모로 위촉하여야 한다. 〈개정 2019. 8. 20.〉
② 심의위원회의 위원장은 다음 각 호의 어느 하나에 해당하는 경우에 회의를 소집하여야 한다. 〈신설 2011. 5. 19., 2012. 1. 26., 2012. 3. 21., 2019. 8. 20.〉

1. 심의위원회 재적위원 4분의 1 이상이 요청하는 경우
2. 학교의 장이 요청하는 경우
3. 피해학생 또는 그 보호자가 요청하는 경우
4. 학교폭력이 발생한 사실을 신고받거나 보고받은 경우
5. 가해학생이 협박 또는 보복한 사실을 신고받거나 보고받은 경우
6. 그 밖에 위원장이 필요하다고 인정하는 경우

심의위원회의 조사 시 학교 구성원의 역할을 살펴보면, 학교장은 사안을 이해하고, 학생, 교원 등의 적극적인 협조를 유도하고 원활한 조사 여건을 보장해야 한다. 위원장의 역할은 진행과정 및 문제점을 점검하여 방향을 제시하고 사안을 정확하게 파악하는 것이다. 담임교사의 역할은 사건 초기에 조사를 실시하고 책임교사에게 보고하며, 피해 · 가해학생 부모에게 자치위원회에 출석하여 진술할 것을 통보한다. 담임교사가 초기 조사에 개입하는 것은 사안의 악화 방지를 위한 것이고 제한적이다. 전담기구에 소속된 책임교사의 역할은 먼저, 담임교사 및 전문상담교사 등의 협조로 사안을 조사하고, 증인 및 물증을 확보하며, 조사 내용을 정리하여 심의위원회에 보고한다. 보건교사는 피해학생의 신체적 피해 정도를 파악하고 진단서 및 소견서를 확인한다.

③ 학교폭력대책심의위원회 진행절차

학교폭력대책심의위원회의 진행은 학교의 여건, 사안의 성격, 장소 등에 따라 조정 가능하다. 일반적인 절차를 소개하면 다음 [그림 5-2]와 같다.

단계	처리 내용	비고
개회 및 사안보고	• 개회 및 진행절차 안내 • 심의위원회 심의 유의사항 전달 - 심의위원회의 조치는 교육적 선도와 보호를 위한 목적임을 설명 - 발언 시에는 먼저 동의를 구해야 함 - 욕설, 폭언, 폭행 등의 경우 퇴실 조치됨을 안내 - 위원들의 제척 사유 및 기피·회피 여부를 확인 - 회의 참석자 전원은 비밀유지 의무가 있음을 안내 • 심의 사안보고	간사 또는 (소)위원장
피해측 사실확인, 의견진술 및 질의응답	• 사실확인 및 피해측의 입장과 요구사항 청취 - 피해측 의견진술 기회 부여 (참석하기 어렵거나 원치 않을 경우 사전 서면의견서 제출 안내) • 위원회에서 피해측에 질문하고 피해측에서 답변	피해측
가해측 사실확인, 의견진술 및 질의응답	• 사실 확인 및 가해측의 입장과 요구사항 청취 - 가해측 의견진술 기회 부여 (참석하기 어렵거나 원치 않을 경우 사전 서면의견서 제출 안내) • 위원회에서 가해측에 질문하고 가해측에서 답변	가해측
(필요시) 참고인 진술 청취	• 필요한 경우 관련 분야 전문가나 해당 학교 교직원에게 출석을 요청하여 의견청취 가능	(소)위원회

조치의결	• 피해 및 가해학생 긴급조치가 이루어진 경우 이를 보고받고 가해학생 긴급조치의 추인 여부 결정 • 피해학생에 대한 보호조치, 가해학생에 대한 교육·선도조치 의결 • 교육장에게 조치결정 요청(의결서, 조치결정통보서, 회의록 등)	(소)위원회
조치결정 통보	• 교육장은 서면 등으로 조치결정 통보 - 조치결정 통보 시 피해 및 가해측에 불복절차 안내 - 가해학생이 다수인 경우 가해학생별로 조치결정 적시	교육장
학교장 조치이행 요청	• 학교장에게 공문을 통해 조치결정 통보 • 조치이행 협조 요청	교육장
조치이행 결과 보고	• 조치이행 결과 보고	학교장

[그림 5-2] **심의위원회 진행절차**

출처: 전라남도진도교육지원청(2020). 2020 학교폭력 사안처리 매뉴얼. 전라남도: 진도교육지원청.

3. 학교폭력 징후 및 대처

학교폭력을 예방하기 위해서는 학교폭력의 당사자인 피해학생과 가해학생의 특성이나 징후를 인식하고 이를 고려하여 대처하는 것이 필요하다. 아울러 교사는 학교폭력 발생 시 사안을 어떠한 절차에 따라 어떻게 진행해야 하며, 학교폭력 유형별로 어떻게 초기에 대응할지 방법 등을 숙지하여 신속하게 대처하는 것이 바람직하다.

1) 학교폭력 징후

학교폭력예방을 위해서는 우선 조기에 발견하는 것이 중요하다. 이에 학교폭력 피해 · 가해학생의 특성과 징후를 살펴보면 다음과 같다.

(1) 학교폭력 피해학생의 특성 및 징후

① 피해학생의 특성(도중진 · 박광섭 · 박행렬, 2012)

- 피해 경험 후, 가해학생으로부터 보복을 당할지도 모른다는 불안감이 있다.
- 학교폭력 피해자가 된 사실에 대한 수치심과 주변에 알려지는 것에 대한 두려움을 느낀다.
- 자존감이 낮고 자신감이 부족한 경향이 많다.
- 대인관계에서 자신의 의사를 효과적으로 표현하는 데 어려움이 있다.
- 지나치게 자기중심적인 경향이 있어 또래와 건강한 관계형성에 어려움을 보인다.
- 신체적으로 왜소하거나 신체적 결함이 있는 경우, 피해자가 될 가능성이 높다.
- 부모님과의 정서적 애착관계에 어려움을 가지고 있는 청소년이 많다.

② 부모가 학교폭력 피해자 조기 발견할 수 있는 징후(교육과학기술부, 2012b)

- 애완동물을 심하게 학대한다.
- 몸에 상처나 멍 자국이 있다.
- 작은 일에도 깜짝 놀라는 경우가 있다.
- 돈을 자주 요구하며 때로는 훔친다.
- 집에 돌아오면 배가 고프다고 폭식을 한다.
- 쾌활하던 자녀가 갑자기 말이 없어지고 우울한 표정을 띤다.
- 짜증을 자주 내고 부모에게 공격적으로 대항한다.
- 일기장, 메모 등에 폭력적인 그림이나 낙서가 있다.
- 밤에 잠을 제대로 이루지 못하고, 잠꼬대로 앓는 소리를 한다.
- 부모와 대화 중 눈길을 피하며 자신의 일에 개입하는 것을 싫어한다.

- 몸에 다친 상처나 멍자국을 자주 발견하게 되며, 물어보면 그냥 넘어졌다거나 운동하다 다쳤다고 대답하는 경우가 많다.

③ 학교에서 학교폭력 피해청소년 조기 발견할 수 있는 징후(조대훈 · 김승혜 · 강민수, 2014)

- 옷이 젖어 있거나 찢겨 있고, 물어보면 "별일 아니다."라고 대답한다.
- 낙서나 욕설, 비방이 담긴 쪽지가 주변에 있다.
- 교과서와 필기도구가 없거나 교과서와 노트, 가방에 낙서가 많다.
- 자주 준비물을 챙겨오지 않는다.
- 코피나 얼굴에 상처 등이 자주 나 있다.
- 종종 무슨 생각에 골몰해 있는지, 정신이 팔려 있어 보인다.
- 자주 점심을 먹지 않거나, 혼자 먹을 때가 많고 빨리 먹는다.
- 친구들과 잘 어울리지 못한다.
- 같이 어울리는 친구가 거의 없거나 소수의 학생과 어울린다.
- 교실 안보다 교실 밖에서 시간을 보내려 한다.
- 지각을 자주 한다.
- 무단 결석을 자주 한다.
- 다른 학생보다 빨리 혹은 아주 늦게 학교에서 나간다.
- 최근 수업에 흥미가 없어 하고, 학교 성적이 급격히 떨어진다.
- 학교 행사에 참여하지 않고, 작은 일에도 예민하고 신경질적으로 반응한다.

(2) 학교폭력 가해학생의 특성 및 징후

① 가해학생의 특성(도중진 · 박광섭 · 박행렬, 2012)

- 자기중심적인 성향이 많고 자아상이 지나치게 확장한 경우가 많다.
- 성격적으로 유난히 질투심과 적개심이 많고, 공격적이고 미성숙하며 고집이 세다.
- 심리적으로 내재된 분노감을 가지고 있는 경우가 많다.

- 자기 과시적인 욕구가 커서 다른 학생들에게 자신의 영향력을 발휘하려고 억압하려 하며 힘과 협박을 통하여 자신이 원하는 것을 얻으려는 경향이 있다.
- 타인의 입장을 생각하고 감정을 공감하는 데 어려움을 가지고 있으며 타인을 괴롭히는 데 별다른 의식 없이 덩달아 재미로 혹은 군중 심리에 이끌려 따라 하는 경향이 있다.
- 자기 통찰 능력이 부족하고 외부에 탓을 하려는 경향이 있다.
- 문제가 있을 때 합리적으로 해결하기보다 감정적으로 대응하고 자신의 감정을 조절하는 데 어려움을 가지고 있는 경우가 많다.
- 최근에는 ADHD장애가 있는 경우가 많다.
- 신체적으로 다른 학생들 보다 우세한 경우가 많다.
- 부모와의 관계에서 일방적으로 과잉통제 또는 과잉보호를 받는 경우가 많다.
- 잠재적인 학교폭력 가해학생은 어떤 특정한 집단에 소속되어 있을 수가 있다.
- 기타 문제행동(알콜, 약물 등)과 관련되어 있을 가능성이 높다.
- 지적 결함이나 손상이 있는 경우가 있다.
- 자신의 행동 반경이나 규칙들이 자신을 억압하고 있다고 느껴 주변의 평가나 비판에 관해 매우 민감하고 반사회적 · 비사회적 · 정신병리적 문제가 있는 경우가 있다.

② 부모가 학교폭력가해자 조기 발견할 수 있는 징후(교육과학기술부, 2012b)

- 사 주지 않은 물건을 가지고 있어 물어보면 친구에게 받았다고 한다.
- 갑자기 돈 씀씀이가 커졌다.
- 다른 유아들을 종종 때리거나 동물을 괴롭히는 모습을 보인다.
- 부모에게 이유 없이 화를 내며, 비밀이 많고 대화를 잘 하지 않는다.
- 귀가시간이 늦어지거나 외출이 잦아진다.
- 자신의 문제행동에 대해서 이유와 핑계가 많고 과도하게 자존심이 강하다
- 성미가 급하고 충동적이며 공격적이다.
- 작은 칼 등 흉기를 소지하고 다닌다.

③ 학교에서 폭력가해자 조기 발견할 수 있는 징후(경기도교육청, 2012)

- 비행 전력이 있거나 또래 폭력 집단에 속해 있다.
- 교실에서 큰 소리를 많이 치고 반 분위기를 주도한다.
- 교사와 눈길을 자주 마주치며 수업 분위기를 독점하려 한다.
- 교사의 질문 시 다른 학생의 이름을 대며 그 학생이 대답하게끔 유도한다.
- 교사의 권위에 도전하는 행동을 종종 나타낸다.
- 친구에게 받았다고 하면서 비싼 물건을 가지고 다닌다.
- 다른 학생들을 지배하고, 굴복시키며 힘과 위협으로 자기주장을 세우고, 자기 뜻대로 관철시키려는 욕구가 강하다.
- 음주, 약물 남용 또는 흡연 등의 행동을 한다.
- 난폭하고 강인한 것처럼 보이고, 피해학생에게 동정심을 전혀 기울이지 않는다.

2) 학교폭력의 사안대처

학교폭력 현장을 보거나 그 사실을 알게 된 사람은 학교 등 관계 기관에 이를 즉시 신고해야 하며, 신고를 받은 기관은 이를 가해학생 및 피해학생의 보호자와 소속 학교장에게 통보하여야 한다(「학교폭력예방법」 제20조 제1항, 제2항). 통보받은 소속 학교장은 이를 심의위원회에 지체 없이 통보하여야 하고 누구라도 학교폭력의 예비 · 음모 등을 알게 된 자는 이를 학교장 또는 심의위원회에 고발할 수 있다. 다만, 교원이 이를 알게 되었을 경우에는 학교장에게 보고하고 해당 학부모에게 알려야 한다(동법 제20조 제3항, 제4항). 학교폭력 신고 후 처리절차를 제시하면 다음 [그림 5-3]과 같다.

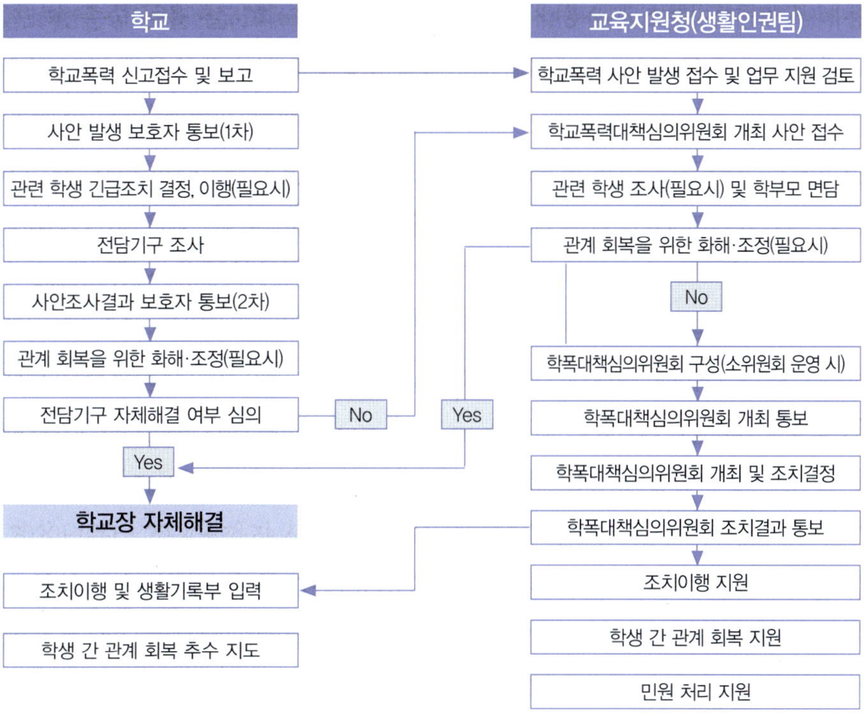

[그림 5-3] 학교폭력 사안처리 절차 개요

출처: 전라남도진도교육지원청(2020). 2020 학교폭력 사안처리 매뉴얼. 전라남도: 진도교육지원청.

학교폭력이 신고접수되면, 신고자는 신고한 내용을 요약하여 기록한다. 이때 신고 내용을 조사하여 확인된 것을 기록하는 것이 아니라 신고 당시의 내용을 기록한다. 피해, 가해학생으로 구분하여 표현하지 않도록 유의한다. 신고된 학교폭력 보고는 학교장과 교육지원청에 한다. 보호자 1차 통보의 경우, 학교에 방문하도록 하여 접수 내용을 설명하거나 전화로 연락하여 안내한다. 신고접수한 내용과 향후 진행(사안조사 진행 및 조사결과 통보)에 대해 안내와 피해학생 보호자에게는 관련 학생 보호를 위한 긴급조치가 가능함을 안내하고 요구사항 및 의견을 반드시 확인한다.

관련 학생 긴급조치 결정은 학교장이 한다. 학교장은 관련 학생의 보호를 위하여 긴급하다고 인정하거나, 피해학생이 긴급보호의 요청을 하는 경우에는 학교폭력대책심의위원회의 조치결정 전에 제1호, 제2호 및 제6호의 조치를 할 수 있다(「학교폭력예방법」 제16조 제1항). 관련 학생 보호를 위한 긴급조치 범위로는 학내외 전문가에 의한 심리상담 및 조언, 일시보호, 그 밖에 피해학생의 보호를 위하여 필요한 조치 등이 있다. 관련 학생 선도를 위한 긴급조치를 위한 범위로는 피해학생에 대한 서면 사과, 피해학생 및 신고 · 고발 학생에 대한 접촉, 협박, 보복행위의 금지, 학교에서의 봉사, 학내외 전문가에 의한 특별교육 이수 또는 심리치료, 출석 정지 등이 있다.

전담기구 사안조사의 절차는 사실확인(면담조사, 정보수집 및 정황파악), 요구사항 확인, 면담일지 및 보고서 작성, 사안보고로 진행된다. 전담기구 사안조사의 책임자는 학교장이며, 조사담당자는 학교폭력 전담기구(법적 기구) 또는 소속 교원(법률 제14조 제3항)이다. 기본적인 학교폭력 사안조사는 책임교사가 하되 전담기구는 학생, 학부모와의 관계를 고려하여 학년부장, 담임교사 등에게 사안조사를 의뢰할 수 있다. 수업시간을 피하여 사안을 조사하는 것을 원칙으로 하되, 부득이한 경우 수업시간에 실시할 수 있다. 사안조사 결과는 보호자에게 2차 통보한다. 학부모에게 설명하고 지정 서식에 따라 '보호자 확인서' 를 작성한다.

다음으로, 관계 회복을 위한 화해 조정을 한다. 관계 회복은 두 명 이상의 관련 대상자들이 발생 상황에 대하여 이해, 소통, 대화 등을 통해 원래 상태 또는 서로 일상생활로 돌아가도록 최선의 상태를 되찾기 위해 관련 학생 모두가 함께 노력하는 것을 말하며, 학교에서는 학생들의 심리 정서적 안정지원 및 학생 간 관계 회복을 지원한다. 학교장은 법 제13조의 2제1항에 따라 학교폭력 사건을 자체적으로 해결하는 경우, 피해학생과 가해학생 간에 학교폭력이 다시 발생하지 않도록 노력해야 하며, 필요한 경우에는 피해학생 · 가해학생 및 그 보호자 간의 관계 회복을 위한 프로그램을 운영할 수 있다. 화해 조정의 기준은 학교폭력 피 · 가해 관련 모든 학생 측이 관계 회복을 위한 화해 조정을 희망할 경우 적용한다. 화해 조정 및 관계 회복 프로그램은 학교폭력대책심의위원회와 별개 사항으로 진행한다.

학교장의 자체해결은 피해학생 및 그 보호자가 심의위원회 개최를 원하지 않아야 하며, 4가지 요건(2주 이상의 신체적 · 정신적 치료를 요하는 진단서를 발급받지 않은 경우, 재산상 피해가 없거나 즉각 복구된 경우, 학교폭력이 지속적이지 않은 경우, 학교폭력에 대한 신고, 진술, 자료제공 등에 대한 보복행위가 아닌 경우)에 모두 해당하는 경우에 가능하다. 학교장 자체해결 처리가 불가한 사안에 대해 교육지원청으로 학교폭력대책심의위원회 개최 요청을 한다. 이후 심의위원회에서 조치결정이 나면 학교에 조치결정을 통보하고 학교장이 조치를 이행한 후에 교육지원청에 결과 보고를 한다. 아울러 학교폭력대책심의위원회 조치결정 통보 공문이 접수되면 즉시 가해학생 조치사항을 학교 생활기록부에 기재한다.

학교폭력 사안처리 시 유의사항은 다음과 같다(교육과학기술부 · 이화여자대학교학교폭력예방연구소, 2020)

첫째, 학교폭력 사안이 발생한 경우, 공정하고 객관적인 자세를 끝까지 견지하고, 적극적인 자세로 학교폭력 사안처리를 위해 노력한다.

둘째, 학생과 학부모의 상황과 심정에 대한 이해와 공감을 통해 신뢰를 형성하고, 불필요한 분쟁이 추가적으로 발생하지 않도록 한다.

셋째, 학교폭력 사안조사 시에는 관련 학생들을 분리하여 조사하고, 축소 · 은폐하거나 성급하게 화해를 종용하지 않도록 한다.

넷째, 학교폭력 사안조사는 가능한 수업시간 이외의 시간을 활용하고, 부득이하게 수업시간에 할 경우에는 별도의 학습기회를 제공하도록 한다.

다섯째, 학교폭력대책심의위원회 결정 전까지는 피해학생, 가해학생을 단정 짓지 말고 관련 학생이라는 용어를 사용한다.

여섯째, 전담기구의 조사 및 심의위원회 개최 시 관련 학생 및 보호자에게 반드시 의견진술의 기회를 제공하여야 한다.

일곱째, 성범죄 관련 사안을 인지한 경우, 예외 없이 수사기관에 즉시 신고한다.

교사는 학교에서 많은 시간을 학생들과 같이 보내므로, 주의를 기울이면 학교폭력 발생 전에 그 징후를 발견할 수 있는 가능성이 많다. 교사는 학교폭력 상황을 감지 · 인지했을 때, 신속하고 적극적으로 개입해야 한다. 학교폭력이 감지 · 인지된 경우 학교장에게 보고하여야 하며(법률 제20조 제4항), 학교장은 지체 없이 전담기구 또는 소속 교원으로 하여금 사실 여부를 확인하도록 해야 한다(법률 제14조제4항). 아울러 학교는 학교폭력의 예방을 위해 학교전담 경찰관과 협력하는 것이 중요하다.

〈표 5-10〉 **학교폭력 인지·감지를 위한 학교 구성원의 역할 및 책임**

유형	내용
학교폭력 실태조사	• 학교폭력 실태조사 실시 • 학교·학급단위에서 자체적으로 설문조사 등 수시 실시
교내 학교폭력 신고	• 학교폭력 신고함(학교 홈페이지 비밀게시판, 담임교사의 문자·메일 등 다양한 신고체계 마련) • 피해·목격학생들이 적극적으로 신고하도록 지도 • 예방교육 시 학생, 학부모, 교사 대상 학교폭력 신고방법 안내
교사의 관찰 및 상담 실시	• 담임교사 등이 학교폭력 징후를 보이는 학생이 없는지 세심하게 관찰 • 담임교사, 전문상담(교)사 등의 상담
교내·외 순찰	• 점심시간, 쉬는 시간, 방과 후 시간 등 취약시간 순찰 • 학부모, 자원봉사자, 학생 보호인력, 학교전담 경찰관 등과 유기적 협력

출처: 전라남도진도교육지원청(2020). 2020 학교폭력 사안처리 매뉴얼. 전라남도: 진도교육지원청.

3) 학교폭력 대책

(1) 학교폭력 유형별 초기 대책

학교폭력 유형별 초기대응 방법을 제시하면 다음과 같다(학교폭력예방상담센터, 2015).

① 신체폭력

- 피해학생의 신변안전을 최우선으로 한다.
- 가벼운 상처는 보건실에서 1차로 치료하고, 정도가 심할 경우 병원으로 신속히 이송한다. 이때 담임교사, 보건교사 등이 동행한다.
- 탈골, 기도 막힘, 기타 위급상황 시 119 또는 1339에 도움을 청한다.
- 보호자에게 사실을 빠르게 알린다.
- 현장에 있던 증거자료를 잘 보존 · 기록한다.

② 사이버폭력

- 욕설, 협박성 문자 등에 어떠한 응답도 하지 않도록 지도한다.
- 인터넷 화면, 핸드폰 화면 등을 캡처하여 저장한다.
- 담임교사, 학교전담경찰관 등을 SNS 친구로 등록하여 사이버폭력 발생 시 즉시 대화방으로 초대한다.

③ 강요

- 폭력 서클과 연계되어 있거나, 금품 갈취가 함께 일어날 수 있으므로 즉시 신고하도록 평소에 지도한다.

④ 따돌림

- 피해 사실을 바로 공개하거나 가해학생을 야단칠 경우, 따돌림이 심화될 수 있음을 주의한다.

- 가해학생은 자신의 잘못을 인식하지 못하는 경우가 많으므로, 피해학생의 고통을 이해 · 공감할 수 있도록 지도한다.
- 공감, 소통, 자존감 향상 등의 관계 개선 프로그램을 활용하여 학급 전체를 지도한다.
- 따돌림 발견 시 사실을 조사한다. 평상시 친하게 지냈는데 최근 사이가 소원한 학생들이 있는지, 별일 아니라고 하지만 위축되어 있는 학생이 있는지 살펴본다. 따돌림 사실을 조사할 때는 반 학생들이 눈치 채지 않게 관망하며, 무기명 설문을 통해 확인한다.
- 가해 · 피해학생 부모에게 확인한 사실을 통지한다. 집단 따돌림 징후 발견 시, 교사는 이 사실을 가해 · 피해학생 부모에게 알려야 한다. 교사 혼자서 조용히 해결하려고 노력하다가 자칫 큰 사고라도 발생하게 되면 그 책임을 면하기 어렵다.
- 부모의 재발 방지 각서를 작성한다. 부모가 자녀의 잘못을 인정하지 않아 문제가 커지는 경우가 많다. 재발 방지 각서를 부모가 작성하도록 하는 것은 부모가 관리의 책임을 져 학생들의 피해를 최소화하려는 것이다.
- 반 전체 교육을 실시한다. 집단 따돌림으로 인한 피해와 그것이 학급이나 개개인의 인생에 미치는 파괴적 결과에 대해 학급에서 교육을 시킨다.

⑤ 성폭력

- 사건 인지 즉시 경찰 등 수사기관에 반드시 신고해야 한다(미신고 시 과태료 처분).
- 피해학생 사생활의 2차 피해가 발생하지 않도록 특별히 주의한다.
- 몸을 씻어내는 등 증거가 소실되지 않도록 주의하여 가능한 빨리 의료기관에 이송한다.

(2) 피해 · 가해학생에 대한 조치

① 피해학생 보호 조치

- 심리상담 및 조언(각종 치유 프로그램 운영)
- 일시보호(경찰 동행 보호 등)

- 치료 및 치료를 위한 요양(학교안전공제회에서 우선 피해 보상)
- 학급 교체(희망할 경우)
- 그 밖에 피해학생의 보호를 위하여 필요한 조치

② 가해학생 선도 및 교육 조치

- 피해학생에 대한 서면 사과
- 피해학생 및 신고 · 고발학생에 대한 접촉, 협박 및 보복행위의 금지
- 학교에서의 봉사, 사회봉사
- 교내 · 외 전문가에 의한 특별교육 이수 또는 심리치료
- 출석 정지, 학급 교체, 전학
- 퇴학(고등학교에만 해당)
- 학부모 특별교육(불응 시 과태료 부과)

(3) 대응기법(교육부, 2015d)

교육현장에서 학교폭력에 대한 대응기법으로는 다음과 같다.

① 학생의 대응(차민희, 2015)

- 피해학생이 할 수 있는 행동

- 긍정적인 마음 갖기

  자신감과 적극적인 의지를 가지고 아무리 어려운 학교폭력 문제라도 노력하며 해결될 수 있을 것이라는 긍정적인 마음을 갖는다.

- 가해학생에게 당당해지기

  학교폭력 피해를 당한 사실에 대하여 혼자만 고민하기보다 가해학생에게 자신이 겪은 심리적 고통과 상처를 솔직하게 표현하여 진심 어린 사과를 유도한다.

- 대화로 해결하기

  친구관계가 심각한 갈등과 폭력으로 심화되기 이전에 사소한 오해와 감정의 불만을 대화로써 해결하려고 노력한다.

- 도움 요청하기

지속적인 친구관계의 갈등이나 심각한 폭력의 위험에 놓여 있으면 혼자 힘으로 해결하기보다 주위의 친구, 부모님, 선생님, 상담실, 전문기관을 통해 도움을 요청하고 함께 해결방안을 고민한다.

- 피해상황 구체적으로 정리하여 조치 취하기

집단폭행 및 따돌림 등 지속적이고 심각한 학교폭력 피해 위험에 노출되어 있을 때에는 자신이 겪은 구체적인 피해 사실과 심리적 고통을 침착하게 정리하여 부모님과 선생님께 알리고 학교폭력대책자치위원회를 통하여 적절한 피해학생 보호조치, 가해학생 선도죄가 취해지도록 사건 처리를 요청한다.

● 가해학생이 할 수 있는 행동

- 친구에게 화풀이하지 않기

가족, 친구들 간 문제로 화가 났을 때 스스로 분노를 해결할 수 있는 방법을 찾도록 노력하고 자신의 불만을 친구들을 대상으로 화풀이하지 않도록 스스로 마음을 조절한다.

- 상대방의 입장 생각하기

자신이 신체폭행, 괴롭힘, 금품갈취, 따돌림 등 학교폭력을 가했을 때 상대방(피해학생)이 느꼈을 감정에 대하여 생각하고 자신의 가해행동을 알게 된 부모님이 느낄 감정에 대하여 생각하며 마음속의 분노를 조절한다.

- 폭력의 피해는 돌아온다는 점 인식하기

자신이 누군가에게 폭력을 가하면 그 아픔은 자신에게도 언제든지 돌아올 수 있음을 인식하고 마음을 다스린다.

● 주변(방관, 방치) 학생이 할 수 있는 행동

- 피해학생의 지지자가 되어 주기

학교폭력 피해를 당한 학생은 심리적으로 두려움, 불안함, 공포를 느끼며 공개적으로 학교폭력 피해를 당하면 자존감이 낮아질 수 있다. 피해학생이 이러한 심리적 어려움을 극복할 수 있도록 지지자가 되어 주는 자세가 필요하다.

- 학교폭력 현장 목격 후 어른들에게 도움을 요청

학교폭력 현장을 목격 후 아무런 행동도 취하지 않고 방관하기보다 피해학생의 심리적 괴로움을 이해하며 즉각적으로 주변 어른들(교사, 부모님, 기타 등)에게 도움을 요청하고 신고하는 자세가 필요하다.

- 현명한 중재자가 되기

친구들 간 갈등이 발생할 때 친구들이 오해를 풀고 화해를 할 수 있도록 방관하기보다는 주변 친구의 도움 한 마디가 친구의 목숨도 구할 수 있다는 마음으로 중재자의 역할을 한다.

② 교사의 대응

교사는 무엇보다 학교폭력이 항상 발생할 수 있다는 경각심을 가지는 것이 필요하다. '저 학생은 모범생이니 그런 행동을 할 리가 없다.' 와 같이 선입견을 갖는 것은 바람직하지 않다. 또 학년 초에 학생들과 함께 학교폭력에 관한 규칙을 선정하고 확인하거나, 정기적으로 학생들에 대한 면담 및 학교폭력 설문지 등을 통해 학생들 사이에 학교폭력이 존재하는지 평가하는 것도 필요하다. 교사들은 학생들이 학교폭력을 직·간접적으로 경험했을 경우, 이에 대한 대처 방법을 교육하고 일차적으로 교사에게 신고 혹은 보고하거나, 경찰 등에 신고하는 방법을 지속적으로 교육하는 것이 중요하다. 구체적인 교사의 대응 기법을 소개하면 다음과 같다.

- 초기 괴롭힘 발견 시 명확한 대처와 사실조사

무기명 학교폭력 설문을 통해 괴롭힘 사실과 대상을 조사한다. 누가, 언제, 누구에게, 어떻게 피해를 당했는지에 관해 조사한다.

- 신뢰감 형성과 피해학생 신변 보호

피해학생이 교사에게 도움을 요청할 수 있도록 신뢰감을 심어 주어야 한다. 이러한 신뢰감은 교사가 문제에 적극 대처할 의지를 보여 줄 때 가장 확실하게 만들어진다.

● 반 전체 교육

반 전체를 대상으로 학교폭력에 관한 교육을 실시한다. 가해학생은 장난으로 한 행동이지만 피해학생은 엄청난 고통을 느낀다는 사실을 입장 바꿔 생각해 볼 수 있도록 내용을 구성한다.

③ 학부모의 대응

부모는 가정에서의 학교폭력예방 및 대책을 위한 지도와 관심을 지속적으로 기울일 필요가 있다. 가정에서 욕설이나 비속어를 절대로 사용하지 않고, 자녀를 힘과 폭력으로 지도하지 않도록 해야 한다. 대신 자녀의 잘못된 행동을 했을 때는 훈육을 하지만 자녀의 감정에 잘 공감해 주는 것이 필요하다. 부모 스스로가 약자에 대해 배려하는 모습을 솔선수범해서 보여 주는 것도 중요하다. 무엇보다도 부모는 약한 친구를 괴롭히는 것은 부끄러운 행동이며, 필요시 도움을 요청하도록 자녀들에게 교육해야 한다.

구체적인 학부모의 대응기법을 소개하면 다음과 같다(충남경찰, 2015).

● 자녀의 불안과 두려움 이해하기

부모가 자녀의 피해 징후를 인식하면 자신의 무지에 대한 화가 엉뚱하게 자녀에게 향하게 되는 경우도 발생한다. 하지만 피해학생은 직 · 간접적 폭력을 매일 경험했다면 보복의 두려움에 무기력해져 적절한 대처를 하기 어렵다. 이때 부모가 자녀에게 충분한 공감과 지지를 해 준다. 예를 들어, 따뜻하게 안아 주며 자녀의 고통을 미리 알고 대처해 주지 못해 미안하다고 사과하는 행동이 필요하다.

● 자녀와 대화하며 피해 사실에 대한 부인 수용하기

부모는 자녀가 잘못한 것이 아님을 분명하게 이해하도록 한다. 즉, 비난이나 보복이 두려워 피해 사실을 부인하는 자녀에게 이 세상에서 지켜 줄 수 있는 사람은 부모라는 인식과 문제를 반드시 해결해 주겠다고 말한다.

- 부모의 적극적인 문제해결 의지 보여 주기

  평상시 부모와 자녀 간의 의사소통이 원활하거나 자녀의 친구들을 알고 있는 경우라면 사실을 확인하고 적극적으로 대처한다. 자녀의 등·하굣길에 동행하거나 주변 친구나 그 부모들과 관계를 형성하여 지지 세력을 구축한다. 이 과정에서 피해 사실을 명확히 하고 사건에 대한 증거 자료를 확보하는 것도 적절하다. 위급할 경우 117학교폭력신고센터에 신고한다.

- 교사에게 알리기

  학교폭력 상황을 교사에게 알려 교실 내에서 더 이상 피해가 발생하지 않도록 개입을 요청한다. 이때 교사가 적절하게 개입할 수 있도록 대처 방법에 대한 주의사항과 대처기술을 나눈다. 경험이 없어 당황해서 한 교사의 잘못된 대처는 일을 확대시킬 수 있기 때문에 피해 방지 차원에서 전문가의 조언을 받을 수 있도록 안내한다.

- 가족과의 공유시간 계획하기

  자녀가 관심을 가지는 활동을 지원하고 가족이 함께 여가활동이나 여행을 함으로써 가족에 대한 사랑과 믿음을 확인한다. 함께하는 시간 속에서 가족이 자신의 지지자 혹은 지원자가 될 수 있다는 믿음을 갖게 되면 자녀는 자신의 내면 갈등을 가족에게 드러낼 수 있게 된다.

④ 학교의 대응

학교폭력의 문제는 단순히 가·피해자 간의 문제가 아닌, 사회·환경적 요인에 의해 많은 영향을 받는 만큼, 교사, 교직원, 학생, 학부모 모두가 함께 학교폭력예방을 위해 노력하는 것이 중요하다. 구체적인 학교의 대응기법을 소개하면 다음과 같다.

- 무관용의 원칙 실행하기

  해당 학교는 학교폭력에 대해서 '관용을 베풀지 않는다(무관용의 원칙)' 라는 방침을 명시하고, 실제 학교교육정책에 학교폭력예방을 위한 내용을 반드시 반영한다.

- 학교폭력 교육 시행하기

  학생을 대상으로 다양한 학교폭력예방 캠페인을 시행하거나 가정통신문이나 부모교육 등의 기회를 만들어 학부모와도 유기적으로 소통한다. 학부모나 지역사회조직과 연계하여 교내 사각지대의 순찰과 보호기능을 강화하는 방법도 생각해 볼 수 있겠다.

(4) 학교폭력 발생 시 대상자별 상담

교사는 학교폭력의 피해 · 가해학생에 대한 보호, 선도 및 교육조치 외에 상담자의 역할을 수행해야 한다. 교사는 학교폭력 대상자별 특수성을 고려하여 상담을 적절하게 진행하는 능력이 필요하다. 이에 학교폭력 대상자별 상담방법을 소개하면 다음과 같다.

① 피해학생과의 상담

- 상담과정(도중진 · 박광섭 · 박행렬, 2012)
- 피해당사자로서 상담을 요청한 사실에 대해 적극적으로 칭찬을 한다.
- 상담자와 라포형성을 위해 사건을 함께 해결할 수 있다는 희망적인 위로와 신체적 · 정서적 안전에 대해 안심시키는 등 정서적 공감대를 형성하도록 한다.
- 피해상황을 정확하게 파악하되 피해학생의 신체적 · 정신적 피해가 어느 정도인지, 어떤 도움이 필요한지 구체적으로 파악한다.
- 피해상황을 구체적으로 파악한 후, 피해를 얼마나, 어떻게, 왜 당했는지 피해의 원인을 탐색한다.
- 가해학생으로부터의 보호에 대한 확신을 주고, 향후 다시 학교폭력을 당하지 않도록 피해학생이 취할 수 있는 방법들을 탐색한다.
- 부모에게 사실을 알리고 주변의 도움을 요청하는 것이 사건해결의 열쇠임을 안내한다.
- 주변의 도움을 청할 때 피해 사실에 대한 증거자료를 충분히 준비하도록 안내한다.

피해학생과의 상담 시 진행내용의 예를 소개하면 다음 〈표 5-11〉과 같다(박상욱, 2015).

〈표 5-11〉 피해학생과의 상담 시 진행내용

단계	주요 내용	질문의 예
1. 시작단계	• 라포형성 • 상담목적 확인 • 위기상황 안전 확인	• 안녕! 무슨 일로 상담이 필요해서 온 거니? • 지금은 괜찮니? 어디 아픈 곳은 없니?
2. 구체적인 정보수집 단계 및 대처방법 파악	• 사건파악 • 현재 상태 및 대처상황 파악 • 증거확보 중요성 안내	• 언제, 어디서, 어떤 일이 있었니? • 피해가 어느 정도였니? • 무슨 일로 발생한 거니? • 예전에도 이런 일이 일어난 적이 있었니? • 이런 일이 한 번이었니? 아니면 여러 번 지속적으로 일어났니? • 처음 피해를 당했을 때 상대방에게 어떤 말을 했니? 너는 어떻게 행동을 했니? • 부모님도 이 일을 알고 계시니? • 피해 증거는 하나도 빠지지 않고 가지고 있어야 한다.
3. 욕구파악단계	• 내담자의 욕구 파악	• 그럼, 지금 상황에서 네가 원하는 것이 무엇이니? • 부모님은 어떻게 하시기를 원하시니? • 만약에 네가 원하는 대로 해결이 안 되면, 대신 그 다음에는 어떤 부분이 해결되었으면 좋겠니?
4. 문제해결방법 탐색단계	• 기존 문제해결방식 검토 • 새로운 문제해결 방법 탐색 및 제시 • 자발적 선택 및 대처 시 태도 조언 • 동기부여	• 많이 힘들었을 텐데 그동안에 어떤 방법을 사용했었니? • 그 방법은 어떤 점이 어려웠니?
5. 상담종결 및 연계단계	• 요약 및 정리 • 상담평가 • 연계서비스	• 오늘 같이 이야기했는데 우선 할수 있는 일은 …이고 …으로 행동하는 것이 좋겠다. • 오늘 상담은 어땠니? 어떤 부분이 도움이 됐고, 어떤 부분이 아직 해결이 안 되었니? • 생활하다가 힘든 일이 생기면 언제든지 또 찾아와서 상담하면 된단다.

출처: 박상욱(2015). **학교폭력의 이론과 실제**. 서울: 청람.

● 상담 시 유의사항(도중진 · 박광섭 · 박행렬, 2012)

- 사실을 은폐하거나 축소하지 않고 있는 그대로 솔직하게 알리는 것이 중요함을 설득한다.

- 학교폭력은 2/3 정도가 같은 학교의 선배나 또래친구에게서 당하며 특히 절반 정도는 같은 학교의 반 급우나 또래 친구로부터 당하기 때문에 또래로부터의 소외나 배신으로 인한 정서적 충격이 상당히 큰 상태이다. 이에 대한 심리상담이 위주가 되어야 하며 피해 후유증이 치유될 수 있도록 해야 한다.
- 피해학생의 부족한 사회기술 부분에 대해서는 훈련이 필요하다. 그러나 상담자가 성급히 코치하려는 시도보다는 우선, 폭행당한 것에 대한 자연스러운 분노가 살아나도록 해 주는 것이 좋다. 정당한 분노의 표출로 자존감이 살아나도록 돕고, 이는 피해학생에게 내재되어 있는 분노로 인하여 또 다른 가해학생으로 변할 수 있는 것을 예방할 수 있다.
- 피해학생 스스로 자신이 못나서 피해를 당한다는 피해의식에서 벗어날 수 있도록 상담자가 도와야 한다. 이는 피해학생 스스로가 폭력에 대처할 수 있는 힘을 가질 수 있도록, 그리고 향후 대인관계에서도 자신감을 가질 수 있도록 해야 하기 때문이다.
- 이미 심리적인 피해가 심각한 상황일 경우 필요한 심리검사 등을 실시하도록 하고 결과에 따라 전문상담을 권유하는 등, 더 전문적인 조치를 취하도록 한다.

● 피해학생을 위한 지침(도중진 · 박광섭 · 박행렬, 2012)

- 자신의 잘못이나 부족함으로 인해 폭력을 당한 것이 아니라 가해학생에게 문제가 있다는 것을 기억하고 적극적으로 주변의 도움을 요청하도록 한다.
- 피해신고는 고자질을 하는 것이 아니라 피해로부터 나를 보호하고 정당한 나의 권리를 찾는 것이라는 강한 의지를 가져야 한다.
- 보복을 두려워하지 않도록 한다. 오히려 적극적으로 대처를 하면 가해행동이 저지되고 보복은 현실적으로 불가능한 경우가 많다.
- 일단 부모 및 보호자에게 사실을 알리도록 한다. 만약 학교나 부모에게 알리기 힘든 경우, 전문상담기관을 이용하여 도움을 받도록 한다.
- 학교폭력대책자치위원회를 통해 공식적으로 사건을 해결하도록 도움을 요청

한다. 단, 가급적 본인이 직접 학교에 신고하는 것보다 보호자를 통해 학교 측에 피해 사실을 신고하고 자치위원회를 요청하는 것이 좋다.

- 사건을 주변에 알릴 경우 구체적으로 사건을 말하도록 한다. 예를 들어, 사건발생일시, 장소, 사건의 기간, 가해자의 집단여부, 가해자의 특징, 사건발달의 원인, 주변 증인의 존재 유무 등을 기술하도록 한다.
- 증거자료를 확보한다. 예를 들어, 사이버상의 폭력은 자료를 캡처하거나 사진을 찍어놓고, 외상이 있는 경우에는 사진을 찍어서 자료를 남긴다. 금품갈취의 경우 주변의 증인을 확보하도록 한다. 만약 증거자료가 없다면 일기형식의 진술문이나, 주변의 진술을 확보하는 것이 중요하다.
- 등·하굣길에 혼자 다니지 말고 친구나 부모님, 담임교사, 경호지원서비스 등의 도움을 받도록 한다.
- 자신에게도 사건발단의 원인이 있다고 판단될 경우, 근본적인 원인을 파악하고 대안을 위해 전문가의 도움을 요청한다. 예를 들면, 심리상담을 통한 자존감 회복, 대인관계 훈련, 정신과적 진료를 통한 치료 등이 있다.

② 피해학생 학부모와의 상담

피해학생의 학부모는 자녀의 피해 사실에 놀라고 당황스러우면서 한편으로 가해학생에 대한 분노와 원망 및 자녀에 대한 죄책감을 갖고 있는 상태임을 고려하여 면담을 하는 것이 중요하다.

- 상담과정(도중진·박광섭·박행렬, 2012)

- 피해상황에 대한 학부모의 정서적인 놀람과 분노의 감정을 충분히 지지함으로써 공감대를 형성한다.
- 사건상황을 구체적으로 파악한다.
- 사건 이후의 상황을 파악한다. 피해자의 상황과 가해자의 상황, 학교 측의 태도 및 조치에 대해 확인한다.
- 피해자가 원하는 도움이 무엇인지 파악한다.

- 사건해결을 위한 방법을 탐색하고 관련 정보를 제공한다. 특히 자치위원회에 대하여 안내하고 학교에 공식적으로 사건해결의 도움을 요청하도록 한다.

- 피해학생 학부모상담 시 유의사항(박상욱, 2015)

- 우선 학부모의 감정이 격앙됨을 이해한다.
- 학부모의 감정을 수용하고 이야기를 경청한다.
- 학부모에게 정서적 지지를 보낸다.
- 학부모가 말하는 학생의 피해 사실에 대해 객관적으로 인지한다.
- 학생의 피해 사실을 구체적으로 메모한다.
- 학생의 피해에 대해 진심 어린 사과와 유감을 표한다.
- 피해학생과 학부모가 현재 무엇을 원하는지 정확히 묻는다(화해, 사고, 전학, 가해학생 처벌 등).
- 추후 처리과정에 대하여 설명한다.
- 진실과 사실에 근거하여 문제를 해결할 것을 약속한다.
- 학생의 보호와 안정, 적응을 위해 노력할 것임을 약속한다.
- 사안 은폐를 의심할 만한 어떠한 진술도 하여서는 안 된다.

피해학생 및 피해학부모에 대한 상담 tip

- 학교 내 처벌의 한계와 사법적 처벌의 한계를 언급하여 현실적으로 대응하도록 한다.
- 완전 가해자의 잘못일 때 100% 유도하고 가해자와 피해자 양자 잘못 70 : 30이 일반적임을 알린다.
- 피해상황이 크지 않을 경우, 가급적 서면 사과, 공개사과로 처리하는 것이 효과적이고 일반적임을 알린다.
- 재발방지에 힘쓸 것을 약속한다.
- 피해자의 가해자에 대한 전학 요구가 합리적으로 판단될 경우, 전학과 관련된 행정적 수속을 처리한다.
- 정신적 손상이 커서 외상 후 스트레스성 장애 징후가 있거나 예상될 때 피해학생의 정신과 병원 진단서를 첨부하도록 유도한다.

출처: 도중진·박광섭·박행렬(2012). 학교폭력의 예방 및 근절을 위한 지자체의 역할 수립 용역. 대전: 대전광역시.

③ 가해학생과의 상담(도중진 · 박광섭 · 박행렬, 2012)

- 상담과정

- 가해당자사로서 상담요청을 한 사실에 대해 용기를 칭찬하고 지지한다.
- 사건상황을 구체적으로 파악한다.
- 가해학생이 상담을 통해 어떠한 도움을 얻기 원하는지 객관적으로 파악한다.
- 사건을 해결하기 위해 주변의 도움이 있음을 알리고 함께 해결하도록 한다.

- 상담 시 주의사항

- 피해학생이 다른 학생에게 폭력을 당했다고 주장할 경우에도 피해학생의 말만 듣고 가해학생이라고 단정 지어서는 안 되므로 반드시 피 · 가해 사실을 객관적으로 확인하는 절차를 필요로 한다.
- 가해학생으로 확인되었을 경우, 먼저 왜 폭력을 가했는지 이들이 폭력이라는 방법을 선택하게 된 심리 내 · 외적 요인들을 면밀히 탐색하며 듣고, 가해학생이 가지고 있는 인식 부분에 대해 우선 이해해 주는 공감도 필요하다.
- 사실을 은폐하거나 축소하는 것보다 있는 그대로 인정하고 자신의 잘못에 대해 책임을 지는 것이 미치는 긍정적인 측면을 강조하여 이해하도록 한다.
- 가해자의 태도에 따라 사건이 쉽게 해결되는 경우가 많으므로 자신의 잘못을 인정하고 사과하는 태도의 중요함을 강조한다.
- 가해학생은 잘못을 뉘우치지 못하고 사건을 숨기려고 하거나 인정하지 않는 경우가 많기 때문에 태도는 지지적이면서 부드럽되 단호하고 직접적으로 가해학생이 저지를 행동과 그 결과에 대해 알려 준다.
- 가해학생에게 어떤 과정을 거쳐 조치를 받게 되는지 현실적인 처벌 부분도 직시하도록 해야 한다.
- 가해학생을 둘러싼 환경적인 요인이 제거될 수 있도록 돕는 부분도 가해학생을 상담하는 상담자의 중요한 역할이다.
- 폭력성의 근본적 원인을 탐색하고 특성상 내재된 분노가 많은 가해학생의 경우 분노표출과 분노조절에 초점을 맞추는 등 가해행동의 원인 해결에 포커스

를 두고 상담을 진행한다.

- 장래목표를 설정하여 내재된 에너지를 긍정적인 방향으로 사용할 수 있도록 한다.
- 가해행동 패턴의 원인이 가족체계 문제로 파악될 경우 부모상담과 가족치료 접근을 통해 가해행동의 원인을 근본적으로 치료하는 것이 효과적이다.

● 가해학생을 위한 지침

- 먼저 감정을 가라앉히고 침착하고 진지하게 싸움의 원인과 자신의 행동에 대해 생각해 본다.
- 어떠한 이유이건 폭력은 인간의 존엄성을 파괴하고, 생명의 소중함을 무시하는 행위임을 기억한다.
- 나도 언젠가는 피해학생이 될 수 있다는 것을 기억하고 피해친구의 입장과 감정을 이해한다. 그리고 피해를 입힌 친구에게 찾아가서 진심으로 사과하면 사건이 생각보다 쉽게 해결되는 경우가 많음을 기억한다.
- 가해행동은 범죄행위로서 법적 처벌이 가능하다. 하지만 진심으로 반성하고 피해자에 대한 사과를 하면 정상참작이 되므로 진실되게 사건을 받아들이는 것이 중요하다.
- 보호자에게 자신의 가해상황을 있는 그대로 구체적으로 알리되 사실을 축소하거나 은폐하는 것은 오히려 사건해결에 방해가 됨을 기억한다.
- 가장 중요한 것은 이미 일어난 일에 대하여서는 자신의 행동에 대한 책임을 지고 진심으로 반성하며, 향후에 문제가 재발하지 않도록 원인을 분석하는 태도가 중요하다는 것을 기억한다.
- 평소 자신에게 감정적으로 힘든 일이 있고 평소 감정을 조절하기가 어려운 경우, 근본적인 문제해결이 무엇인지 생각한다. 이때 전문적인 심리상담을 통해 스트레스 해소방법을 찾고 화난 마음을 건강하게 표출하는 방법을 찾는 것이 도움이 된다.

④ 가해학생 학부모와의 상담

- 상담과정(도중진 · 박광섭 · 박행렬, 2012)
- 가해학생 부모로서의 정서적 불안과 갈등에 대하여 정서적인 공감대를 형성하고 충분히 지지하도록 한다.
- 사건상황을 정확하고 구체적으로 파악한다.
- 사건해결을 위해 내담자가 필요로 하는 도움이 무엇인지를 파악한다.
- 중립적이고 객관적인 태도로 필요로 하는 정보를 제공하고 상담자가 보기에 가해 측에서 도움이 될 정보를 제공한다.
- 사건처리 절차와 예상되는 결과를 알려 준다.

- 가해학생 학부모 상담 시 유의사항(박상욱, 2015)

대부분의 가해학생 부모의 심리가 당황스러움, 의심, 혼란, 합리화, 사건의 축소, 염려, 미래에 대한 불안감을 호소하므로 상담자는 가해 학부모의 심정을 잘 듣고, 공감하고, 치료 동맹관계를 잘 맺어 나가는 것이 중요하다.

- 가해학생 학부모의 감정을 일단 수용하되, 가해학생의 행위는 정확히 알려 준다.
- 피해학생의 피해 정도를 정확하게 알려 준다.
- 피해 측에 대한 가해 측의 진심 어린 사과의 중요성을 인지시킨다.
- 사안 처리절차와 예상되는 결과를 알려 준다.
- 가해학생에게 교육적으로 적절한 지도와 선도가 이루어질 것을 알린다.
- 이번 일로 가해학생이 학교에서 낙인 찍히지 않을 것임을 알려 준다.
- 가정에서 학생에 대한 특별한 관심과 지도를 부탁한다.

가해학생 및 가해학부모에 대한 상담 tip

- 사실을 확인한 후, 잘못을 인정하도록 한다. 이에 대하여 사건과 관련한 객관적·중립적 자료를 제시하도록 한다.
- 장난의 위험성과 타 사건사례를 고지한다.
- 치료비 및 합의금 문제가 있을 경우, 경제적 수준을 확인하고, 학교 안전공제회 지불을 유도한다.
- 자녀에 대한 불이익과 사법적 처리에 대한 위험성을 강조하여 최대한 자치위원회를 통한 합의를 유도한다.
- 사법적 절차에 대해 설명하고 자녀의 사법적 경험의 비건전성을 주지하여 가급적 법적 개입 없이 학교 자체에서 교육적으로 사건이 해결되도록 한다.

출처: 도중진·박광섭·박행렬(2012). 학교폭력의 예방 및 근절을 위한 지자체의 역할 수립 용역. 대전: 대전광역시.

피해 · 가해학생 면담 시 고려할 사항을 정리하면 다음 〈표 5-12〉와 같다.

〈표 5-12〉 **피해·가해학생 면담 시 고려할 사항**

구분	내용
피해·가해학생 면담 및 조사 방법	• 신뢰감과 안정감 조성 • 심리 및 정서 상태 파악 • 사안에 대한 정보수집 • 사안에 대한 상황 파악
피해학생 면담 시 고려할 사항	• 위로와 지지, 피해 상황과 요구 파악, 비밀보다 안내–혼자라는 생각이 들지 않도록 지지(위로해 준다) • 교사가 책임감을 가지고 보호한다는 사실 주지 • 자치위원회 절차 및 내용 설명, 진행과정, 준비사항, 보호조치 등 설명
가해학생 면담 시 고려할 사항	• 폭력은 어떠한 경우라도 용인되지 않으며, 위법 행위라는 사실 안내 • 가해학생들이 폭력을 사용하게 된 정황에 대해 충분히 탐색 • 가해학생에 대한 조치의 종류와 내용 및 절차 안내
관련 학생 면담 시 고려할 사항	• 가담한 학생의 진술서 • 목격한 학생의 진술서
피해·가해학생 학부모 면담 시 고려할 사항	• 부모가 정확하게 알고 있는지 파악 • 학부모의 학교에 대한 요구사항 확인 • '우리 아이도 피해자다.' 라고 주장 시 명확한 근거자료 요청

활동 1

다음은 학교폭력 관련 전문가들의 의견을 근거로 구성한 학교폭력 노출여부 체크리스트입니다. 주변의 학생이 최근 들어 전에는 하지 않았던 다음의 행동을 3가지 이상 한다면 학교폭력의 피해를 입고 있거나 다른 학생에게 학교폭력을 하고 있을 가능성이 있습니다. 학교폭력 대상으로 생각되는 학생들을 다음 체크리스트에 따라 작성해 보세요.

	내용
피해 학생	① 책, 돈 또는 다른 물건들을 빼앗기거나 손상을 입는다. ② 꼬집거나 툭툭 치고 밀치고 발로 차는 등의 일을 당해도 적절하게 자기 자신을 방어하지 못한다. ③ 동료학생 그룹 안에서 체력으로나 말로나 다른 방법으로 자기주장을 하기 어렵다. ④ 반복적으로 희롱을 당하며 조소, 무시, 조롱, 위협, 멸시, 협박을 당한다. ⑤ 조소적이고 비우호적인 방식으로 웃음거리가 되고 비웃음을 받는다. ⑥ 지배를 받고 굴복한다. ⑦ 심란하고 불행하고 우울하게 보이고 눈물을 글썽거린다. ⑧ 지나치게 민감하고 소심한 성격을 갖고 있다. ⑨ 특이한 행동을 하며 신체적 결함 또는 장애가 있다. ⑩ 학급에서 친한 친구가 없다. ⑪ 비행친구와 어울린다. ⑫ 학교 성적이 갑자기 또는 서서히 떨어진다. ⑬ 휴식 시간에 선생님이나 다른 어른 곁에 바짝 붙어 있으려고 한다.
가해 학생	① 동급생, 특히 피해자보다 육체적으로 힘이 세다. ② 다른 학생들을 지배하고 굴복시키고, 힘과 위협으로 자기주장을 세우고, 자기 뜻대로 관철시키려는 욕구가 강하다. ③ 성미가 급하고, 화를 잘 내고 충동적이며 반항적이다. ④ 좌절에 대한 관용성이 부족하며, 타인에 대한 동정심이 부족하다. ⑤ 규칙을 지키기 어렵고, 좌절과 스트레스 또는 힘듦을 참기 어렵다. ⑥ 속임수를 써서라도 이익을 얻으려 한다. ⑦ 선생님과 부모님을 포함한 어른들에게 일반적으로 반항적이고, 무시하고, 공격적이다. ⑧ 난폭하고 강인한 것처럼 보이고, 피해학생에게 동정심을 전혀 기울이지 않는다. ⑨ 다른 동급생에 비해서 비교적 더 어린 나이에 반사회적 활동(음주, 흡연, 도벽 등)에 참가한다. ⑩ 폭력에 대한 긍정적인 태도를 갖고 있다. ⑪ 신체적으로 힘을 과시하려는 욕구가 있으며, 학업과 학교에 관심이 적다. ⑫ 타인에게 우쭐대고 싶은 심리가 있다. ⑬ 과거 폭력 및 비행과 연루된 경험이 있다. ⑭ 대인 갈등 해결 능력이 부족하다.

출처: 스쿨로(2020b). 학교폭력 진단하기 http://schoolaw.lawinfo.or.kr (2021. 2. 17. 인출).

2부

유아폭력의 예방 및 대책

6장

폭력예방을 위한 유아발달 이해

1. 자아개념 발달

자아개념이란 자기 자신의 인성, 기질, 가치관, 행동, 능력 등에 대한 주관적 이해와 평가를 의미하는 것으로, 유아가 자신을 다른 사람과 구별 짓기 시작하면서 형성되는 자신에 대한 인식이다(조순옥 · 이경화 · 배인자 · 이정숙 · 김정원 · 민혜영, 2014). 자아개념은 다른 사람들 사이에서 객관화된 나에 대한 생각으로, 인지발달의 주요한 측면이다(Rochat, Broesch, & Jayne, 2012). 자아개념은 물리적 자아와 정신적 자아 그리고 사회적 자아로 구성되는데, 물리적 자아는 자신의 신체와 소유물을 통해서, 정신적 자기는 자신의 성격이나 취향을 통해서 그리고 사회적 자아는 자신에 대한 타인의 평가 및 인상을 통해 형성된다(강용주 · 박자경 · 구인순, 2008). 즉, 자아개념은 다른 사람들과의 관계에서 자기 자신과 자신의 가치에 대해서 느끼고 생각하게 되는 긍정적 · 부정적 모든 관점을 의미한다.

자아개념은 매우 어린 유아시기에 발달한다. 유아는 자신의 독특한 특성을 인식하고 자신에 대한 정체성을 발달시키며, 자신에 대한 존중감을 형성한다. 영유아가 자신을 어떻게 보고 느끼는지는 다른 사람이 유아를 어떻게 보는지와 관련이 있다. 양육자와 교사가 수용적이고 긍정적으로 반응했을 때, 유아는 자신을 중요하게 느끼고 자신에 대해서 긍정적으로 생각하게 된다. 즉, 유아는 성인 및 또래와의 관계 형성을 통해서 자아개념을 형성한다(Louisiana Department of Education, 2014).

이러한 자신에 대한 느낌과 자신의 가치에 대한 생각은 이후 인생의 성공에 많은 영향을 미친다. 자신에 대해서 긍정적으로 생각하는 유아는 도전을 수용하고 문제나 어려움을 해결할 수 있다는 자신감을 갖고, 새로운 일을 더 시도하며 목표를 성취하기 위해서 활동을 한다(Arizona Department of Education, 2013; The Wisconsin Model Early Learning Standards Steering Committee, 2013). 따라서 긍정적인 자아개념을 형성한 유아들은 자신을 더 잘 인식하고 존중한다. 이러한 자신에 대한 인식과 존중감은 긍정적인 정서를 갖게 하여 다른 사람들과 좋은 관계를 유지하게 한다.

1) 자아인식

자아인식(self-awareness)은 유아가 주변 사람이나 사물, 환경으로부터 자신의 존재를 구별하고 이해할 수 있는 능력으로, 자기 자신의 신체, 성격, 능력에 대한 지각 및 생각, 태도를 의미한다(정미경 · 강미희, 2005). 영아기에 자기 모습의 변화를 인식할 수 있는지 알아보기 위해서 영아의 코에 색칠을 하고 거울을 보여 주는 실험을 하였다. 실험 결과, 15개월 미만의 영아는 거울 속의 자기 모습에 무관심하나, 15~17개월 영아 중 일부는 거울 속의 자신의 코가 변했다는 것을 알아차리기 시작하였다. 18~24개월 영아의 75%는 자신의 코를 만졌다. 20개월 전후의 영아는 자신의 이름을 사용하기 시작하고 자신이 과업을 달성했을 때, 미소를 지었다(Rochat, 2003). 영유아의 거울을 통한 자기인식의 발달 수준은 다음 〈표 6-1〉과 같다.

〈표 6-1〉 **거울을 통한 자기인식의 발달**

연령	수준	발달특성
출생 직후	0수준 혼동	거울에 비친 자신의 이미지를 인식하지 못한다. 환경과 혼동한다.
~2개월	1수준 구별	거울 속에 보이는 것과 환경이 다르다는 것을 인식한다.
~18개월	2수준 상황 인식	자신이 만든 동작의 독특함을 인식한다. 거울에 비춰진 것과 자신의 움직임의 관계를 인식한다.
~만 3세	3수준 동일시	거울 속에 비춰진 것이 자신임을 분명히 인식한다. 거울을 보는 동안 자신에 대해서 말한다.
~만 4, 5세	4수준 영속성	현재의 자신을 인식할 뿐 아니라 다른 장소, 더 어린 시절, 다른 옷을 입고 있던 과거의 사진이나 동영상 속의 자신을 인식한다.
	5수준 초자아 인식	자신뿐 아니라 다른 사람을 통해서 자신을 인식한다. 자신이 누구인지뿐 아니라 다른 사람에게 어떻게 비추어지는지를 인식한다.

출처: Rochat, P. (2003). Five levels of self-awareness as they unfold early in life. *Consciousness and Cognition, 12*, 717-731.

영아는 다른 영아의 사진보다 자기 사진을 더 많이 보고, 자기 이름이나 자신에 대한 대명사('나')를 사용하기 시작한다. 그리고 소유권 주장이 강해져 다른 친구와 공유하지 않으려 한다. 만 2세가 되면 범주적 자아인식과 언어능력이 급격히 발달하고, 만 2세 말이나 3세 초에는 '나, 내 것'과 같은 인칭대명사를 사용한다. 만 3~5세 유아는 신체적인 자아인식과 함께 내적·심리적 자아도 조금씩 인식하기 시작한다(김양은·조복희, 2002; 조희숙·최인숙·김경중·정갑순·신화식·류왕호 외, 1994; Bjorklund, 1995).

유아기에는 자신의 특성에 대한 인식과 범주적 자아("나는 큰 집에 살아, 나는 잘 달릴 수 있어.")가 발달한다. 그러나 정서적으로 동시에 두 가지 감정을 가질 수 있음을 알지 못한다. 아울러 자신의 욕망과 실제적인 능력을 구별하지 못하고 사회적으로 비교를 할 수 없어서 자신에 대해 비현실적인 긍정적 평가를 한다(Harter, 1998).

유아의 자아인식은 환경을 통제하는 경험 및 주변 사람과의 관계를 통해서 생기는 자신에 대한 느낌으로, 인지 및 정서와 관련이 있고, 능동적이고 적극적인 환경 탐색에 영향을 준다(김양은 · 조복희, 2002; 신수희 · 이완정, 2014). 따라서 성인들은 유아가 자신에 대해서 긍정적으로 인식할 수 있도록 유아와 좋은 관계를 형성하고 지원을 해 주는 것이 필요하다.

2) 자아존중감

자아존중감(self-esteem)은 자기 자신의 가치나 특성에 대한 개인의 긍정적 또는 부정적인 감정과 평가를 의미한다. 자아존중감은 자신을 '유능한, 중요한, 성공적인, 가치 있는' 존재라고 믿는 주관적인 판단의 정도이다(Coopersmith, 1967, Azria-Evans, 2004, 재인용; Maxwell & Chmielewski, 2008).

자아존중감의 발달은 유아기 동안에 다른 사람과의 의미 있는 관계에서 시작한다. 유아의 자아존중감의 발달 및 변화, 자신에 대한 표상은 영유아 자신의 인지 구조뿐 아니라 사회적 환경의 맥락 속에서 지원이나 거절을 통해서 형성된다(Azria-Evans, 2004). 유아는 경험을 통해서 자신에 대한 정보를 쌓아 가면서 자신에 대해서 알게 되는데, 자신에 대한 정보를 바탕으로 '나의 이런 점은 좋아, 나의 이런 점은 나빠' 와 같이 판단하고 평가하게 된다. 생애 초기 영유아는 다른 사람과 의사소통을 하면서 타인이 자신한테 보이는 언어나 행동을 통해서 자신을 지각하고 자신의 가치를 평가하게 된다(Harter, 2003, 한국심리학회, 2014, 재인용). 영아는 어떤 분야에서든지 자신이 타인보다 월등하며 능숙하게 해낼 수 있다고 생각한다. 영아는 자신의 실제 능력을 과대평가하고 자신이 해야 하는 과제는 과소평가하는 경향이 있기 때문이다. 그런데, 영아는 상황에 따라서 자신에 대한 평가를 다르게 하기도 한다. 예를 들어, 혼자 양말을 신을 수 있게 되어 엄마가 칭찬해 주면 '난 뭐든지 잘할 수 있어.' 라고 생각하지만, 신발을 잘 못 신는 자신을 놀리는 오빠를 보면, '난 할 수 있는 게 아무것도 없어.' 라고 생각하게 된다(박경자 외, 2011, 한국심리학회,

2014, 재인용).

이처럼 자아존중감의 발달은 개인이 부모, 가족, 교사, 또래 등 주변 사람들과의 사회적 상호작용 및 피드백을 통해서 자기 자신을 정의하는 것을 배우는 건설적인 과정이다(Ajilchi, Kargar, & Ghoreishi, 2013). 긍정적인 자아존중감을 갖고 있는 유아는 자신의 모든 특성에 대해서 긍정적으로 평가하고 자신을 사랑하며 타인에게 소중한 존재라고 인식한다. 그렇지 않은 유아는 여러 측면에서 자신을 바람직하지 못하고 타인보다 열등하다고 믿게 된다(송명자, 2007). 긍정적인 자아존중감, 자기 가치는 건강한 사회 · 정서적 발달의 필수적인 부분으로 행동, 역량, 전반적인 사회 · 정서적 발달, 심리적 적응 등 유아 인생의 여러 측면에 영향을 준다. 높은 자아존중감을 가진 유아는 더욱 수용적이고, 높은 목표를 설정하고, 의사결정을 더 잘하고, 위험한 행동을 덜하고, 책임감이 있고, 좌절을 잘 견디며, 성취를 자랑스럽게 생각하고, 새로운 일을 시도하는 데 열성적이다(Maxwell & Chmielewski, 2008). 이처럼 높은 자아존중감은 적응력과 행복감을 이끌기 때문에 자아존중감을 증진시키는 것은 폭력예방을 위해서도 중요하다.

3) 성 역할

성 역할(gender role)이란 개인이 속한 사회에서 성별에 따라 적합하다고 기대되는 행동양식과 사회적 역할을 의미한다(고현 · 황정련, 2013, 재인용). 즉, 남자 혹은 여자로 특징지어질 수 있는 행동, 태도, 가치 등의 특성을 의미하는 것으로, 여성은 여성에게 적합한 특성, 남성은 남성에게 적합한 특성을 가질 것으로 기대되는 것이다. 이러한 성 역할은 유아기부터 형성되기 시작하여 학령 전기와 학령기를 거쳐서 계속적으로 발달한다(한국심리학회, 2014).

Kohlberg(1966)는 유아의 성 항상성(gender constancy) 발달을 성 동일성, 성 안전성, 성 일관성의 3수준으로 제안하였다(Bussey & Bandura, 1999, 재인용). 성 동일성(gender identity)은 자신이 남자인지 여자인지를 인식하고 다른 사람의 성을 인식하는 것이다. 성 안정성(gender stability)은 시간이 지나도 성은 변하지 않는다는 것을 인식하는 것이다. 성 일관성(gender consistency)은 행동이나 옷이 변해도 성은 같다는 것을 인식하는 것이다(Arthur, Bigler, & Ruble, 2009; Slaby & Frey, 1975, Bjorklund, 1995, 재인용). 성 항상성의 구체적인 발달 단계를 제시하면 다음 〈표 6-2〉와 같다.

〈표 6-2〉 **콜버그의 성 항상성 발달**

연령	구분	발달특성
만 2~3세	성 동일성	• 성을 분류하고 명명한다. • 자신을 여자 또는 남자라고 말한다. 그러나 성은 변하지 않는다는 것을 모른다.
만 4~5세	성 안정성	• 시간이 지나도 성은 같다는 것을 안다. 소녀는 여자가 되고 소년은 남자가 된다는 것을 안다.
만 6~7세	성 일관성	• 행동이나 외모 등의 외적 변화와 상관없이 성은 같다는 것을 안다.

출처: Bussey, K., & Bandura, A. (1999). Social cognitive theory of gender development and differentiation. *Psychological Review, 106*, 676-713.

유아는 성에 대한 호기심이 생기면서 성적 관심이 발달한다. 유아는 성기를 포함한 신체 부위를 탐색하고, 신체에 대해 긍정적 또는 부정적 태도를 발달시킨다. 의사 놀이나 엄마 아빠 놀이와 같이 성과 연관된 다양한 형태의 놀이를 한다. 유아는 화장실 유머를 즐기고, 신체에 대해서 알맞은 단어를 사용하는 대신에 자신이 들었던 성적 은어를 사용하며, 임신과 출산에 많은 관심을 보인다. 자위행위를 하기도 하며, 다른 유아에게 은밀한 신체 부위를 보여 주거나 다른 유아의 신체를 보려고 하고, 특히 같은 성을 가진 부모의 신체에 관심을 보인다(Frances, 2006, 박은혜 · 이명선 · 성원경 · 함인자, 2006, 재인용).

유아의 성 역할 개념은 형제 및 자매, 부모 등의 가정적 환경 요인, 또래, 교사, 교육내용과 교수-학습자료 등과 같은 교육기관의 환경 요인, 그리고 TV 프로그램, 인터넷과 같은 사회적 환경 요인의 복잡한 상호작용에 의해서 형성된다(고현 · 황정련, 2013). 유아기는 성 역할 사회화에 있어서 결정적인 시기로 유아기에 사회화된 성 역할 개념은 이후 성 유형화된 지식이나 정보를 처리하는 데 영향을 미치고, 나아가 일생에 걸친 성 역할 수행에도 영향을 미치게 된다(정미라, 2010). 따라서 각 개인이 성장 과정을 통해서 적절한 남성적 역할 및 여성적 역할을 수용하고 바른 성 역할을 획득하며 성 역할 정체감을 확립할 때, 건강한 사회구성원으로 살아갈 수 있다. 또한 성폭력 등의 문제가 발생하지 않을 수 있다.

2. 정서 및 행동 이해와 조절

정서는 사람의 마음에 일어나는 여러 가지 감정 또는 이러한 감정을 불러일으키는 기분이나 분위기를 의미한다(국립국어원, 2015). 정서는 개인의 욕구, 목적, 흥미와 관련된 조직적인 반응으로, 심리 · 사회적 경험, 명확한 행동의 변화를 갖게 한다. 자신의 정서와 다른 사람의 정서를 이해하고, 정서를 적절히 조절하여 표현하는 것은 사람들의 관계에서 중요하다. 또한 정서는 동기유발과 의사소통에 영향을 준다.

유아는 정서적으로 두려움을 느끼지 않을 때, 새로운 것에 접근하려는 동기를 갖게 된다. 한편, 유아는 자신의 정서를 성인의 반응을 유도하는 의사소통 수단으로 사용한다(Ashiabi, 2000).

발달적으로 영아기는 충동, 욕구, 정서에 대해서 배우는 시기로, 자신의 정서를 적절히 조절하는 방법을 배우기 위해서 때로는 달래 주고 좌절감을 감소시켜 주는 성인의 도움이 필요하다. 유아기에는 감정을 조절하는 능력을 발달시키지만, 여전히 자신의 감정을 조절하는 데 어려움을 경험한다. 부모와 교사는 유아가 감정을 조절하거나 수용적인 방법으로 표현하고, 다른 사람과 잘 지내도록 도와주어야 한다. 유아가 감정과 행동을 조절하는 것을 배우기 위해서는 성인의 일관성 있는 지도가 필요하다(Louisiana Department of Education, 2014). 이처럼 유아는 매일 또래 및 성인과의 상호작용을 통해서 자신과 다른 사람의 감정에 대한 인식을 발달시킨다. 또한 유아는 자신을 효율적이고 적절하게 표현하는 능력을 발달시키고, 자신의 감정과 다른 사람의 감정이 중요하다는 것을 배운다(Arizona Department of Education, 2013).

정서 조절 및 표현, 정서 지능 등의 정서 역량(emotional competence)을 더 많이 가지고 있는 유아는 유치원과 이후의 사회생활에서 더 잘 적응한다(Moor, Cooper, Domitrovich, Morgan, Cleveland, & Shah, et al., 2015). 따라서 영유아기에 정서 조절 및 표현, 정서 지능 등을 포함하는 정서적 역량을 증진시키는 것이 중요하다(Denham, 2006).

1) 정서 이해

정서 이해는 자신이나 다른 사람의 정서 상태를 파악할 수 있고 정서 언어를 효율적으로 사용할 수 있는 능력이다. 즉, 정서 이해 또는 정서 인지는 친구의 얼굴 표정 또는 일반적인 사회적 상황에서 정서를 이해할 수 있는 능력이다(Bosacki & Moore, 2004).

만 2~4세가 되면서 유아의 정서 이해는 복잡해지는데, 정서를 정확하게 명명하는 것을 배우고 자신의 정서적 욕구를 충족시키기 위해서 정서 언어를 사용한다. 즉, 유아는 자신의 정서를 형용사를 사용하여 표현할 수 있으며 대화에서 정서와 관련된 용어를 부분적으로 이해한다. 그리고 정서와 관련된 상황을 이해하기 시작한다(Bosacki & Moore, 2004). 인지가 발달함에 따라서 정서에 대한 이해와 지식도 증가하는데, 만 3~5세경이 되면 기본적인 정서를 표현하고 이해할 수 있다. 만 3~5세 유아들 중 77%가 기쁨의 정서를 가장 많이 느끼고, 그 다음 슬픔, 화남의 순으로 느낀다(이승은, 2010). 유아에게 정서를 숨겨야 하는 주인공에 관한 이야기를 들려주고 실제 마음속의 내현적 정서와 얼굴 표정의 외현적 정서에 대해서 질문을 하면, 연령이 높을수록 정서 구별을 잘한다(김미경, 1998). 외현적 정서와 내현적 정서 이해의 발달을 정리하면 다음 〈표 6-3〉과 같다.

〈표 6-3〉 **외현적·내현적 정서 이해의 발달**

연령	내현적·외현적 정서 이해
만 4세	• 내현적 정서와 외현적 정서를 구분하지 못한다. • 부정적 정서는 인식하나 긍정적 정서는 인식하지 못한다.
만 6~10세	• 내현적 정서와 외현적 정서를 명확하게 구별한다.

출처: 김미경(1998). 유아들의 내현과 외현 정서구별 능력 및 이해발달에 관한 연구. **유아교육학논집**, 19(1), 5-28.

영유아가 최초로 접하게 되는 사회적 환경은 가족이며 가족 중에서도 영유아의 정서발달에 가장 중요한 역할을 하는 주체는 부모이다. 부모는 자신의 정서 표현을 통해서 유아에게 다양한 정서에 대한 모델링을 제공하고, 자녀와의 정서 관련 상호작용을 통해서 유아에게 정서에 대한 간접적인 학습의 기회를 제공한다. 어머니가 긍정적인 정서 표현을 많이 하는 유아는 두려움이나 타인의 정서를 더 잘 이해하고, 슬픔과 분노를 더 잘 조절할 수 있다(이혜련 · 최보가, 2005). 따라서 유아가 자신과 다른 사람의 정서를 잘 이해할 수 있도록 부모와 교사의 적절한 정서 모델과 지원이 필요하다.

2) 정서 조절

정서 조절은 외현적 정서 반응을 억제하여 자신의 감정을 스스로 조절하고 표현하는 것을 의미한다. 과학적 개념에서 정서 조절은 사회적으로 수용되는 방식으로 정서를 표현하고 조절하는 것을 의미한다(한국교육심리학회, 2000).

정서 조절은 신생아부터 부모나 양육자와의 관계에서 시작되는데, 영아들은 부적절한 정서에 대한 양육자의 무시를 통해서 정서 조절을 배우기 시작한다(Bradley, Atkinson, Tomasino, & Rees, 2009). 만 3~4세에는 다른 사람의 정서를 이해하기 시작하나 아직 정서를 조절하고 적절히 설명하는 데 어려움이 있고, 정서와 행동을 분리시키는 것을 어려워한다. 이처럼 유아들은 만족을 지연시키고 충동을 조절하는 것을 어려워하기 때문에 갈등을 해결하기 위해서 말로 협상하기보다 신체적인 수단을 사용하게 된다. 또한 만 3~5세 유아는 광범위한 정서 표현을 하고, '슬퍼, 기뻐, 미치겠어, 좋아' 와 같이 각기 다른 정서를 적절히 표현할 수 있다. 그러나 유아기 정서는 상황의 영향을 받으며 쉽게 변한다. 5세가 되면서 점차 정서 내면화와 조절이 증가한다. 유아는 인지와 언어가 발달하면서 자신의 정서를 자제하고, 자신과 다른 사람의 정서를 언어로 표현할 수 있게 된다(Seefeldt & Wasik, 2006). 예를 들어, 친구에게 받은 선물이 마음에 들지 않을 때, 실망을 느끼지만 "고마워."라고 인사를 하는 것은 실망감을 억제하고, 감사 표현을 활성화시킨 것이다. 정서 조절의 발달은 개인차가 큰데, 만 3~13세 아동의 경우, 남아보다 여아의 정서 조절 능력이 더 높다(최은아 · 송하나, 2014). 유아의 자기 조절의 발달(Berk, 1997) 및 정서 조절의 발달(Seefeldt & Wasik, 2006)을 구체적으로 제시하면 다음 〈표 6-4〉, 〈표 6-5〉와 같다.

〈표 6-4〉 자기 조절의 발달

연령	발달특성
12~18개월	• 양육자의 요구와 기대에 대한 분명한 인식이 나타난다. • 단순하고 자발적인 요구와 명령에 복종한다.
걸음마기 영아	• 성인의 명령에 거부하고 자율성을 주장한다.
만 3세	• 자아통제력이 형성되지만 완전하지 않다. • 인지가 발달하면서 유아는 다양한 전략을 사용하여 유혹에 저항하려고 한다.

출처: Berk, L. (1997). *Child development* (4th ed.). Needham Heights, MA: Allyn & Bacon.

〈표 6-5〉 정서 조절의 발달

연령	발달특성
만 3세	• 유아는 정서를 극단적으로 표출하여, 화가 나고, 짜증 나고, 기쁠 때 몸으로 종종 표현한다. • 공포감을 갖기 시작한다(예: 잘 때 불 끄는 것 싫어함). • 또래보다 양육자에게 관심이 더 많아서 격리불안이 나타나는데, 격리불안은 정서적 스트레스의 원인이 될 수 있다.
만 4세	• 극단적인 정서 표현이 주변 사람들에게 영향을 미친다는 것을 이해하기 시작한다. • 유머 감각이 발달하고 농담을 이해하기 시작한다. 다른 사람을 즐겁게 하기 위해서 웃고 '똥, 오줌'이라는 말에 발작적으로 웃는다. • 다른 사람의 감정을 이해하기 시작한다. • 격리불안은 오래 가지 않는다.
만 5세	• 자신의 정서를 조절하기 시작하고 사회적으로 용인된 방법, 즉 말로 표현한다(유치원에서 화났던 것을 엄마에게 말한다. "나 OO 때문에 진짜 화났어."). • 자신의 감정과 행동을 분리시킨다. • 자신의 욕구를 지연시키기 시작하여, 차례를 기다리고 누군가가 이야기하고 있을 때 듣는다. • 사회적으로 수용된 행동을 내면화하고, 할 수 없는 일은 수용한다. • 실망감, 분노, 감정, 호기심 등을 자제하는 것을 배운다. • 행동을 통한 정서 표현은 줄어들고, 언어적 공격이 나타난다. • 다양한 정서를 구별한다. • 울음을 참는 것을 배워서 덜 자주 운다.

출처: Seefeldt, C., & Wasik, B. A. (2006). *Early education: Three-four-and five-year-olds go to School* (2nd ed., pp. 46-48). Upper Saddle River: Pearson Education. http://www.education.com/reference/article/emotional-development-preschool-children (2015. 10. 3. 인출).

정서 조절은 또래 집단에서 적응하고, 구성원 및 다른 사람과의 관계를 형성하는 데 중요한 요소로 작용한다(신지혜 · 김혜순, 2014). 유아는 다양한 정서적 경험을 하면서 정서를 조절해야 하는 상황에 계속 접하게 되고 이를 통해 타인과 원만한 관계를 유지하는 방법을 배우게 된다. 따라서 유아의 발달에서 자신의 정서를 적절히 조절하고 표현하는 방법을 가르치는 것은 폭력예방을 위해서도 매우 중요하다.

3. 대인관계

다른 사람과의 관계형성은 상호 권리에 대한 이해와 자신의 욕구 및 다른 사람의 욕구 사이의 균형을 잡을 수 있는 능력을 의미한다(Arizona Department of Education, 2013). 유아에게 있어서 다른 사람이란 부모 및 교사와 같은 성인, 그리고 또래 친구들을 포함한다. 즉, 유아의 대인관계는 부모 및 교사, 또래 친구와의 관계에서 자신 및 다른 사람의 권리와 요구를 적절하게 조율하고 균형을 유지하는 것을 의미한다.

인간은 성장하면서 자신과 타인에 대한 태도가 달라지는데, 과거에 자신이 받았던 위로의 양과 종류에 따라 자신과 타인에 대한 긍정 또는 부정적인 인간관계 유형이 결정된다. Harris(1967)는 사람들이 다른 사람들과 교류하는 데 있어서 나 자신과 다른 사람을 어떻게 수용하며 관계를 맺어 가느냐에 따라 자신 부정 · 타인 인정, 자신 인정 · 타인 부정, 자신 · 타인 모두 부정, 자신 · 타인 모두 인정의 4가지 인간관계 유형이 형성된다고 하였다. 이러한 인간관계 유형을 구체적으로 살펴보면 다음과 같다.

- 자신 부정 · 타인 인정(I am not OK, You are OK)

  자신 부정 · 타인 인정은 영유아기에 일반적으로 나타날 수 있는 특성이다. 영유아들은 자신에 대한 인식이 부족하기 때문에 다른 사람의 판단을 수동적으로 수용하고 다른 사람의 반응에 의해서 자신을 인식한다. 이러한 유형에 속하는 사람들은 성인이 되어서도 다른 사람에게 의존하려는 욕구를 가지고 있으며, 다른 사람으로부터 칭찬과 인정을 받고자 한다.

- 자신 부정 · 타인 부정(I am not OK, You are not OK)

  만 1세가 되면서 영아는 걸을 수 있게 되는데, 냉정한 부모는 이때부터 돌봄을 제공하지 않는다. 이 시기에 지원 없이 버려 두고 어려움이 계속되는 경우, 자신도 부정하고 타인도 부정하게 된다. 이러한 유형의 사람은 쉽게 포기하고, 희망이 부족하고, 위축된 채 살아간다. 절망감과 허무함으로 매사 무기력해 하고 무관심하며 타인의 애정이나 관심을 거부하는 폐쇄적인 태도로 대인관계가 단절된다.

- 자신 인정 · 타인 부정(I am OK, You are not OK)

  자신 인정 · 타인 부정 유형은 생후 2~3년 동안 결정되는데, 부모에 의해서 비인간적으로 양육된 경우에 나타난다. 잔혹함을 경험했으나 이를 견뎌낸 아동은 그가 성장하면서 타인을 부정하게 된다. 겉으로는 공손한 것처럼 보이고 속마음을 숨길 수 있으나, 다른 사람에 대한 불신과 비난, 증오를 갖고 대인관계가 단절된다.

- 자신 인정 · 타인 인정(I am OK, You are OK)

  자신 인정 · 타인 인정 유형은 정보에 의해서 다른 사람을 결정한다. 앞의 단계 유형은 감정에 기초하지만, 이 유형은 사고, 신념 등에 근거한다. 이러한 유형의 사람은 낙관적이고 건전한 인생관을 가지고 원만한 대인관계를 맺으며 환경에 잘 적응할 수 있다.

이러한 다양한 삶의 유형은 사람의 성장 과정에서 일시적으로 나타나는 유형이지만, 아동기나 청년기의 미숙한 태도가 어른이 되어서도 고착되어 있다면 이는 문제가 될 수 있다. 따라서 바람직한 인간관계를 형성할 수 있도록 영유아 시기에 성인의 긍정적인 반응, 돌봄, 사랑이 필요하다.

1) 성인관계

유아는 생활 속에서 부모나 교사가 돌봐 준다고 느끼고, 부모나 교사와 친밀한 관계를 발달시킬 때, 성인과 긍정적인 관계를 형성할 수 있다. 유아와 성인의 긍정적인 관계형성은 편안하고 안락함을 느끼는 환경에서 발달한다. 유아와 성인의 긍정적인 관계는 유아가 다른 사람의 사고와 감정을 이해하려고 노력하게 하는 기초가 된다. 따라서 부모 및 교사 등 양육자와 신뢰적인 관계를 가졌던 유아는 또래와 더 잘 지내고 학교에 더 잘 적응한다(Louisiana Department of Education, 2014).

영아의 경우, 독립적인 지식 구성이 불가능하므로 양육자가 수유를 해 주고, 옷을 입혀 주고, 놀아 주는 등 사회적으로 상호작용하는 맥락을 제공해 주는 것이 필요하다. 양육자는 영아와의 사회적 상호작용 과정에서 높은 수준의 비계를 제공하게 된다. 한편, 영아의 정서가 점차 분화되면서 나타나는 즐거움, 분노, 슬픔 등의 감정은 영아와 양육자의 상호작용에 영향을 주어 중요한 역할을 한다(Harter, 1998). 영아는 주 양육자인 부모 및 교사와의 상호작용 과정에서 애착을 형성하는데, 안정적 애착을 형성한 영아는 애착 대상뿐만 아니라 자신에 대해서도 능력 있고 사랑받는 존재라는 작동모델을 구성하여 다른 사람과의 관계에서도 긍정적인 관계를 형성한다. 반면 애착 대상과 불안정한 애착을 형성한 아동은 애착 대상에게 부정적인 내적 표상을 가질 뿐 아니라 자신을 가치 없는 존재로 인식하게 되고 나아가 이후 다른 사람과의 관계에서도 어려움을 겪는다(정옥분 · 정순화 · 황현주, 2009).

유아의 경우에도 자녀에 대한 부모의 인정과 지원은 유아의 적응에 중요한 자원이 되며, 특히 어머니가 유아와 애정적 관계를 형성함으로써 유아는 자신의 행동 및 정서 조절 능력을 발달시킬 수 있다(서은희 · 이미숙, 2012). 부모-자녀 관계에서 인간 지향적일수록 유아는 조망 수용 및 공감, 돕는 행동을 많이 한다(신건호 · 문연심, 2006). 가정의 규칙에 대한 부모의 신념과 자녀의 잘못된 행동에 대한 처벌 수준에서 부모가 일관성이 있고 합리적인 훈육을 하는 경우, 유아의 정서 조절 능력에 긍정적인 영향을 미친다(김정은 · 신유림, 2015). 즉, 부모가 애정적 관계를 유지하고 일관성 있고 합리적인 훈육을 할수록 유아의 조망수용, 정서 조절, 친사회적 행동이 증진된다.

부모가 유아의 일차적인 양육자라 하더라도 교사는 심리 · 사회적 기초에 영향을 주는 중요한 역할을 한다(National Infant & Toddler Child Care Initiative, 2010). 가정에서 부모와 같이 유아교육기관에서 교사는 유아와 다양한 관계를 맺고, 유아의 생활에 있어 중요한 역할을 하며, 실제로 부모를 대신해서 행동한다(손인숙, 2001). 유아교육기관에서 교사와 친밀한 관계를 형성한 유아는 교사로부터 지원을 더 이끌어

내고, 정서적 지지와 안정감을 가지며, 교사와 긍정적 관계를 형성하여 사회적 상황에서 타인과 긍정적인 관계를 가질 수 있다(최태린 · 유구종 · 조희정, 2015). 교사와 친밀한 관계를 형성하고, 갈등적이거나 의존적이지 않은 유아는 사회적 능력이 높다(심수영 · 문혁준, 2014). 즉, 교사-유아 관계가 친밀할수록 유아의 사회적 능력에 긍정적인 영향을 미친다. 교사와 유아의 상호작용은 가정에서의 유아-어머니 간의 상호작용과는 달리 교수적인 목적과 일대 다수의 집단 기능적인 특징이 있다. 교사-유아 상호작용은 유아가 학습할 수 있는 사회적인 상황을 제공할 뿐만 아니라 유아의 언어 이해 및 표현의 발달을 촉진시키는 중요한 역할을 한다. 교사는 유아와의 상호작용을 통해서 유아가 개념들을 명료화하고 구체화할 수 있도록 여러 가지 언어적 전략들을 사용한다. 특히, 유아의 의사소통 시도에 대한 교사의 언어적 반응들은 유아의 언어표현과 이해의 발달을 촉진시키는 데 중요한 역할을 한다(성지현, 2012).

이러한 교사와 유아의 관계 및 상호작용은 여러 가지 요인의 영향을 받는다. 교사는 유아와의 관계에서 교사 자신이 어렸을 때의 애착과 상호작용 유형을 반복할 수 있기 때문에 이를 인식하는 것은 매우 중요하다. 많은 유아를 돌봐야 하는 상황에서 교사는 유아의 기질과 교사 자신의 애착 유형이 유아와의 상호작용을 유도한다는 것을 인식하고 모든 유아에게 균형 있게 지도하도록 노력해야 한다(National Infant & Toddler Child Care Initiative, 2010). 또한 교사의 성격 요인, 상호작용 방법 등 교사의 개인적 특성이 교사와 유아 관계에 영향을 미친다. 이외에 유아의 자아개념, 리더십 등의 개인적 특성 또한 교사와 유아의 관계, 교사와 유아의 상호작용에 영향을 미친다(박화순 · 마지순 · 안나리, 2011).

그러나 교사가 유아가 무엇을 원하거나 유아가 화가 났을 때, 일관성 있게 반응하고 사랑과 따뜻함으로 돌보아 준다면, 유아와 긍정적인 관계를 발달시킬 수 있다(Louisiana Department of Education, 2014). 따라서 유아교육기관에서 교사는 유아와의 애착 형성의 중요성을 인식하고 모든 유아와 일관성 있는 사랑을 제공하고 관계를 형성하려고 노력해야 한다.

2) 또래관계

유아는 만 3세가 되면서 다른 사람의 감정을 해석할 수 있고, 자신과 다른 사람의 감정을 구별할 수 있으며, 왜 다른 사람들이 자신처럼 느끼는지에 대한 기본적인 이해를 할 수 있다. 만 4세가 되면서 유아는 다른 사람의 정서와 요구에 적절히 반응하는 방법을 학습하여 자기중심적인 인식에서 어느 정도 벗어날 수 있다. 따라서 유아는 점차 다른 사람의 정서와 요구에 적절한 방식으로 반응할 수 있게 된다. 또한 다른 유아의 요구와 자신의 요구가 다를 때, 두 사람의 요구를 충족시킬 수 있는 협력적인 방법을 찾기도 한다. 이러한 협력적 기술은 공정함과 다른 사람에 대한 존중을 발달시키고 사회적 역량을 증진시키는 데 매우 중요하다(California Department of Education, 2008).

이처럼 만 3~5세 동안 유아는 다른 사람의 감정, 의도, 욕망에 대한 이해가 발달하기 때문에 갈등 해결에서도 의미 있는 성장을 한다. 이 시기 유아는 다른 사람의 의도와 자신의 욕망 사이에서 균형을 잡기 위해서 융통성을 발달시킨다. 그러나 만 3세까지의 또래갈등은 신체적 공격성과 스트레스를 유발하고 성인의 중재와 지원이 필요하다. 만 4세까지도 이러한 특성이 남아 있지만, 단순한 방법으로 협상하는 능력이 점차 발달한다. 이 같은 협상 전략은 다른 사람의 바람과 요구에 대한 인식, 그리고 자신과 다른 유아 모두를 만족시킬 수 있는 해결책을 발견하려는 노력을 반영한 것이다. 이는 다른 사람과 협동적으로 활동할 수 있는 능력의 성장과 심리적 이해에서 의미 있는 진보를 나타내는 것이다. 만 5세까지 유아는 다른 유아와 자신 모두에게 만족스러운 갈등해결을 위해서 더욱 복잡한 접근을 할 수 있게 되며, 다른 사람을 이해할 수 있는 능력이 더욱 발달한다. 즉, 이 연령의 유아에게서 나타나는 협상을 통한 갈등해결 능력은 사회적 이해에 대한 기초가 형성되었음을 의미한다(California Department of Education, 2008).

유아들이 협상을 통해서 갈등해결을 하려고는 하나, 자신의 관점에서 완전히 탈피하지 못하고 있고, 다른 사람에 대한 조망능력이 자기중심적인 역할 수용단계로 다른 사람의 입장을 이해하고 수용하는 데에는 한계가 있다. 즉, 유아기에 다른 사람을 어느 정도 이해할 수 있으나 완전히 이해하는 것은 어렵다고 볼 수 있다. Selman이 제시한 다른 사람에 대한 조망수용능력의 발달을 살펴보면 다음 〈표 6-6〉과 같다(Bjorklund, 1995, 재인용).

〈표 6-6〉 **셀먼의 조망수용능력의 발달**

연령	단계	발달특성
3~6세	0단계 자기중심적 역할 수용	• 유아는 다른 사람도 생각과 감정을 갖고 있다는 것을 안다. 그러나 다른 사람의 생각과 감정이 자신과 거의 동일하다고 믿는다.
6~8세	1단계 사회적 정보 역할 수행	• 두 사람은 각기 다른 관점과 동기를 가질 수 있다는 것을 안다. 그러나 동시에 두 사람의 관점을 인식하는 것이 어려워 한 사람의 관점에 집중하는 경향이 있다. • 행동의 의도를 이해하기 시작하여 행동을 평가할 때, 의도를 고려해야 한다는 것을 깨닫는다.
8~10세	2단계 자기 반성적 역할 수용	• 다른 사람이 자신의 행동을 평가할 수 있다는 것을 깨닫는다. • 자신의 관점만 타당한 것이 아니라 다른 사람의 관점을 통해서 자신을 판단할 수 있다는 것을 이해한다. 그러나 자신의 관점과 다른 사람의 관점을 조율할 수 없어서 성공적으로 타협하지 못한다.
10~12세	3단계 상호적 역할 수용	• 동시에 두 가지 관점을 수용할 수 있어서 다른 사람도 자신의 관점을 수용할 수 있다는 것을 인식한다.
12~15세	4단계 사회적·관습적 역할 수용	• 분리된 관점을 이해할 수 있으며, 부모, 교사, 또래 등 제3자의 관점에서 볼 수 있다. • 자신의 관점과 사회의 관점을 비교하기 시작하며 사회는 사회구성원의 공유된 관점을 갖는다는 것을 인식하기 시작한다.

출처: Bjorklund, D. F. (1995). *Children' s thinking: Developmental function and individual difference* (2th ed.). CA: Brooks/Cole Publishing Company.

인간이 원만하게 사회적으로 적응하기 위해서는 타인의 사고나 느낌, 행동을 판단하고 이해하는 조망수용능력이 중요하다. 타인에 대한 조망수용능력이 높으면 자신에 대한 이해뿐 아니라 타인에 대한 이해를 높일 수 있고 타인의 욕구에 민감하고 보다 효율적으로 의사소통을 하게 되어 인간관계가 좋아질 수 있다(이주희 · 박희연 · 박은민, 2011). 따라서 유아들에게도 다른 사람에 대한 조망수용능력을 증진시켜 주려는 노력이 필요하다.

또래관계에서 다른 사람에 대한 이해뿐 아니라 친사회적 행동도 중요하다. 돕기, 공유하기, 위로하기, 협력하기 등의 친사회적 행동은 일반적으로 만 2세 안에 나타난다. 이러한 다른 사람 중심의 친사회적인 행동은 인간 생활의 필수적인 부분으로 성공적인 상호작용과 또래 수용에서 중요한 역할을 한다(Dunfield, Kuhlmeier, O'Connell, & Kelley, 2011). 그러나 유아의 친사회적 추론 발달을 보면 여전히 자기중심적인 특성을 보인다(Eisenberg, 1982, Berk, 1997, 재인용). 친사회적 추론 발달을 구체적으로 살펴보면 다음 〈표 6-7〉과 같다.

〈표 6-7〉 **친사회적 추론 발달**

연령	단계	발달특성
유아·초등학교 초기	쾌락 실용 지향	자기 욕구를 충족시키는 것을 옳은 것이고, 돕지 않은 이유는 자기를 위해서이다(예 : "내가 배가 고파서 도울 수 없었어.").
초등학교 저학년	타인 요구 지향	타인의 심리적 욕구에 대한 타인조망과 감정이입 없이 단순한 어휘로 표현한다(예 : "OO는 그것이 필요해.").
초등학교 중학교	인정 지향	좋은 사람과 나쁜 사람에 대한 전형적인 이미지를 가지고 있고 인정에 대해서 관심을 갖고 행동을 정당화한다(예 : "그 사람을 도왔으면 더 좋아했을 거야.").
초등학교 후기·중학교	감정 지향	타인에 대한 조망수용과 동정을 강조한다(예 : "아픈 친구를 돕지 않았으면 기분이 안 좋았을 것 같아.").
중학교 소수	내면화된 가치 지향	내면화된 가치, 존엄성, 권리, 평등성에 대한 신념에 근거한다(예 : "나의 가치와 다르기 때문에 돕지 않아도 기분 나쁘지 않아.").

출처: Berk, L. (1997). *Child development* (4th ed., 재인용). Needham Heights, MA: Allyn & Bacon.

유아기 또래와의 관계에서 친사회적 행동뿐 아니라 친구와의 우정이 나타나는데, 유아기 동안의 우정은 지속적으로 변화한다. 연령별 우정 발달 특성을 살펴보면, 만 3세는 특정 유아와 놀이하는 것을 좋아하지만, 친구는 단지 시간을 같이 보내는 사람이다. 만 3세는 재미있게 놀거나 외모가 매력적인 사람을 좋아하여 간식 시간에 함께 앉아 있거나 유사한 옷을 입고 있는 친구를 발견했을 때 유대감을 갖는다. 만 4~5세 유아는 공통의 관심을 갖는 친구를 선별하여 같은 놀이에 함께 몰입해서 시간을 보내는 경향이 있다. 이 연령의 유아는 다른 유아에게 관심을 보이고 참여하려고 노력하며, 복잡한 또래 놀이에 더 오랜 시간 동안 참여한다(Manaster & Jobe, 2012).

친구를 사귀고 우정을 유지하기 위해서는 상호작용의 시작, 친절한 행동, 친사회적 행동, 사회적 지지 등의 적절한 전략이 필요하다(Wentzel & Erdley, 1993, 이주희 · 최은정 · 최명선 · 박희현 · 진혜경, 2008, 재인용). 친구를 사귀기 위해서 필요한 전략을 구체적으로 살펴보면 다음 〈표 6-8〉과 같다.

〈표 6-8〉 **친구 사귀기 전략**

유형	내용
상호작용 시작	• 친구에 대해서 알고 자신을 소개하고 대화를 시작한다. • 일을 함께하고자 제안한다.
친절한 행동	• 친절하고 상냥하고 사려 깊게 행동한다.
친사회적 행동	• 다른 사람에 대한 존경 및 매너, 공손하고 정중한 태도를 보이고, 다른 사람의 말을 경청한다. • 긍정적인 태도와 성격으로 솔직하고 자연스럽게 행동한다. • 좋은 평판을 얻도록 노력하고 단정한 차림을 한다.
사회적 지지제공	• 친구에게 도움을 준다. • 친구에게 조언하고 관심을 보이고, 공부나 놀이 등의 활동을 함께한다. • 옆자리에 앉고 같은 집단에 소속되고, 다른 사람을 칭찬한다.

출처: 이주희·최은정·최명선·박희현·진혜경(2008). **인간관계론**(p. 161, 재인용). 경기: 공동체.

이상 살펴본 것처럼 유아는 타인을 이해하는 것에 어려움을 가질 수 있으나 다른 사람을 이해할 수 있는 기회와 친사회적인 행동을 할 수 있는 기회를 제공하여 다른 사람에 대한 긍정적인 태도와 행동을 배울 수 있도록 지도해야 한다. 또한 친구를 사귀고 우정을 유지할 수 있도록 성인의 적절한 도움이 필요하다. 다른 사람에게 긍정적으로 행동하고 친사회적 행동을 하며 우정을 갖게 되므로 학교폭력을 예방하고 건전한 인간관계를 형성할 수 있을 것이다.

7장

유아폭력의 예방

1. 누리과정과 유아폭력예방 교육

유아를 위한 폭력예방 교육으로는 인성 교육, 공감 교육, 대안적 사고능력 증진, 비폭력 의사소통 교육, 성폭력예방 교육 등이다. 2019 개정 누리과정(교육부 · 보건복지부, 2019)의 신체운동 · 건강, 사회관계 영역의 내용에는 유아를 위한 폭력예방 교육과 관련된 내용이 포함되어 있다. 따라서 유아를 위한 폭력예방 교육은 2019 개정 누리과정의 내용에 기초하여 지도하는 것이 바람직하다. 2019 개정 누리과정의 내용에 기초한 유아폭력예방 교육의 내용을 제시하면 다음 〈표 7-1〉과 같다.

〈표 7-1〉 **2019 개정 누리과정에 기초한 폭력예방 교육**

영역	내용범주	내용	폭력예방 교육
신체운동·건강	안전하게 생활하기	안전사고, 화재, 재난, 학대, 유괴 등에 대처하는 방법을 경험한다.	• 성폭력예방 교육
사회관계	나를 알고 존중하기	나를 알고 소중히 여긴다.	• 인성 교육 • 공감능력증진 교육
		나의 감정을 알고 상황에 맞게 표현한다.	
		내가 할 수 있는 것을 스스로 한다.	

영역	내용범주	내용	폭력예방 교육
사회관계	더불어 생활하기	가족의 의미를 알고 화목하게 지낸다.	• 인성 교육 • 공감능력증진 교육 • 대안적 사고증진 교육 • 협동학습 교육 • 비폭력 의사소통 교육
		친구와 서로 도우며 사이좋게 지낸다.	
		친구와의 갈등을 긍정적인 방법으로 해결한다.	
		서로 다른 감정, 생각, 행동을 존중한다.	
		친구와 어른께 예의바르게 행동한다.	
		약속과 규칙의 필요성을 알고 지킨다.	

2. 유아폭력예방 교육

유아를 위한 폭력예방 교육은 인성 교육, 공감능력증진 교육, 대안적 사고능력증진 교육, 비폭력 의사소통 교육, 성폭력예방 교육 등을 통해서 이루어질 수 있다. 유아를 위한 폭력예방 교육에 대해서 구체적으로 살펴보면 다음과 같다.

1) 인성 교육

인성이란 인간의 보편적인 본성으로, 각 개인의 특성과 사람 됨됨이를 말하는 것이다. 인성은 선천적 · 후천적 요인에 의해서 형성되어 개인의 도덕적 판단기준이 되고, 외부의 사물이나 현상에 의해 자극을 받아 일정한 반응을 보이게 되는 개개인의 고유한 성품이다(이주희 · 박희연 · 박은민, 2011). 즉, 인성이란 인간으로서 가진 인격으로 정의적 · 인지적 · 도덕적 측면을 모두 포함하는 것이다. 그러므로 인성교육은 인격을 키우기 위한 정서 · 가치 · 도덕 교육을 포함한다(김은설 · 최은영 · 조아라, 2013).

개인, 부모, 친구, 교사, 사회·문화가 바람직하지 못한 인성 및 가치를 가지고 있을 때 학교폭력이 발생한다. 개인 차원에서 자기통제, 자기절제, 도덕성, 타인배려, 타인존중, 공감 등이 부족한 경우에 학교폭력이 발생할 수 있다. 부모 및 가족 관련 요인으로 아동에 대한 애정 및 관심의 결여, 아동의 공격적인 행동에 대한 방임, 권위적이거나 가혹하고 처벌적인 양육태도, 부모-자녀 관계의 갈등 및 폐쇄적인 의사소통, 부모의 잘못된 가치관이나 인생관 등 부모의 바람직하지 못한 인성이 학교폭력과 관련이 있다. 친구 관련 요인으로는 도덕성, 타인존중, 자기절제 등이 부족한 친구들과의 접촉을 통해서 형성된 바람직하지 못한 인성이 학교폭력의 원인이 된다. 교사 요인으로는 교사의 처벌적 태도, 공격적인 행동에 대한 방임, 의지 부족 등 교사의 바람직하지 못한 인성이 학교폭력의 원인이 되기도 한다. 이외에 사회·문화적 요인으로 대중매체의 폭력성과 향락주의 등, 사회구성원으로의 도덕성, 인간존중, 사회적 책임과 같은 인성의 부족 때문에 학교폭력이 발생할 수 있다(홍순혜, 2014).

따라서 자라나는 다음 세대들이 인간 내면의 도덕적 자질과 도덕적 힘, 인격적 특성을 길러서 옳고 선한 삶을 살아갈 수 있고 바람직한 인성을 발달시켜 가도록 돕는 인성 교육이 중요하다(박혜진·권은주, 2014). 인성 교육의 중요성이 강조되면서 관계부처합동(2012)으로 학교폭력근절 종합대책을 제시하였다. 그리고 이를 강화하기 위해서 2015년 1월 20일 「인성교육진흥법」이 제정되었고, 5월 13일 인성교육진흥법 시행규칙이 제정되었으며, 7월 20일에 인성교육진흥법 시행령이 제정되었다(교육부, 2015a; 교육부, 2015b; 교육부, 2015c). 그 후 「인성교육진흥법」이 2020년 8월 11일에 개정되었다. 개정된 「인성교육진흥법」(교육부, 2020c)과 「인성교육진흥법 시행령」(교육부, 2020d)에서 명시하고 있는 교육기관의 인성 교육 기준과 운영을 살펴보면 다음과 같다.

법령	내용
인성교육진흥법 (교육부, 2020c)	제10조(학교의 인성 교육 기준과 운영) ① 교육부장관은 대통령령으로 정하는 바에 따라 학교에 대한 인성 교육 목표와 성취 기준을 정한다. ② 학교의 장은 제1항에 따른 인성 교육의 목표 및 성취 기준과 교육 대상의 연령 등을 고려하여 대통령령으로 정하는 바에 따라 매년 인성에 관한 교육계획을 수립하여 교육을 실시하여야 한다. ③ 학교의 장은 인성 교육의 핵심 가치·덕목을 중심으로 학생의 인성 핵심 역량을 함양하는 학교 교육과정을 편성·운영하여야 한다. ④ 학교의 장은 인성 교육 진흥을 위하여 학교·가정·지역사회와의 연계 방안을 강구하여야 한다.
인성교육진흥법 시행령 (교육부, 2020d)	제11조(학교의 인성 교육 기준과 운영) ① 법 제10조 제1항에 따른 학교에 대한 인성 교육 목표와 성취 기준은 교육부장관이 위원회의 심의를 거쳐 학교급별로 정한다. ② 법 제10조 제2항에 따른 인성에 관한 교육계획은 학교의 장이 교원, 학생 및 학부모의 의견 수렴과 학교운영위원회의 심의를 거쳐 수립한다.

「인성교육진흥법」에 근거하여 교육부는 인성 교육의 올바른 추진을 위한 '인성교육 5개년 종합계획(2016~2020)' 을 수립하였다. '인성교육 5개년 종합계획(2016~2020)' 에는 인성 교육 핵심 가치 및 인성역량에 대한 사항, 학생의 성품과 인성역량 함양을 위한 학교 교육과정 운영에 관한 사항, 범부처 인성 교육 정책사항의 조정 · 통합 및 인성 교육에 대한 국가적 책무에 관한 사항, 인성 교육 홍보, 재원조달 및 관리 방향을 명시하였다(교육부, 2016). 또한 '인성교육 5개년 종합계획(2016~2020)' 에 따라 매년 인성 교육 시행계획을 제시하고 있다(교육부, 2017, 2018, 2019c, 2020e).

'인성교육 5개년 종합계획(2016~2020)' 에서는 유치원 인성 교육의 목표를 '자신을 존중하고 다른 사람과 더불어 생활하는 능력과 태도를 기른다.' 로 제시하였다(교육부, 2016). 2020년 인성 교육 시행계획에서는 누리과정을 통한 유치원 인성 교육 내실화 방안을 다음과 같이 제시하였다(교육부, 2020e).

누리과정을 통한 유치원 인성 교육 내실화

- (추진방향) 누리과정을 통한 유아의 기본생활습관과 바른 인성 함양
- (추진계획) 유아·놀이 중심의 2019 개정 누리과정이 적용됨에 따라 예절, 배려, 협력, 존중 등 실천 위주의 인성 교육이 유치원 교육 전반에서 이루어질 수 있도록 교육과정 편성 운영
  - 유아기의 특성을 반영하고, 유치원에서의 놀이와 쉼을 보장할 수 있는 방향으로 인성 교육을 강화하는 유아·놀이 중심 교육과정 운영
  - 유아가 놀이를 통해 심신의 건강과 조화로운 발달을 이루고, 바른 인성을 형성할 수 있도록 바깥놀이 포함 2시간 이상의 놀이시간 확보
  - 교육과정과 연계한 방과후 놀이유치원 운영으로 놀이를 통한 유아기 인성의 기초 형성과 전인적 발달 도모
  - 유치원 현장 교원 관리자의 인성 교육 역량 강화를 위한 연수 확대를 통해 유치원 인성 교육 질 제고
- (향후일정) 교육과정 및 방과후 과정 내실화 계획, 방과후 놀이유치원 추진
  - 계획 안내('19. 12.) → 개정 누리과정 연구유치원 선정·운영('20. 3.~)
    시도별 방과후 놀이유치원 운영('20. 1~) → 개정 누리과정 현장안착을 위한 컨설팅 지원 ('20. 4.~)

이처럼 인성 교육을 위한 정부대책과 관련 법규에는 유아를 위한 내용이 포함되어 있다. 바람직한 인성과 습관을 체득화하기 위해서는 초기 사회화와 인성 교육이 중요하기 때문이다(오경희, 2013).

학교폭력근절을 위한 종합대책(관계부처합동, 2012)에 따르면 3~5세의 경우, '누리과정을 통한 바른 생활습관 체득을 위한 질서, 나눔, 배려, 협력 등 유아기에 반드시 습관화해야 할 바른 인성 형성에 주력' 하고 '토의, 협동학습, 현장학습, 역할놀이, 스토리텔링, 도서 활용 및 세대 간 지혜 나눔 전문가 풀' 을 활용하여 인성 교육을 실시할 것을 제안하고 있다. 누리과정에 근거한 바른 생활습관 체득을 위한 7가지 덕목과 실천행동을 제시하면 다음 〈표 7-2〉와 같다.

〈표 7-2〉 누리과정의 바른 생활습관 체득을 위한 덕목 및 실천행동 예시

덕목	실천행동(예시)
질서	• 물건을 사용한 후 제자리에 놓기 • 순서를 기다려야 하는 장소에서 차례 지키기 등
나눔	• 친구와 물건 나누어 사용하기 • 도움이 필요한 이웃을 알고, 나눔을 실천하기 등
배려	• 몸이 불편하거나 도움이 필요한 친구 보살펴 주기 • 친구에게 양보하기 등
협력	• 친구와 도움을 주고받기 • 친구와 역할을 나누어 실행하기 등
존중	• 나와 친구의 차이점을 알고 존중하기 • 친구의 예술표현(그림, 동극, 율동 등)을 소중히 여기기 등
경로효친	• 등·하원 시 부모님과 선생님께 바르게 인사하기 • 어른들께 존댓말 사용하기 등
갈등 해결	• 친구와 싸우지 않고 사이좋게 지내기 • 친구와 갈등(다툼)이 생겼을 때 함께 해결하거나 도움받기 등

출처: 관계부처합동(2012). 학교폭력근절 종합대책. oneclick.law.go.kr (2015. 9. 2. 인출).

한편, 초록우산 어린이재단(고주애 · 손주영, 2013)에서는 인성(character)을 '나, 너, 이웃, 지구촌을 소중히 여기는 마음과 실천'으로 정의하고, 인성을 '기쁨, 감사, 성실, 존중, 약속, 어울림, 용기, 정직, 협동, 사랑, 배려, 나눔'의 '12가지 구성요소'로 정하고 뿌리(나), 줄기(너), 가지(이웃), 열매(지구촌)의 네 가지 영역으로 범주화하였다(그림 7-1). 그 외에 김영옥, 장명림, 유희정(2009)은 유아의 인성 교육내용 요소로 문제해결력, 의사소통, 자아개념, 사회적 관계, 타인 배려, 도덕적 기초, 사회적 지식, 정서인식, 정서표현, 정서 조절, 감정이입을 제안하였다. 유연옥, 송서정(2014)은 유아 인성 교육 덕목을 배려, 존중, 협력, 나눔, 질서, 효, 인내, 책임감으로 제시하였다.

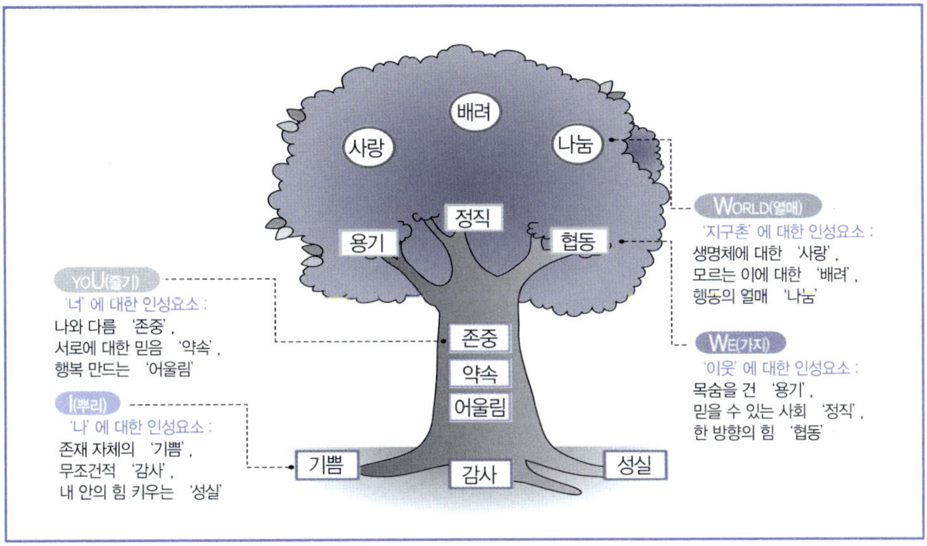

[그림 7-1] 초록우산 인성 교육 모델

출처: 고주애·손주영(2013). 아동 인성교육 콘텐츠 개발 연구(p. 35). 서울: 초록우산 어린이재단아동복지연구소.

이상의 내용에 근거할 때, 유아를 위한 인성 교육 프로그램의 목표는 자아개념을 기초로 사회적 관계를 이해하고, 정서 조절을 통해서 타인을 배려하고, 대인관계에 있어 의사소통 능력과 문제해결력을 기르는 것이다(김영옥 · 장명림 · 유희정, 2009). 인성 교육내용은 기쁨, 감사, 성실, 존중, 약속, 용기, 정직, 어울림과 협력, 사랑, 배려, 나눔, 질서, 경로 효친, 갈등해결 등이다. 그리고 유아를 위한 인성 교육의 방법은 유아의 발달 특징을 배려하여 놀이와 감성을 기초로 즐겁고 재미있는 놀이 및 활동들로 구성되어야 할 것이다(임부연, 2011). 학교폭력의 예방을 위해서 2019 개정 누리과정(교육부 · 보건복지부, 2019)에 근거한 인성 교육의 내용 및 활용할 수 있는 동화를 제시하면 다음 〈표 7-3〉과 같다.

〈표 7-3〉 2019 개정 누리과정에 근거한 인성 교육내용 및 동화

<table>
<tr><th>영역</th><th>내용범주</th><th>내용</th><th>인성 교육 내용</th><th>동화</th></tr>
<tr><td rowspan="9">사회 관계</td><td rowspan="3">나를 알고 존중하기</td><td>나를 알고 소중히 여긴다.</td><td>존중</td><td>• 강아지똥(권정생, 길벗어린이)
• 까마귀 소년(야시마 타로, 비룡소)
• 내 귀는 짝짝이(히도 반 헤네 흐텐, 웅진출판)</td></tr>
<tr><td>나의 감정을 알고 상황에 맞게 표현한다.</td><td>배려</td><td>• 소피가 화나면 정말 화나면(몰리 뱅, 케이유니버스)
• 부루퉁한 핑키(윌리엄 스타이그, 비룡소)</td></tr>
<tr><td>내가 할 수 있는 것을 스스로 한다.</td><td>성실</td><td>• 난 할 수 있어(이미애, 세상 모든 책)</td></tr>
<tr><td rowspan="6">더불어 생활하기</td><td>가족의 의미를 알고 화목하게 지낸다.</td><td>협력
경로효친</td><td>• 으뜸 헤엄이(레오 리오니, 마루벌)
• 우리 가족이 최고야(J. S. 잭슨, 비룡소)
• 의좋은 형제(이현주, 국민서관)</td></tr>
<tr><td>친구와 서로 도우며 사이좋게 지낸다.</td><td>나눔, 협력</td><td rowspan="4">• 내 친구 루이(에즈라 잭 키즈, 비룡소)
• 무지개 물고기(마르쿠스 스터, 시공주니어)
• 재주 많은 다섯 친구(양재홍, 보림)</td></tr>
<tr><td>친구와의 갈등을 긍정적인 방법으로 해결한다.</td><td>갈등해결</td></tr>
<tr><td>서로 다른 감정, 생각, 행동을 존중한다.</td><td>존중</td></tr>
<tr><td>친구와 어른께 예의 바르게 행동한다.</td><td>경로효친</td></tr>
<tr><td>약속과 규칙의 필요성을 알고 지킨다.</td><td>질서</td><td>• 약속은 즐거워(박윤경, 웅진주니어)
• 우당탕탕 할머니 귀가 커졌어요(엘리자베드 슈티메르트, 비룡소)</td></tr>
</table>

동화를 활용하여 인성 교육을 실시할 때에는 선정된 동화내용을 읽고 검토한 후, 다음과 같은 과정을 통해서 진행할 수 있다. 첫째, 동화를 유아들에게 들려주고 동화 속 인물들의 특성에 대해서 분석한다. 예를 들어서, '동화 속 인물들이 어떤 행동을 했는지?', '왜 그런 행동을 했는지?' 등에 대해서 토의한다. 둘째, '유아 자신이 동화 속 인물과 같은 경험을 한 적이 있는지, 그런 사람을 본 적이 있는지, 그때의 느낌은 어떠했는지' 유아 자신의 경험을 분석한다. 셋째, 동화 내용과 관련된 창작활동을 한다. 예를 들어, 동화 속 인물에게 편지 쓰기, 동화의 뒷이야기 쓰기, 동극하기 등을 할 수 있다. 넷째, 확장활동으로 동화 주제와 관련된 다양한 활동을 진행할 수 있다. 예를 들어, 동화 주제와 관련된 사람을 초대하거나, 관련 장소로 견학을 가거나, 관련 동작 및 음률·미술 활동 등 다양한 활동으로 확장해서 할 수 있다.

2) 공감능력증진 교육

공감(empathy)은 다른 사람의 심리적 상태를 그 사람의 입장이 되어 느끼고 지각하는 방식이다(서울대상관계정신분석연구소, 2002). 즉, 공감은 사람 사이에서 한 사람이 상대방이 체험하고 있는 감정이나 의향을 동일하게 체험하는 현상을 말한다(대한간호학회, 1996). 공감능력은 인간관계에서 나타나는 현상으로, 다른 사람을 동정하거나 또 다른 사람의 감정 및 경험을 이해할 수 있게 한다. 그러므로 공감은 친사회적 행동이나 이타적 행동을 예측하는 기제이며 정서지능을 구성하는 핵심적 요소이다(장미선 · 문혁준, 2004).

공감은 타인의 감정과 입장을 이해할 뿐 아니라 그 감정과 관점에 적절히 반응하는 능력으로, 건강한 인간관계를 맺는 데 복합적이고 중요한 역할을 수행한다. 공감은 자신의 감정을 이해할 뿐 아니라 타인의 감정을 알아채고 그 입장에서 조망하도록 돕는 것으로, 긍정적 사회화를 위해서 반드시 필요하다. 공감능력은 가정과 학교, 지역사회, 더 나아가 넓은 세계에서 따뜻한 인간관계를 맺기 위한 밑거름으로 작용할 뿐 아니라 관계를 개선시키는 데 핵심적인 영향을 미친다. 공감에 대한 인식을 포함한 공감능력은 유아기부터 발달하므로 유아교육에서 시작하는 것이 중요하다(지성애 · 정하나, 2015, 재인용).

연구 결과(현지영 · 김수영, 2015)에 의하면, 공감 증진 프로그램이 유아의 공격성(신체적, 언어적) 감소에 영향을 미친다고 한다. 따라서 공감능력증진을 통해서 다른 사람의 감정을 이해하고, 부정적인 행동을 감소시킬 수 있도록 지원해야 한다. 유아들에게 적용할 수 있는 공감 교육내용으로는 자기 안에 있는 여러 가지 감정을 탐색하고 표현하며 자신의 장점을 찾아보는 자기이해, 다른 사람을 공감하기 위해 자신과 다른 사람의 생각과 감정의 차이가 있음을 이해하고 공감하는 내용을 포함한다. 즉, 공감 교육내용은 자기이해, 자기수용, 조망 취하기(상대의 관점에서 보려는 능력), 상상하기(상상력), 개인적 고통(다른 사람이 심하게 겪는 고통스러운 상황이나 불안에 대한 반응으로 본인도 공포, 불안을 느끼는 경향), 공감적 관심(자비, 온정의 느낌을 경험하는 정도), 공감 표현 등을 포함한다(임정란 · 오오현, 2014).

유아교육에서 공감에 대한 접근은 유아들에게 공감을 일으킬 수 있는 동화를 활용하는 것이 좋다. 동화를 활용할 때에는 공감 관련 그림책을 유아들에게 읽어 준 후, 주인공의 정서에 관심을 갖고 정서 상태를 알아보고, 주인공의 정서에 공감하며 감정이입을 하고, 정서 상태를 표상하고 평가한다. 이와 같이 세분화된 과정을 통하여 마음을 이해하는 것을 돕고 공감능력을 증진시킬 수 있다(서현 · 서현아 · 박미자, 2014). 2019 개정 누리과정(교육부 · 보건복지부, 2019) 내용에 근거한 공감 교육의 내용 및 활용할 수 있는 동화를 제시하면 다음 〈표 7-4〉와 같다.

〈표 7-4〉 2019 개정 누리과정에 근거한 공감 교육내용 및 동화

영역	내용범주	내용	공감 교육내용	동화
사회관계	나를 알고 존중하기	나를 알고 소중히 여긴다.	자기이해	• 프레드릭 레오(리오니, 시공주니어) • 소피가 화나면 정말 정말 화나면(몰리 뱅, 케이유니버스) • 피아노 치기는 지겨워(다비드칼리, 비룡소)
		나의 감정을 알고 상황에 맞게 표현한다.	자기이해 공감표현	
		내가 할 수 있는 것을 스스로 한다.	자기수용	
	더불어 생활하기	가족의 의미를 알고 화목하게 지낸다.	공감적 관심 공감표현	• 돼지책(앤서니 브라운, 웅진주니어) • 피터의 의자(에즈라 잭 키츠, 시공주니어) • 내 동생 싸게 팔아요(임정자, 아이세움)
		친구와 서로 도우며 사이좋게 지낸다.	공감표현	• 내 뼈다귀야!(윌, 시공주니어) • 무지개 물고기(마르쿠스 피스터, 시공주니어) • 검피 아저씨의 뱃놀이(존 버닝햄, 시공주니어)
		친구와의 갈등을 긍정적인 방법으로 해결한다.	개인적 고통 반응	
		서로 다른 감정, 생각, 행동을 존중한다.	조망 취하기 공감적 관심	
		친구와 어른께 예의 바르게 행동한다.	공감표현	
		약속과 규칙의 필요성을 알고 지킨다.	상상하기 개인적 고통 반응	• 치과의사 드소토 선생님(윌리엄 스타이그, 비룡소)

공감 관련 동화를 가지고 활동을 전개하는 경우, 첫째, 공감 관련 동화를 유아들에게 들려준 다음, 주인공의 정서에 관심을 갖고 정서 상태를 알게 하기 위해서 '주인공이 왜 화가 났는지, 어떤 행동을 했는지' 에 대해서 질문을 한다. 둘째, 주인공의 정서와 행동에 공감할 수 있게 하기 위해서 유아들 자신이 화가 났을 때의 느낌과 행동을 생각해 보게 한다. 셋째, 동화 속 주인공의 정서 상태를 표현할 수 있는 역할

극을 하거나 마음을 대신 표현해서 편지를 쓰기, 뒷이야기 짓기 등의 표상활동을 한다. 넷째, 확장 활동으로 자신과 다른 사람의 정서를 간접적으로 표현할 수 있는 미술 · 음률 · 동시 활동 등 다양한 활동을 한다. 『소피가 화나면』 동화를 활용한 공감능력증진 활동의 예를 제시하면 다음 〈표 7-5〉와 같다.

〈표 7-5〉 『소피가 화나면』 동화활용 공감능력증진 활동

연령	만 4세	공감 관련 교육내용	조망 취하기, 상상하기, 개인적 고통
누리과정 관련 활동목표	• 나의 감정을 알고 상황에 맞게 표현한다. • 서로 다른 감정, 생각, 행동을 존중한다.		
활동자료	소피가 화나면(물리 뱅, 케이유니버스) 동화책		
단계	진행		
1단계 동화 분석하기	• 동기유발 • 동화 들려주기 • 주인공의 마음에 관심 갖고 정서 알기 "동화 속 소피는 왜 화가 났어?", "소피는 화났을 때, 어떤 행동을 했어?", "왜 그런 행동을 했을까?" 등의 질문을 하고 토의한다.		
2단계 경험 분석하기	• 유아 자신의 마음 분석하여 공감하기 "소피처럼 화난 적이 있었니?", "왜 그렇게 화가 났었어?", "그때 어떻게 했어?" 등의 질문을 하고 토의한다. • 바람직한 방향 제안 "화가 났을 때 어떻게 하는 것이 좋을까?" 질문하고 토의한다.		
3단계 창작하기	• 동화 내용과 관련된 마음상태를 표현하는 창작 활동하기 소피가 화나면 동극하기, 소피에게 편지 쓰기, 뒷이야기 쓰기 등의 활동을 한다.		
4단계 확장하기	• 활동을 통해서 생각한 것이나 알게 된 것 표현하기 • 정리와 마무리		

3) 대안적 사고증진 교육

대안적 사고증진 교육(Promoting Alternative Thinking Strategies: PATHS)은 자기조절, 자아존중, 정서 인식, 사회적 기술, 우정, 대인관계, 문제해결력 증진 및 공격성 감소, 기타 문제행동 감소를 포함한 건강한 사회 · 정서발달 및 성장을 위한 프로그램이다. 대안적 사고증진 교육 프로그램은 예방연구센터(Prevention Research Center)와 펜실베니아 대학(Pennsylvania State University)이 공동으로 만들었는데, 유아부터 12학년까지의 일반 및 특수 아동을 대상으로 한다. 유아교육 프로그램은 만 3~5세 유아의 사회 · 정서적 역량을 증진시키고, 행동 및 정서 문제를 감소시키기 위해서 개발된 발달에 기초한 교육과정이다(박종효 · 진석언 · 최지영 · 곽윤정, 2012, 재인용; Moor et al., 2015). 유아를 위한 대안적 사고증진 교육 프로그램의 목표, 단원, 방법을 제시하면 다음 〈표 7-6〉과 같다(Pennsylvania State University, 2012).

〈표 7-6〉 대안적 사고증진 교육(PATHS) 프로그램

구분	내용
목표	아동의 정서 이해, 정서 표현, 정서 조절 능력의 발달뿐만 아니라 대인관계에서 발생하는 문제해결 능력을 기른다. • 사회·정서 발달 영역에서 화가 나거나 갈등 상황에 직면했을 때, 행동을 하기 전에 중지하고 생각할 수 있는 자기조절력 등 분노 감정에 대한 인식을 통해서 문제 상황에 대한 인식을 기른다. • 적절한 책임감을 갖는다. • 논리적 추론과 문제해결에 대한 이해 및 언어 사용 능력을 기른다. • 감정 관련 어휘와 정서적 상태에 대한 이해 및 사용 능력을 기른다. • 자신과 다른 사람의 관점에서 감정, 반응의 유사성과 차이점에 대한 인식 및 해석 능력을 기른다. • 자신의 행동이 다른 사람에게 미치는 영향을 인식하고 이해한다. • 사회적 문제해결 지식 및 기술(중지하고 생각하기, 문제와 정서 인식하기, 목표 설정하기, 대안적 해결 만들기, 결과를 예상하고 평가하기, 행동 과정을 계획·실행·평가하기, 첫 번째 계획이 실패했다면 다시 시도하기)을 기른다. • 사회적 상호작용에서 문제와 갈등을 방지하거나 해결하는 등의 사회적 문제해결 기술의 적용 능력을 기른다.

구분	내용	
단원	1단원 자기조절	• 교육과정 소개 • 자기조절에 초점 맞춤 • 거북이 기술을 사용하여 자기조절 학습 '멈추지 않아서 대인관계와 학습에 어려움이 있고, 공격적인 어린 거북이가 현명한 어른 거북이의 도움으로 자기조절을 더 잘 한다는 이야기 활용
	2단원 정서와 대인 관계	• 50개의 기본적인 정서(행복, 슬픔, 화남 등), 복잡한 정서(시기, 죄의식, 자신감 등) 소개 • 정서 명명하기 • 자신 및 다른 사람의 정서 인식, 정서 관찰, 조망수용, 감정이입, 행동 영향 학습 • 분노 및 좌절, 사람들의 정서와 행동에 대한 토의
	3단원 문제해결	• 무슨 일이 일어나고 있나? ① 멈추고 생각하기 ② 문제 인식하기 ③ 감정 인식하기 • 무엇을 할 준비가 되어있나? ④ 목표 정하기 ⑤ 대안적인 해결 만들기 ⑥ 결과 생각하기 ⑦ 최고의 해결책 선택하기 ⑧ 최고의 해결책 계획하기 • 최고의 해결책 시도하기 ⑨ 해결책 시도하기 • 내가 어떻게 했는지 평가하기 ⑩ 결과 평가하기 ⑪ 실패했다면 다른 해결이나 대안적 목표 시도하기
교육 방법	인형, 집단 토론, 역할놀이, 미술, 모델 동화, 게임 등	

출처: Pennsylvania State University (2012). The PATHS® Curriculum. http://www.prevention.psu.edu/projects/PATHSCurriculum.html (2015. 7. 6. 인출).

4) 협동학습

협동학습(cooperative learning)은 공동의 목적을 성취하기 위해서 소집단으로 함께 학습하는 것을 의미한다. 유아의 협동학습은 '공동목표에 도달하기 위하여 둘 이상의 유아들이 소집단 및 대집단으로 함께하는 활동'이라 할 수 있다. 유아교육은 모든 영역이 통합적으로 이루어지므로 협동학습은 다양한 내용과 방법으로 현장에 적용될 수 있다. 즉, 협동학습으로 언어활동, 사회활동, 수학활동, 과학활동, 조형활동, 물 · 모래활동 등을 포함하며 다양한 내용이 선정되고 조직될 수 있다. 뿐만 아니라 협동학습은 등원에서부터 이야기 나누기, 자유선택활동, 대 · 소집단 활동, 실내 · 외 활동, 귀가에 이르기까지의 일과활동에서 형식적 · 비형식적 형태로 접근할 수 있다(교육인적자원부, 2006b).

협동학습이 효과적으로 이루어지기 위해서는 긍정적인 의존성, 개인의 책임, 면대면 상호작용, 적절한 협력기술 사용, 집단화 과정 등의 요소가 필요하다(Felder & Brent, 2007). 이러한 협동학습의 요소뿐 아니라 구체적인 목표 및 내용을 설정하는 것도 필요하다. 협동학습의 목표는, '첫째, 함께해야 할 일을 인식하고 서로에게 도움이 되도록 협력하여 목표를 이루는 경험을 한다. 둘째, 함께하는 경험을 통해 협동의 가치를 안다. 셋째, 공동의 목표를 달성하기 위해 서로의 능력에 맞는 역할과 책임을 분담하여 완수할 수 있는 태도를 기른다. 넷째, 구성원 간의 다양한 상호작용과 서로의 노력을 격려하는 태도를 기른다. 다섯째, 공동의 목표를 달성하기 위해 필요한 사회적 기술을 익힌다.' 등이다(이나영, 2008).

유아들에게 협동학습을 적용할 경우, 유아의 발달 특성을 고려하여 적합한 협동학습 수준을 고려하는 것이 효과적이다. 유아의 사회성 발달을 돕는 협동학습 프로그램은 다섯 가지 수준으로 제시할 수 있다(교육인적자원부, 2006). 이러한 협동학습 수준 및 특성에 근거하여 활동별 진행의 예와 이에 따른 적합한 연령을 정리해 보면 다음 〈표 7-7〉과 같다(조운주 · 최일선, 2020).

〈표 7-7〉 협동학습의 수준별 특성 및 활동의 예

수준	특성	활동의 예	해당 연령
① 모으고 합하기	• 특정 틀 없음 • 유아 개별 작업	• 미술 : 각 유아의 그림 모우기 (예 : 각 유아가 그린 자기 얼굴을 모아서 우리 반 친구들로 구성하기) • 동시 : 각 유아의 동시 표현 모으기 (예 : 각 유아들의 표현을 모아서 하나의 동시로 구성하기) • 동작 : 각 유아 동작 표현 모으기 (예 : 각 유아의 몸 표현을 하나의 동작으로 구성하기)	3세
② 제시된 구조물 내용 완성 하기	• 특정 틀 제공 • 유아 개별 작업	• 미술 : 제공된 틀 안에서 각 유아의 미술 표현하기 (예 : 교사가 커다란 과자집 모양을 제공하고, 각 유아가 과자를 그려 붙여서 완성하기) • 동작 : 제공된 틀 안에서 각 유아의 동작 표현하기 (예 : 교사가 노래를 제공하고, 각 유아가 노래에 맞춰 표현한 동작을 모아서 완성하기) • 토의 : 제공된 틀 안에서 각 유아의 규칙 표현하기 (예 : 교사가 특정 영역의 규칙을 만들 것을 제안하여 각 유아의 제안을 모아서 규칙으로 구성하기)	3세
③ 결과물 정하고 분담 작업하기	• 특정 틀 제공 • 유아 간의 역할 분담 및 내용 완성	• 미술 : 공동 미술 완성하기 (예 : 교사가 커다란 그림틀, 재료 등을 주고 유아들이 협의하여 완성하기) • 동극 : 동극 배역 정하기 (예 : 교사가 동극 내용을 제공하고, 유아들이 협의하여 배역 정하기) • 동작 : 동작 완성하기 (예 : 교사가 노래 제공하면, 유아들이 협의하여 동작 만들기) • 탐색 : 관찰 보고서 완성하기 (예 : 교사가 주제, 대상, 보고서 틀을 제공하고, 유아들이 역할을 정해서 관찰 보고서 구성하기)	4~5세

수준	특성	활동의 예	해당 연령
④ 주어진 공간에 의논하여 표현하기	• 주제나 활동 유형만 제공 • 유아 간의 내용, 재료, 장소, 역할 분담 협의 및 공동 작업	• 미술 : 공동 미술 작업 (예 : 교사가 주제를 주면, 유아들이 표현 방법, 재료, 역할을 협의하고 실행하기) • 동극 : 동극 구성하기 (예 : 교사가 동화를 제공하면, 유아들이 주어진 동화 내용에 맞는 역할, 방법, 공간 꾸미기 등을 협의하고 실행하기) • 동작 : 동작 구성하기 (예 : 교사가 주제를 제공하고, 유아들이 주제에 맞는 동작을 협의하여 구성하기) • 토의 : 흥미영역 규칙 구성하기 (예 : 교사가 특정 흥미영역의 규칙 작성을 제안하고, 유아들이 협의하여 필요한 규칙 구성하기) • 탐색 : 관찰 보고서 구성하기 (예 : 교사가 주제 및 대상을 결정해 주고, 유아들이 협의하여 관찰 보고서 구성하기)	4~ 5세
⑤ 주제와 공간선택 표상하기	• 주제, 내용, 재료, 장소 등 유아 결정	• 활동 유형, 방법, 재료 모두 유아가 결정	5세

협동학습을 수행할 때에는 적절한 절차가 필요하다. 절차에 대한 제안은 학자들에 따라 각기 다른데, 교육인적자원부(2006b)는 집단구성, 본 활동 전개에 앞서 사전활동, 본 활동, 본 활동을 심화·확장하는 사후활동, 평가, 통합적인 연계활동의 6단계를 제안하였다. 이윤옥(2011)은 협동적 리더십 교육활동의 교수학습모형으로, 협동과제 분석, 협동과제 수행 및 해결, 협동과제 평가의 3단계를 제시하였다. 김세루와 홍혜경(2011)은 협동적 문제해결 교수-학습 단계로, 자율적 탐색, 상호 문제 인식 및 목표설정, 탐색에 의한 의사교환, 문제해결 전략 토의 및 선택, 실행 및 결과 공유, 반성 및 평가의 6단계를 제시하였다. 박미자, 정상녀, 박형신(2010)은 소집단 협동 탐구활동의 도입(개별 및 대집단)으로 사전활동 단계, 탐색 및 관찰, 질문구성하기, 전개(소딥단)로 협동적 탐구문제 선정하기, 탐구문제 해결하기, 마무리(대집단)로 사후활동 단계(경험 공유하기)

를 제안하였다. 이상의 학자들의 제안에 근거하여 협동학습의 절차를 정리해 보면, 사전활동, 집단구성, 본 활동, 사후활동, 반성 및 평가, 연계활동의 6단계로 진행할 수 있다. 이를 구체적으로 제시하면 다음과 같다.

- 1단계 사전활동
  관련 동화 듣기 및 분석하기, 관련 음악이나 노래 감상하기, 관련 사진 감상하기, 유아의 관련 경험 이야기하기
- 2단계 집단구성
  대・소집단 구성하기(교사주도-대・소집단, 유아주도-소집단 구성)
- 3단계 본 활동
  협동 과제 선정하기, 협동 과제 해결전략에 대해서 토의하기, 협동 과제 실행하기
- 4단계 사후활동
  본 활동과 관련되어 심화・확장활동 하기(협동 과제 결과물 전시하기, 협동 과제 경험에 대한 느낌 발표하기)
- 5단계 반성 및 평가
  협동 과제 중 문제점, 어려운 점, 다음에 할 때 개선할 점 발표하기
- 6단계 연계활동
  다양한 활동으로 확장하기

이러한 협동학습 절차 및 2019 개정 누리과정 내용과 유아의 연령별 수준을 고려한 협동학습 진행 과정의 예를 제시하면 다음 〈표 7-8〉과 같다.

〈표 7-8〉 연령별 협동학습의 진행과정의 예

구분	2019 개정 누리과정
목표	• 자신을 이해하고 존중한다. • 다른 사람과 사이좋게 지낸다.
누리과정 내용	• 내가 할 수 있는 것을 스스로 한다. • 친구와 서로 도우며 사이좋게 지낸다. • 서로 다른 감정, 생각, 행동을 존중한다.

구분	만 3세	만 4세	만 5세
활동	(1) 사전활동:『소피가 화나면』 동화 읽기, 내용 분석, 경험 연결	(1) 사전활동: 『소피가 화나면』 동화 읽기, 내용 분석, 경험 연결	(1) 사전활동: 『부루퉁한 스핑키』 동화 읽기, 내용 분석, 경험 연결
	(2) 집단구성: 소집단	(2) 집단구성: 소집단	(2) 집단구성: 소집단
	(3) 본 활동 ① 모으고 합하기 • 미술: 각자 자신의 '화난 얼굴 그림(또는 기쁜 얼굴 그림)'을 모아서 '우리반 친구들의 화난 얼굴(기쁜 얼굴)'로 만들기 • 동시: '왜 화나는지(왜 기쁜지), 화날 때(기쁠 때) 어떠한지'를 각자 말로 표현하게 한 다음 하나로 모아서 동시로 만들기 • 동작: '슬플 때 어떻게 표현하는지(기쁠 때 어떻게 표현하는지)' 각자 몸으로 표현하게 한 다음 모아서 하나의 동작으로 만들기 ② 제시된 구조물 내용 완성하기 • 미술: 커다란 마음 모양을 보여 주고, 어떤 마음이 이 안에 있는지 각자 그림으로 표현하게 한 후, 유아들의 표현을 마음 모양 위에 붙여 주기 • 동시: 각 유아 화났을 때의 마음을 말로 표현하게 하고, 이것을 모아서 하나의 동시로 만들기 • 음율: 정서 관련 노래를 들려주고 노래 내용에 맞는 동작을 만들게 하고, 각 유아의 표현을 모아서 하나의 음률로 구성하기	(3) 본 활동 ③ 결과물 정하고 분담작업 하기 • 미술: 공동 조형 교사가 커다란 마음 그림틀(기쁜 마음 또는 화난 마음)을 주고 소집단별로 유아들이 협의하여 소피의 마음속을 구성하게 함 • 동극: 동극 배역 정하기 ('소피가 화나면' 동극을 할 것임을 알려 주고, 유아들이 소집단으로 배역을 정하게 함) • 음률: 동작 만들기 (교사는 정서 관련 노래를 제공하고, 유아들이 소집단에서 각자 한 마디씩 동작을 만들게 함) ④ 의논하여 표현하기 • 미술: 공동 미술 ('화난(기쁜) 마음'을 유아들이 소집단별로 재료, 표현 방법 등을 의논하여 표현하게 함) • 동극: 동극 구성하기 (『소피가 화나면』을 동극으로 하기 위해서 소집단별로 역할을 정하고, 공간, 소품 등을 준비하게 함) • 음률: 동작 만들기 (정서 관련 노래를 제공하고, 유아들이 소집단별로 동작을 협의하여 만들게 함)	(3) 본 활동 ③ 결과물 정하고 분담작업 하기 • 조형: 공동 조형 교사가 커다란 마음 그림틀(기쁜 또는 화난 마음)을 주고 소집단별로 유아들이 협의하여 스핑키의 마음속을 구성하게 함 • 동극: 동극 배역 정하기 ('부루퉁한 스핑키' 동극을 할 것임을 알려 주고, 유아들이 소집단으로 등장인물을 정하게 함) • 음률: 동작 만들기 (교사는 정서 관련 노래 제공하고, 유아들이 소집단에서 각자 한 마디씩 동작을 만들게 함) ④ 의논하여 표현하기 • 미술: 공동 미술 ('화난(기쁜) 마음'을 유아들이 소집단별로 재료, 표현 방법 등을 의논하여 표현하게 함) • 동극: 동극 구성하기 (『부루퉁한 스핑키』를 동극으로 하기 위해서 소집단별로 역할을 정하고, 공간, 소품 등을 준비하게 함) • 음률: 동작 만들기 (정서 관련 노래를 제공하고, 유아들이 소집단별로 동작을 협의하여 만들게 함)

구분	만 3세	만 4세	만 5세
활동			⑤ 주제와 공간 선택하기 오늘 주제 '나의 감정'에 대해서 어떠한 활동을 할지를 소집단별로 정해서 시행하게 함
	(4) 사후활동: 본 활동과 관련되어 심화·확장 활동 ① 전시하기: 미술, 동시 전시하기 ② 발표하기: 동작, 음률 후 느낌 발표하기	(4) 사후활동: 본 활동과 관련되어 심화·확장 ① 전시하기: 미술 전시하기, 토의 내용 붙이기. ② 발표하기: 음률 발표하기, 동극 발표하기	(4) 사후활동: 본 활동과 관련되어 심화·확장 ① 전시하기: 조형 전시하기, 토의 내용 붙이기. ② 발표하기: 음률 발표하기, 동극 발표하기
	(5) 평가 및 반성	(5) 평가 및 반성	(5) 평가 및 반성
	(6) 연계활동: 통합적 활동 다양한 관련 활동	(6) 연계활동: 통합적 활동 다양한 관련 활동	(6) 연계활동: 통합적 활동 다양한 관련 활동

협동학습을 진행하기 위한 동기유발 및 사전 활동으로 동화를 사용하는 것이 효과적이다. 협동학습에 활용할 수 있는 동화를 주제별로 제시하면 다음 〈표 7-9〉와 같다(교육인적자원부, 2006).

〈표 7-9〉 **협동학습에 활용할 수 있는 동화**

주제	대상연령	동화명
나와 유치원	3, 4, 5세	• 커다란 순무(헬린 옥슨버리, 시공주니어)
	4, 5세	• 재주 많은 다섯 친구(양재홍, 보림)
	4, 5세	• 티모와 마토 왜 따로 하니?(마르쿠스 피스터, 중앙출판사)
	3, 4, 5세	• 날 좀 도와줘, 무지개 물고기(마르쿠스 피스터, 시공주니어)
가족과 이웃	4, 5세	• 생쥐네 신발집(로드니 페페, 세종문화)
	3, 4, 5세	• 아기 개구리들의 집안일 돕기(나가노 히데코, 한국슈타이너)
	3, 4, 5세	• 엄마를 위해 아빠와 함께(쓰찌다 요시하루, 계림북스쿨)
	3, 4, 5세	• 오늘은 우리 집 김장 하는 날(채인선, 보림)
계절	4, 5세	• 의좋은 형제(이현주, 국민서관)
	3, 4, 5세	• 바빠요 바빠(윤병구, 보리)
	3, 4, 5세	• 오늘은 우리 집 김장 하는 날(채인선, 보림)

주제	대상연령	동화명
건강한 몸과 마음	3, 4, 5세 4, 5세 4, 5세	• 구리와 구라의 빵 만들기(나카가와 리에코, 한림출판사) • 14마리의 빨래하기(이와무라 카즈오, 한림출판사) • 앞니가 빠졌어요(이사벨 카랄로, 삼성출판사)
동식물	3, 4, 5세 3, 4, 5세	• 으뜸 헤엄이(레오 리오니, 마루벌) • 날 좀 도와줘, 무지개 물고기(마르쿠스 피스터, 시공주니어)
지구와 환경	3, 4, 5세	• 민들레의 여행(편집부, 문선사)
교통기관	4, 5세 4, 5세	• 검피아저씨의 드라이브(존 버닝햄, 시공주니어) • 그림책 버스 뚜뚜(조준영, 사계절)
도구와 기계	4, 5세 4, 5세	• 아씨방 일곱동무(이영경, 비룡소) • 폭풍우가 지난 후(닉 버터워스, 사계절)

출처: 교육인적자원부(2006). 유아의 사회성 발달을 돕는 협동 활동 프로그램(p. 30). 서울: 교육인적자원부.

5) 성폭력예방 교육

최근 유아를 대상으로 성범죄가 증가함에 따라 전 생애에 걸쳐 심각한 피해와 후유증을 남기게 되는 유아 성폭력을 예방해야 한다는 인식이 고조되고 있다. 유아기의 성폭력은 성인기까지 후유증과 상처가 지속되어 인간의 존엄성과 인격파괴를 초래하는 결과를 가져온다. 이러한 이유로 유아 성폭력예방 교육이 필요하다는 주장들이 제기되고 있고, 국가 차원에서도 많은 관심을 갖게 되었다(백유미, 2013).

성폭력 시도 초기에 대상 유아가 적절하게 대응한다면 상당 부분 예방이 가능하다고 여겨지므로, 교육이 가능한 연령의 유아들에게 성폭력대처 교육은 필요하다(김광준, 2007). 따라서 유아가 성에 관심을 보이는 행동을 발견했을 때, 이를 무시하거나 바꾸려고 할 것이 아니라 보다 적극적으로 유아가 왜 이러한 성적 행동을 하는지, 그리고 왜 하지 말아야 하는지를 정확하게 물어보고 설명해 주는 것이 필요하다. 유아의 성적 놀이나 실험은 매우 정상적이며 건강한 것이지만, 때때로 불건전하거나 부적절한 성적 행동은 성학대로 연결될 수도 있기 때문이다. 그러므로 교사나 부모는 유아가 하는 성적 행동에 민감해야 하며, 비정상적인 행동에 대해서는 주시할 필요가 있다(박은혜 · 이명선 · 성원경 · 함인자, 2006).

유아를 대상으로 하는 성폭력예방 교육의 경우, 유아의 발달수준에 맞게 교육하는 것이 중요하다. 어린 연령의 유아에게는 신체 구조와 차이에 대해 솔직하고 자연스럽게 깨우쳐 주며, 자신과 타인의 몸을 소중히 여기도록 가르친다. 만약 누군가(유아가 신뢰하는 어른일지라도) 자신의 몸을 만져서 혼란을 느낀다면 교사나 부모에게 언제라도 이야기하라고 일러 주며, 반대로 유아가 다른 친구의 신체 부위를 함부로 만지지 않도록 주의를 주어야 한다. 또한 자신에게 일어난 일을 잘 표현할 수 있도록 다양한 의사소통방법('기분이 나빴어요.', '무서웠어요.' 등)을 익혀야 한다(여성부, 2009c). 유아 성폭력예방 교육은 유아 자신의 성폭력 피해를 예방하기 위한 교육과 타인에 대한 가해를 예방하기 위한 교육 모두가 필요하다. 구체적인 성폭력예방 교육의 내용은 다음 〈표 7-10〉과 같다.

〈표 7-10〉 **유아 성폭력예방 교육의 내용**

구분		신체	감정	상황
나 (피해 예방)	성교육 차원	• 신체 부위의 명칭 알기 • 신체 부위의 기능 알기 • 신체 부위의 중요성 알기	• 내 기분 인식하기 • 내 기분 표현하기	
	성폭력 예방 차원	• 내 몸의 소중함 인식하기 • 내 몸 보호하기	• 신체 접촉 시 내 기분 알기 • 신체 접촉 시 내 기분 표현하기	• 성폭력 상황 인식하기 • 성폭력 상황에 대처하기 • 성폭력 유발 요인 이해하기
타인 (가해 예방)	성교육 차원	• 남자와 여자의 신체 특징 이해하기 • 어른과 유아의 신체 특징 이해하기	• 타인의 기분 인정하기 • 타인의 기분 존중하기	
	성폭력 예방 차원	• 타인의 몸 소중함 알기 • 타인의 몸 보호하기	• 신체 접촉 시 타인의 기분 인정하기 • 신체 접촉 시 타인의 기분 존중하기	• 타인에 대한 좋지 않은 성적 행동 알기 • 자신의 행동 조절하기 (사과하기)

출처: 박은혜·이명선·성원경·함인자(2006). 유아를 위한 성교육 프로그램(p. 32). 서울: 교육인적자원부.

6) 비폭력 의사소통 교육

의사소통 능력의 부족은 인간관계를 형성하는 데 문제가 될 수 있다. 따라서 유아들을 위한 교육과정에서 긍정적인 인간관계를 형성하기 위한 태도와 의사소통 기술을 습득할 수 있는 기회를 제공하는 것은 매우 중요하고 필요한 일이다(이영옥 · 천성문 · 류위자 · 정환경, 2009).

Rosenberg(2003)는 비폭력 의사소통 원리가 사람들 간의 차이를 인정하고 갈등을 평화롭게 해결하는 데 필요한 정보를 쉽게 교환할 수 있는 대화 방법이라고 하였다. 그래서 비폭력 의사소통은 대화를 순조롭게 이어갈 수 있도록 상호관계를 형성하는 데에 도움을 준다고 하였다. 그리고 더욱 만족스럽고 친밀한 관계를 이룰 수 있으며, 자신의 가치관과 상대방의 가치관을 동등하게 존중하는 방법으로 해결책을 찾고, 과거의 고통이나 상호관계에서 성공하지 못했던 경험을 치유할 수 있다고 보았다(이은아 · 박상복, 2007, 재인용). Rosenberg(2003)가 제시한 비폭력 의사소통(nonviolent communication)은 관찰, 느낌, 욕구, 부탁의 네 단계로 구성되어 있어서 적용하기가 쉽다. 사람들이 서로의 차이를 인정하고 대화를 순조롭게 이어갈 수 있어서 상호 인간관계를 형성하는 데에 도움을 주는 의사소통 방법으로 사람을 대하는 마음을 변화시키는 데 초점을 두고 있다(이영옥 외, 2009, 재인용).

유아들의 경우도 비폭력적인 의사소통에 대해서 교육하는 것은 폭력을 예방하는 데 도움이 된다. 유아를 위한 비폭력 의사소통 프로그램의 내용으로는 관찰하기, 느낌 알고 표현하기, 욕구 알기, 부탁하기 등이 있다(권정윤 · 황인주, 2013). 유아를 위한 비폭력 의사소통 교육의 구체적인 내용은 다음 〈표 7-11〉과 같다.

〈표 7-11〉 유아를 위한 비폭력 의사소통 프로그램 내용

내용영역	하위내용	대화요소	기술
관찰하기	• 내 마음 들여다보기 • 내 행동 관찰하기 • 친구의 행동 관찰하기 • 친구의 마음 들여다보기		인지
느낌 알고 표현하기	• 내 느낌 알기 • 친구의 느낌 알기 • 느낌을 나타내는 말 알아보기• 내 느낌 표현해 보기	듣기 말하기	감정
욕구 알기	• 나의 느낌과 연결된 마음 알아 주기 • 친구의 느낌과 연결된 마음 알아 주기 • 내가 소중한 것 알기 • 내가 원하는 것을 마음을 중심으로 말해 보기(나 전달법) • 나의 느낌과 마음을 함께 말해 보기	듣기 말하기	감정
부탁하기	• 진심으로 솔직하게 말하기 • 내가 원하거나 필요한 것을 부탁하기 • 구체적으로 원하는 것을 말해 보기	말하기	행동

출처: 권정윤·황인주(2013). 유아를 위한 비폭력 의사소통 프로그램이 또래유능성과 공감능력에 미치는 효과. **유아교육연구**, 33(1), 361-387.

3. 유아폭력예방 놀이지도

유아의 폭력예방 교육은 자유놀이 시간에 개별적으로 이루어질 수 있다. 블록놀이, 역할놀이, 조작놀이, 미술놀이, 언어놀이 등 각 놀이 과정에서 발생할 수 있는 폭력을 예방하기 위한 지도방법을 제시하면 다음과 같다.

1) 블록놀이

블록은 다양한 놀잇감 중 구성놀이를 할 수 있는 대표적 놀잇감으로, 비구조적인 특성 때문에 어린 영아들도 호기심을 갖고 쉽게 접근하는 놀잇감이다. 블록은 다양한 구성과 형태로 개발되어 있어서 모든 연령의 유아들이 선호하는 놀잇감이다(김주혜 · 이종희, 2013). 블록놀이에서 집단이 만들어지기 쉽고, 서로의 의견을 교환하고 도움을 주며 다양한 사회적 지식을 획득할 수 있다. 유아들은 블록으로 구성물을 만들면서 만족감과 자신감을 가질 수 있으며, 극놀이로 이어가기도 한다(김진영, 2002, 재인용).

블록놀이에서 유아는 자료의 사용에 대해서 협상하고, 몇 명의 친구가 활동할 수 있을지를 결정하며, 안전한 구성을 위해서 규칙을 지킨다. 또한 유아는 아이디어를 교환하고 지식을 확장시키며, 자신과 다른 사람의 견해를 존중하는 것을 배운다(Dodge, Colker, & Heroman, 2010). 그러나 블록이 부족하여 서로 동일한 블록이나 소품을 원하거나, 놀이에 참여하려는 유아 수가 맞지 않거나, 구조물을 만드는 방법에 대한 유아의 아이디어가 다를 때 유아는 갈등을 유발하고 심한 경우 폭력적인 행동을 하기도 한다. 블록놀이에서 유아의 행동과 2019 개정 누리과정에 기초한 교사의 폭력예방을 위한 개별적 유아 지도방법을 살펴보면 다음 〈표 7-12〉와 같다.

〈표 7-12〉 유아폭력예방을 위한 블록놀이 지도방법

연령	유아행동	2019 개정 누리과정			지도방법
		영역	내용범주	내용	
만 3세	효석이가 블록 영역 가까이에 서 있다. 효석이는 친구가 블록으로 놀이하는 것을 한동안 쳐다보고 있다. 수경이가 "저리 가." 라고 효석이에게 소리친다.	사회관계	나를 알고 존중하기	나의 감정을 알고 상황에 맞게 표현한다.	교사는 "수경아, 효석이도 놀고 싶은 것 같은데, 함께 만들면 어때? 같이하면 더 재미있을 것 같은데…" 하고 친구를 놀이에 초대할 것을 제안한다. 교사는 "효석이 네가 수경이에게 함께 만들자고 말해 보면 어때?" 하고 제안하여 친구의 놀이에 참여하는 방법을 알려 준다.
			더불어 생활하기	친구와 서로 도우며 사이좋게 지낸다.	
				친구와 어른께 예의 바르게 행동한다.	

연령	유아행동	2019 개정 누리과정			지도방법
		영역	내용범주	내용	
만 4세	진섭이와 민철이는 블록 교구장에 남아있는 긴 블록을 동시에 잡는다. 서로 가지려고 블록을 당기며 “내 거야.”라고 소리친다. 시간이 지나도 서로 놓지 않는다.	사회관계	나를 알고 존중하기	나의 감정을 알고 상황에 맞게 표현한다.	교사는 “친구도 긴 블럭을 가지고 놀고 싶은데 어떻게 하면 다 같이 놀 수 있을까?”라고 질문한다. 유아들이 스스로 갈등해결 방안을 내놓지 못하면, 교사는 서로 양보하지 않으면 둘 다 가지고 놀 수 없다는 것을 상기시켜 주고, 작은 블록 두 개를 연결하면 긴 블록과 같다는 것을 알려 준다.
			더불어 생활하기	친구와의 갈등을 긍정적인 방법으로 해결한다.	
				서로 다른 감정, 생각, 행동을 존중한다.	
만 5세	권이는 교구장 옆에 건물을 짓고 있다. 형빈이가 교구장에서 블록을 꺼내려다 권이가 쌓은 블록을 무너뜨리자 “야, 네가 내 블록을 무너뜨렸잖아.” 하고 소리를 지르며 형빈이를 민다. 형빈이는 “아~~” 하고 소리를 지르며 교구장 쪽으로 넘어진다.	신체운동·건강	안전하게 생활하기	안전사고, 화재, 재난, 학대, 유괴 등에 대처하는 방법을 경험한다.	교사는 안전 상태를 확인하고, “권이가 쌓은 것이 무너져서 많이 속상했나 보구나. 그런데, 이럴 때 친구에게 어떻게 해야 할까?” “권이가 교구장 가깝게 만들면 친구가 블록을 꺼낼 때 어떨까?” “화가 난다고 친구를 밀면 그 친구가 어떻게 될까?” “형빈아, 친구 블록을 무너뜨리지 않기 위해서 어떻게 해야 할까?” 등의 질문을 하여 권이와 형빈이가 자신의 행동을 반성하게 한다.
		사회관계	나를 알고 존중하기	나의 감정을 알고 상황에 맞게 표현한다.	
			더불어 생활하기	친구와 서로 도우며 사이좋게 지낸다.	
				친구와의 갈등을 긍정적인 방법으로 해결한다.	
				서로 다른 감정, 생각, 행동을 존중한다.	

2) 역할놀이

역할놀이는 유아의 경험을 구체화하는 가장 좋은 방법으로, 유아들은 역할놀이를 통하여 다른 사람과의 관계를 경험하고 이해할 수 있게 된다(지성애 · 정현주 ·

이영선 · 박유영, 2007). 역할놀이는 유아의 표상 및 상징 능력에 의한 가작화 요소를 내포함과 동시에 놀이 상대와의 사회적 교류가 이루어지는 특징을 갖고 있다는 점에서 여러 가지 긍정적 가치가 있다(한찬희 · 김명순, 2015).

유아는 다른 유아와 주제를 정하고, 역할을 협상하고, 상황을 묘사하기 위해서 협력하며, 역할놀이에 참여한다. 유아는 역할놀이에서 자신의 경험을 재창조하고 관심 있는 역할과 상황을 연기하므로 정서적인 만족감을 갖는다. 유아는 역할을 맡으므로 조절하기 어려운 감정을 조절 가능한 것으로 바꾸고, 누군가가 되어 봄으로써 다른 사람에 대한 감정이입이 가능해진다. 또한 또래와 협력하는 기술을 발달시키고 충동을 억제하며, 덜 공격적으로 된다(Smilansky, 1990, Dodge, Colker, & Heroman, 2010, 재인용). 그러나 여러 명의 유아들이 역할을 정하는 상황에서 서로 동일한 역할을 원하거나 정리하는 과정에서 갈등이 발생할 수 있다. 어린 유아들은 소품이 부족한 경우, 소품 때문에 폭력적인 행동을 하기도 한다. 역할놀이에서 유아의 행동과 2019 개정 누리과정에 기초한 교사의 폭력예방을 위한 개별적 유아 지도 방법을 살펴보면 다음 〈표 7-13〉과 같다.

〈표 7-13〉 **유아폭력예방을 위한 역할놀이 지도방법**

연령	유아행동	2019 개정 누리과정			지도방법
		영역	내용범주	내용	
만 3세	형기는 건물을 폭파하고 부수고, 누군가를 때리는 등 공격적인 역할놀이를 자주 한다.	사회관계	나를 알고 존중하기	나의 감정을 알고 상황에 맞게 표현한다.	교사는 "이 사람은 누구야? 이 사람들은 마음이 어떨까? 이 사람들을 누가 구할 수 있을까? 소방관과 구급차를 부르면 어떨까?"라고 질문하여 다른 사람의 감정에 관심을 갖고 도움을 요청하는 역할로 전환시킨다.

<table>
<tr><th rowspan="2">연령</th><th rowspan="2">유아행동</th><th colspan="3">2019 개정 누리과정</th><th rowspan="2">지도방법</th></tr>
<tr><th>영역</th><th>내용범주</th><th>내용</th></tr>
<tr><td rowspan="2">만 4세</td><td rowspan="2">지민이는 역할놀이 영역에서 "난 엄마 할 거야. 넌 아빠 해. 그리고 넌 이모 해."라고 역할을 정해 준다. 지민이가 요리하는 역할을 흉내 낸다. 수경이는 지민이가 요리하는 옆에 서서 구경한다. 지민이가 수경이를 쳐다본 후, "넌 안 시켜 줄 거야."라고 말한다.</td><td rowspan="2">사회관계</td><td rowspan="2">더불어 생활하기</td><td>친구와 서로 도우며 사이좋게 지낸다.</td><td rowspan="2">교사는 "나 배고파. 수경이 너도 배고프지? 우리에게 지민이가 저녁을 만들어 줄 거야. 지민아, 우리 같이 먹을 수 있지? 저녁은 충분하지?"라고 질문하여 다른 유아를 놀이에 참여시키도록 유도한다.</td></tr>
<tr><td>서로 다른 감정, 생각, 행동을 존중한다.</td></tr>
<tr><td rowspan="5">만 5세</td><td rowspan="5">규현이는 역할 영역을 떠나기 전에 "내가 만든 것 정리하지 마. 다시 놀 거야."라고 찬혁이에게 말하고 다른 영역으로 가려고 한다. 찬혁이가 "야, 너 이거 정리하고 가. 좁잖아."라고 소리치며 찬혁이의 팔을 붙잡는다.</td><td rowspan="5">사회관계</td><td rowspan="2">나를 알고 존중하기</td><td>나의 감정을 알고 상황에 맞게 표현한다.</td><td rowspan="5">교사는 "찬혁아, 규현이는 다음에 또 놀고 싶은데 어떻게 하면 좋을까?" 질문한다. "규현아, 네가 만든 것을 친구가 가지고 놀아도 되니?"라고 질문하여 놀이를 더 확장시키고 협력하게 지도한다.</td></tr>
<tr><td>내가 할 수 있는 것을 스스로 한다.</td></tr>
<tr><td rowspan="3">더불어 생활하기</td><td>친구와 서로 도우며 사이좋게 지낸다.</td></tr>
<tr><td>친구와의 갈등을 긍정적인 방법으로 해결한다.</td></tr>
<tr><td>약속과 규칙의 필요성을 알고 지킨다.</td></tr>
</table>

3) 조작놀이

유아들은 일상생활 경험을 통해서 시간, 공간, 순서 등의 수학적 개념뿐 아니라 조작물의 사용과 협동학습, 토론 및 질문 등의 방법을 배운다(이대균 · 백경순 · 홍영희, 2006). 유아는 게임을 하고 복잡한 디자인을 구성할 때, 나누고 순서를 지키므로 서로 협력하는 것을 알게 된다. 유아가 퍼즐, 분류, 고리 쌓기와 같은 자기 교정적인 놀잇감을 성공적으로 사용할 때 자신감을 발달시킨다. 교사는 조작놀이 동안 유아가 협동해서 놀이하고 같이 문제를 해결하도록 격려할 수 있다. 또한 유아에게 게임의 규칙을 따르고, 나누고, 순서를 지키는 것에 대해서 긍정적인 피드백을 제공하므로 사람들과 함께 살아가는 방법에 대해서 가르칠 수 있다(Dodge, Colker, & Heroman, 2010).

그러나 게임을 하는 도중에 서로 이기기 위해서 규칙을 어기는 경우가 발생하고, 서로 가지고 놀이하고 싶은 놀잇감 때문에 갈등이 발생하기도 한다. 교사는 유아의 또래 간 갈등 상황에서 적절한 지도를 통해서 폭력을 예방하고 협동적이고 친사회적인 행동을 증진해야 한다. 조작놀이에서 유아의 행동과 2019 개정 누리과정에 기초한 교사의 폭력예방을 위한 유아 지도방법을 살펴보면 다음 〈표 7-14〉와 같다.

〈표 7-14〉 유아폭력예방을 위한 조작놀이 지도방법

연령	유아행동	2019 개정 누리과정			지도방법
		영역	내용범주	내용	
만 3세	은찬이가 "나도 레고를 가지고 싶어!" 하며 친구가 놀고 있는 레고를 뺏으려 한다.	사회관계	나를 알고 존중하기	나의 감정을 알고 상황에 맞게 표현한다.	교사는 "은찬아 그것과 같은 레고가 있는지 찾아보자." 없을 경우, "다른 것을 사용하면 어떨까? 이것이 더 멋져 보이는데…."라고 하여 다른 놀잇감으로 유아를 유도하여 갈등이 유발되지 않게 한다.
만 4세	민지는 구슬 끼우기를 한다. 완성되었을 때, 선반의 제자리에 갖다 놓지 않고 다른 영역으로 이동한다. 그때 세라가 지나가다 구슬을 밟아서 넘어진다.	신체운동·건강	안전하게 생활하기	안전사고, 화재, 재난, 학대, 유괴 등에 대처하는 방법을 경험한다.	교사는 세라의 안전 상태를 확인한 후, "민지야, 세라가 왜 넘어졌을까?", "네가 만든 것은 어떻게 하는 것이 좋을까?" 질문해서 보관방법을 결정하고 친구에게 사과하도록 지도한다.
		사회관계	나를 알고 존중하기	내가 할 수 있는 것을 스스로 한다.	

<table>
<tr><th rowspan="2">연령</th><th rowspan="2">유아행동</th><th colspan="3">2019 개정 누리과정</th><th rowspan="2">지도방법</th></tr>
<tr><th>영역</th><th>내용범주</th><th>내용</th></tr>
<tr><td rowspan="5">만 5세</td><td rowspan="5">정혁이와 휘성이가 보드 게임 놀이를 한다. 정혁이가 주사위를 던져서 2가 나온다. 그런데, 정혁이는 말을 3칸 옮긴다. 휘성이가 "야~~ 너 2칸이야. 너 거짓말쟁이야."라고 항의한다. 정혁이는 "아니야. 나 3칸 맞아. 개새끼."라고 우기고 욕을 한다. 휘성이는 "야, 너 왜 욕해?"라고 소리친다.</td><td rowspan="5">사회관계</td><td>나를 알고 존중하기</td><td>나의 감정을 알고 상황에 맞게 표현한다.</td><td rowspan="5">교사는 "정혁아, 화가 난다고 친구에게 나쁜 말을 하면 그 친구 기분은 어떨까?" 하고 물어본다. 그런 다음 주변의 구경하던 친구들에게 "정혁이가 주사위 던진 것을 본 친구 있니?" 물어보고 불명확한 경우, 이번 것은 서로 다르게 생각하니까 없던 것으로 하고 다시 할 것을 제안한다. 그리고 휘성이에게 욕한 것에 대해서 사과하게 한다.</td></tr>
<tr><td rowspan="4">더불어 생활하기</td><td>친구와 서로 도우며 사이좋게 지낸다.</td></tr>
<tr><td>친구와의 갈등을 긍정적인 방법으로 해결한다.</td></tr>
<tr><td>서로 다른 감정, 생각, 행동을 존중한다.</td></tr>
<tr><td>약속과 규칙의 필요성을 알고 지킨다.</td></tr>
</table>

4) 미술놀이

유아미술은 유아가 주변 세계에 대한 느낌과 생각, 자기표현 욕구를 자유롭게 표현하게 함으로써 창의성을 계발하고 긍정적인 자아개념과 정서적인 안정감을 높인다. 또한 자신이 가지고 있는 개념을 구체화하고 관련 지식을 통합하여 인지적 발달을 증진시키며, 소근육을 활용하므로 신체를 발달시킨다(이미혜 · 최미숙, 2010; 이수경 · 박화윤 · 이부미, 2005). 이와 같이 미술은 창의성, 정서 · 인지 · 신체발달에 도움을 주지만 무엇보다도 자신의 사고와 정서를 색깔, 질감, 매체의 선택에 반영할 수 있다. 예를 들어, 행복하고 흥분될 때 유아는 밝은 색을 사용하거나 슬프고 화가 날 때는 더 어두운 색조를 선택하는 경향이 있다. 즉, 미술은 유아가 자신의 아이디어와 감정을 표현하는 수단이고, 미술을 통해서 독창성과 개성을 표현한다(Dodge,

Colker, & Heroman, 2010). 따라서 인격 형성의 기초 시기인 유아기에 미술교육을 강조하는 것은 매우 중요하다(유영옥, 2009).

그런데 미술놀이를 하는 동안 재료의 사용 과정에서 친구들과 나누어 사용하지 않아서 갈등이 생기거나 자신의 작품을 다른 친구가 망쳐서 화가 나거나 하는 등의 문제가 발생할 수 있다. 미술놀이에서 유아의 행동과 2019 개정 누리과정에 기초한 교사의 폭력예방을 위한 개별적 유아 지도방법을 살펴보면 다음 〈표 7-15〉와 같다.

〈표 7-15〉 **유아폭력예방을 위한 미술놀이 지도방법**

연령	유아행동	2019 개정 누리과정			지도방법
		영역	내용범주	내용	
만 3세	은지가 교사에게 다가와서 "나도 그리고 싶은데, 친구들이 안 줘요."라고 도움을 요청한다.	사회관계	나를 알고 존중하기	나의 감정을 알고 상황에 맞게 표현한다.	교사는 미술놀이를 하는 유아들에게 가서 다른 친구도 하고 싶을 때 "미술 자료는 어떻게 사용해야 하지?"라고 물어서 공동으로 사용해야 한다는 것을 알도록 한다.
				내가 할 수 있는 것을 스스로 한다.	
			더불어 생활하기	친구와의 갈등을 긍정적인 방법으로 해결한다.	
만 4세	미술영역에서 유아들이 공동 콜라주를 하고 있다. 다른 친구들은 적극적으로 참여하는데, 은비는 참여하지 못하고 한쪽에 그냥 앉아서 쳐다만 보고 있다.	사회관계	나를 알고 존중하기	내가 할 수 있는 것을 스스로 한다.	교사는 "은비가 어디를 꾸미면 좋겠니?"라고 다른 유아들에게 물어본다. "은비도 붙여 볼까? 무엇을 붙이고 싶어?"라고 은비에게 질문하여 협동 놀이에서 유아가 자신의 역할을 수행할 수 있도록 지원한다.
			더불어 생활하기	친구와 서로 도우며 사이좋게 지낸다.	

<table>
<tr><th rowspan="2">연령</th><th rowspan="2">유아행동</th><th colspan="3">2019 개정 누리과정</th><th rowspan="2">지도방법</th></tr>
<tr><th>영역</th><th>내용범주</th><th>내용</th></tr>
<tr><td rowspan="3">만 5세</td><td rowspan="3">민지의 그림이 거의 완성되어 가는 즈음 효민이가 모르고 민지 팔을 쳐서 민지 그림이 망쳐졌다. 민지는 효민이 팔을 때리면서 "야, 너 때문에 내 그림 망쳤잖아 ~~." 하고 소리를 지른다.</td><td rowspan="3">사회관계</td><td>나를 알고 존중하기</td><td>나의 감정을 알고 상황에 맞게 표현한다.</td><td rowspan="3">교사는 "민지 그림이 망쳐져서 속상하구나." "그런데, 친구가 일부러 그랬을까? 화가 난다고 친구를 때려도 될까? 화가 났을 때, 네 마음을 어떻게 표현해야 할까?" 하고 질문하여 분노 상황을 바르게 인식할 수 있는 피드백을 제공하고 긍정적인 방법으로 정서를 표현할 수 있게 지원한다. 그리고 효민이에게 "민지는 자기 그림이 망쳐져서 마음이 어떨까?"라고 질문하여 친구의 마음을 이해할 수 있게 지도한다.</td></tr>
<tr><td rowspan="2">더불어 생활하기</td><td>친구와의 갈등을 긍정적인 방법으로 해결한다.</td></tr>
<tr><td>서로 다른 감정, 생각, 행동을 존중한다.</td></tr>
</table>

5) 언어놀이

유아에게 있어서 언어는 정보획득, 사회적 상호작용, 갈등 및 문제해결, 자신의 생각을 다른 사람에게 전달하기, 다른 사람의 생각 알기 등의 역할을 한다. 언어 능력의 발달은 유아의 인지발달 이외의 사회성·정서·신체발달 측면과도 상호 관계를 맺고 있어서 중요하다(함정현 · 민현정, 2009).

언어 영역에서 유아는 스스로 동화책을 읽거나 교사가 읽어 주는 동화를 듣는다. 동화 내용을 통해서 동화 주인공이나 다른 사람에 대한 감정이입을 배우고, 유아 자신의 정서를 조절하는 것을 배워서 정서적으로 편안해진다. 또한 유아는 언어 영역에서 책을 함께 공유하는 것을 경험하고, 친구나 다른 사람에게 편지를 쓰므로 자신의 생각이나 감정을 표현하고 전달하는 등 사회적 기술을 배운다. 그러나 다른 영역에서와 마찬가지로 유아들이 같은 책을 동시에 읽으려고 하거나 친구들의 놀이를 방해하여 갈등이 발생할 수 있다. 이러한 상황에서 교사의 적절한 지도가 필요한데, 언어놀이에서의 유아의 행동과 2019 개정 누리과정에 기초한 교사의 폭력예방을 위한 개별적 유아 지도방법을 살펴보면 다음 〈표 7-16〉과 같다.

〈표 7-16〉 **유아폭력예방을 위한 언어놀이 지도방법**

연령	유아행동	2019 개정 누리과정			지도방법
		영역	내용범주	내용	
만 3세	현지는 언어 영역에서 책을 읽다가 책을 찢는다.	사회관계	나를 알고 존중하기	나의 감정을 알고 상황에 맞게 표현한다.	교사는 현지가 파손한 책을 수선하는 것을 돕게 하고 직접 수선하게 하여 물건에 대한 공격성의 결과를 인식하게 하고, 다음부터 파손하지 않겠다는 약속을 한다.
			더불어 생활하기	약속과 규칙의 필요성을 알고 지킨다.	
만 4세	언어 영역에서 정현이가 바닥에 앉아 동화책을 읽고 있다. 앞의 테이블에 앉아 있는 이슬이가 정현이가 읽고 있는 책을 발로 찬다. 정현이는 "야~, 왜 방해해?" 하고 소리 지른다. 이슬이는 "메롱." 하고 약을 올린다. 정현이는 씩씩거리며 이슬이를 때리려 한다.	사회관계	나를 알고 존중하기	나의 감정을 알고 상황에 맞게 표현한다.	"정현아. 화가 났을 때는 어떻게 해야 할까?"라고 질문하여 자신의 감정을 조절할 수 있게 지도한다. "이슬아, 정현이가 왜 화가 났을까? 다른 친구가 네가 하는 일을 방해하면 너는 기분이 어떨까?"라고 질문하여 다른 사람의 감정을 알게 한다.
			더불어 생활하기	친구와의 갈등을 긍정적인 방법으로 해결한다.	
				서로 다른 감정, 생각, 행동을 존중한다.	
				친구와 어른께 예의바르게 행동한다.	

<table>
<tr><th rowspan="2">연령</th><th rowspan="2">유아행동</th><th colspan="3">2019 개정 누리과정</th><th rowspan="2">지도방법</th></tr>
<tr><th>영역</th><th>내용범주</th><th>내용</th></tr>
<tr><td rowspan="4">만 5세</td><td rowspan="4">교사는 ‘무지개물고기’ 손인형극을 들려준 후, 유아들이 직접 해 볼 수 있도록 언어 영역에 소품을 제공해 주었다. 언어 영역에 4명의 유아들이 들어가 있는데, 서로 무지개 물고기 손인형을 갖겠다고 다툼이 일어났다.</td><td rowspan="4">사회관계</td><td rowspan="2">나를 알고 존중하기</td><td>나의 감정을 알고 상황에 맞게 표현한다.</td><td rowspan="4">“손인형 주인공을 누가 하면 좋을까? 서로 양보하는 사람이 없는 경우, ‘한’ 번씩 돌아가면서 하자. 처음에 할 친구의 이름을 서로 불러 주자.”라고 하여 다른 유아를 서로 추천하게 한다.</td></tr>
<tr><td>내가 할 수 있는 것을 스스로 한다.</td></tr>
<tr><td rowspan="2">더불어 생활하기</td><td>친구와의 갈등을 긍정적인 방법으로 해결한다.</td></tr>
<tr><td>서로 다른 감정, 생각, 행동을 존중한다.</td></tr>
</table>

이상에서 살펴본 것처럼 유아의 폭력적 행동은 발생하기 전에 예방하는 것이 최우선이다. 유아폭력을 예방하기 위해서 유아의 발달 특성을 고려한 지도가 이루어져야 하고, 사전에 체계적인 예방교육을 실시해야 한다. 예방교육과 함께 각 유아들에게 개별적인 지도가 병행되어야 한다. 이러한 노력에도 불구하고 유아폭력이 발생한다면, 폭력 상황에 적절히 대처해야 한다.

8장 유아폭력의 대책

1. 유아 신체폭력의 대책

신체폭력은 고의적으로 건드리거나 치는 등 시비를 거는 행위, 때리는 행위(다른 사람을 시켜서 때리는 행위 포함), 목을 조르는 행위, 꼬집는 행위, 장난을 가장하여 심하게 때리거나 밀치는 행위, 신체적인 위협을 가하는 행위, 신체적 · 성적 접촉을 강요하는 행위, 학용품 등 물건이나 흉기를 이용해서 상해를 입히는 행위, 신체 부위에 침을 뱉는 행위, 돈이나 물건을 빼앗거나 감추는 행위 등을 포함한다(법제처, 2015a). 신체폭력의 사례, 진단 및 대책에 대해서 살펴보면 다음과 같다.

1) 유아 신체폭력의 사례

신체폭력 유아 사례 1

① 배경
- 기관 : 병설 유치원
- 교사 : 경력 19년차 교사
- 유아 : 만 5세 여아 영희

② 이야기 전개
- 사건 배경

영희는 할머니, 할아버지, 아버지, 어머니, 초등학교 1학년 다니는 오빠까지 여섯 식구가 같이 산다. 할아버지는 직장인으로 한 달에 한 번씩 집에 온다. 할머니도 직장에 다니신다. 아버지는 직장 일로 일주일에 한 번씩 집에 온다. 아버지는 영희를 오빠와 비교하고 영희를 혼내는 경우가 많다. 30세 주부인 엄마는 늘 부지런히 집안일을 하고, 영희의 머리모양을 여러 가지로 빗기고, 매일 새 옷을 갈아입히는 등 영희의 외모에 많이 신경을 쓰는 것 같다. 하지만 영희와 스킨십 하는 것이 쑥스럽다고 말한다. 최근에는 식당 보조 일을 하면서 영희에게 관심을 가지고 돌봐줄 시간이 부족하다고 한다. 유치원 준비물은 거의 챙겨 주지를 않는다. 영희는 작년보다 행동이 많이 거칠어졌다.

- 사건 전개

친구들을 특별한 이유 없이 때리거나 꼬집기를 잘 한다. 또는 연필로 찌르기도 하고 다른 친구의 물건을 허락 없이 사용한다. 그림 그리기 시간에 자기 크레파스를 뚝뚝 잘라 못 쓰게 만드는 경우가 많다. 어떤 문제가 발생했을 때 대화로 해결하거나 타협하지 못한다. 이러한 거친 행동이 나올 때 교사는 주의를 준다. 그러나 교사의 말에는 관심이 없고 오히려 아무 일도 없었다는 듯이 웃으며 다른 행동으로 전환한다. 자기가 한 행동을 아무렇지도 않게 받아들이며 잘못된 것을 느끼지 못하는 것 같다. 교사는 영희의 반복되는 행동에 지치기도 하고 여러 반응에도 수정되는 부분이 없어 어려움이 많다.

③ 사례에 대해서 토론하기
- 문제의 원인 :
- 사람들의 입장 :
- 문제해결 방법 :

신체폭력 유아 사례 2

① 배경
- 기관 : 사립 어린이집
- 교사 : 경력 2년차 교사
- 유아 : 만 5세 남아 홍찬

② 이야기 전개
- 사건 배경

홍찬이는 자유놀이 시간에 친구들을 잘 때리고 장난감을 빼앗은 등 친구들과 잘 어울리지 못했다. 홍찬이는 자기가 가지고 놀고 싶은 장난감을 친구가 주지 않을 때, 친구의 머리나 얼굴을 마구 때렸다. 교사는 이 상황을 보고 처음에는 좋게 타일렀다. "친구들과 사이좋게 놀고 장난감은 먼저 가지고 놀던 친구가 싫증을 내거나, 친구에게 같이 가지고 놀자고 물어보고 난 다음에 가지고 놀자. 말없이 친구의 장난감을 뺏어 가면 미운 친구야."라고 이야기해 주었다. 이렇게 타이르면 잘 알아듣는 듯하다가 시간이 좀 지나면 또 친구의 장난감을 뺏어 가고 친구를 때리는 행동을 보였다. 이런 일들이 계속 반복되다 보니 홍찬이의 행동을 교사에게 이르는 유아들이 하나씩 늘기 시작하였다.

- 사건 전개

하루는 홍찬이가 바구니로 친구를 때려서 친구 이마에 상처가 났다. 교사는 홍찬이에게 가서 조용하게 물어보고 혼을 내었다. 홍찬이는 울면서 잘못했다고 다시는 안 그러겠다고 했다. 그 후로 일주일 정도는 조용했다. 그러나 또 다시 자유놀이 시간뿐 아니라 활동 시간에 가만히 앉아 있지 못하고 돌아다니고 옆의 친구와 장난을 치고 괴롭혔다. 몇 번 주의를 줘도 소용이 없었다. 그래서 부모님과 상담을 하여 홍찬이가 산만하고 친구들을 잘 때리고 장난감을 빼앗는다고 이야기를 하였다. 부모님은 처음엔 믿지 못한다는 듯이 "우리 애는 그런 애가 아니에요. 순진하고 얌전한 아이예요."라고 하셨다. 부모님께서 집에서 지금보다 더 아껴 주시고 주의시키겠다고 약속을 했다. 상담 후 홍찬이의 행동이 좀 좋아진 것 같았다. 홍찬이의 행동이 좀 좋아질 때쯤 다른 친구와 장난감을 서로 가지고 논다고 다투다가 친구의 얼굴에 작은 상처가 났다.

③ 사례에 대해서 토론하기
- 문제의 원인 :
- 사람들의 입장 :
- 문제해결 방법 :

2) 유아 신체폭력의 진단

신체폭력의 경우, 피해유아 및 가해유아에 대한 진단이 우선되어야 한다. 피해유아와 가해유아의 진단 방법을 구체적으로 살펴보면 다음과 같다.

(1) 피해유아

지속적으로 신체폭력의 피해를 당하는 유아들은 여러 가지 징후를 나타낼 수 있다. 유아에 대한 관찰 결과, 다음과 같은 징후를 나타낼 경우, 적절한 조치를 취하는 것이 필요하다(초록우산, 2015).

① 일반적 특성
- 대인관계를 두려워하거나 지나치게 순종적임
- 사람을 피하거나 공격적이며, 지나치게 활동적임
- 지속적으로 안달하거나, 활기가 없거나, 주변에 무관심해 보임
- 지나치게 애정에 무관심하거나 애정 표현을 함

② 신체적 징후
- 멍든 흔적, 화상, 흉터, 도구 흔적, 골절 등이 계속되거나 설명할 수 없는 부위의 부상
- 만성적 고통, 복통, 구토, 섭식장애
- 비뇨기 질환 감염(질 또는 항문의 통증, 출혈, 가려움증)

③ 감정적 특성
- 어둠에 대한 두려움과 공포
- 지나치게 겁이 많음
- 만성적 고통
- 우울증
- 동물을 해하거나 죽임
- 자발성이나 창의력 부족
- 자해시도

④ 학습에 나타나는 징후

- 극단적인 호기심 및 상상력
- 학습부진
- 수업시간에 잠자기
- 주의산만 및 집중력 부족

⑤ 나이에 부적합한 행동

- 엄지손가락 빨기
- 성적인 활동을 하거나 성적인 생활 인지
- 야뇨증
- 더 어린 유아에 대한 폭행
- 어른의 할 일을 떠맡는 것

⑥ 행동 및 습관적 단서

- 악몽
- 부적절한 자위행위
- 집이나 특정 장소에 가기를 두려워하고 도망침
- 부도덕한 행위 또는 비행
- 특정인과 함께 있기를 두려워함
- 잦은 거짓말

(2) 가해유아

신체폭력의 가해유아를 진단하기 위해서 다음의 공격성 빈도, 폭력행동 문항, 충동조절장애 진단 테스트 등을 활용하여 공격성 정도 및 수준을 파악할 수 있다. 폭력을 행사하는 원인이 충동조절장애 때문일 수 있으므로 충동조절장애가 있는지를 파악하여 심각한 폭력으로 나타나기 전에 지도해야 한다.

유아의 공격행동 빈도 관찰지						
관찰유아 : 관 찰 자 :						
구분	문항	빈도수				
		1회	2회	3회	4회	5회
대물 공격	1. 색종이, 도화지, 책 등을 찢는다.					
	2. 교구를 던진다.					
	3. 교재, 교구를 부러뜨린다.					
	4. 문, 의자, 책상, 피아노 등을 손 또는 물건으로 세게 두드린다.					
	5. 교구장, 책상, 소꿉세트 등의 위에 올라간다.					
	6. 문, 의자, 책상, 교구 등을 발로 찬다.					
대인 공격	7. 친구를 때린다(손 혹은 물건으로).					
	8. 친구가 갖고 노는 교구를 빼앗는다.					
	9. 친구와 싸움을 한다.					
	10. 친구를 때리는 흉내를 내거나 신체를 위협하는 흉내를 낸다.					
	11. 친구의 머리, 팔, 옷, 바지 등을 잡아당기거나 툭툭 친다.					
	12. 화가 나서 친구에게 침을 뱉는다.					
	13. 줄을 설 때, 늦게 와서도 앞에 서려고 친구의 자리를 빼앗는다.					
	14. 친구에게 물건을 던진다.					
	15. 친구를 발로 찬다.					
	16. 친구를 민다.					
	17. 친구의 얼굴을 꼬집거나 할퀸다.					
언어 공격	18. 친구에게 욕을 한다.					
	19. 화가 나서 큰 소리를 지른다.					
	20. 친구를 놀린다.					
	21. 친구를 말로써 위협하거나 두려움을 준다.					
	22. 친구와 말다툼을 한다.					
	23. 고자질을 한다.					
	24. 친구를 따돌리는 말을 한다.					

출처: 박정애(2000). 만4세 유아의 공격행동에 대한 연구: 기질과 스트레스와의 관계를 중심으로 (p. 73). 건국대학교 교육대학원 석사학위 논문. (Thome(1977)의 것을 수정한 것임).

폭력행동 문항	그렇다
1. 화가 나서 물건을 집어 던진 적이 있다.	
2. 친구나 동생을 때린 적이 있다.	
3. 어른에게 야단맞은 후 폭력적으로 행동한다.	
4. 부모에게 대드는 일이 잦다.	
5. 사소한 일에도 버럭 화를 낸다.	
6. 저주의 말이나 욕을 한다.	
7. 머리를 벽에 박는 등 자해 행동을 보인다.	
8. 물건을 발로 걷어찬다.	
9. 물건을 부수거나 고의로 망가뜨린다.	
• 1~2개 : 가벼운 폭력성. 심해지지 않도록 주의 필요 • 3~5개 : 중간 정도의 폭력성. 성인의 적극적인 개입이 필요 • 6개 이상 : 심한 폭력성. 전문가의 도움 필요	

출처: 베스트 베이비 편집부(2012). 폭력적인 아이를 변화시키는 양육 솔루션. 베스트 베이비, 1, 160-163.

충동조절장애 자가 진단 테스트	그렇다
1. 성격이 급하며 금방 흥분하는 편이다.	
2. 내가 한 일이 잘한 일이라면 반드시 인정받아야 하며 그러지 못하면 화가 난다.	
3. 온라인 게임에서 본인의 의도대로 되지 않아 화가 난 적이 여러 번 있다.	
4. 자신이 하는 일이 잘 풀리지 않으면 쉽게 포기하고 좌절감을 느낀다.	
5. 타인의 잘못을 그냥 넘기지 못하고 꼭 마찰이 일어난다.	
6. 다른 사람들이 나를 무시하는 것 같고 억울하다는 생각이 자주 든다.	
7. 화가 나면 상대방에게 거친 말과 함께 폭력을 행사한다.	
8. 화가 나면 주변의 물건을 집어 던진다.	
9. 분이 쉽게 풀리지 않아 우는 경우가 종종 있다.	
10. 내 잘못도 다른 사람의 탓을 하면서 화를 낸다.	
11. 중요한 일을 앞두고 화가 나 그 일을 망친 적이 있다.	
12. 분노의 감정을 어떻게 해야 할지 모르겠다.	
• 1~3개의 항목에 해당하는 사람의 경우는 어느 정도 감정조정이 가능한 단계 • 4~8개에 해당하는 경우는 감정조정 능력이 약간 부족한 경우 • 9개 이상에 해당하는 경우는 분노조절이 힘들고 공격성이 강한 경우이므로 전문가와의 상담이 필요한 단계	

출처: 홍진표(2015). 충동조절장애 앓는 대한민국, 욱하는 나도 혹시 충동조절장애 아닐까? 충동조절장애 자가진단. 삼성서울병원 우울증센터. http://www.samsunghospital.com (2015. 10. 3. 인출).

3) 유아 신체폭력의 대책

유아교육기관에서의 신체폭력은 초·중등학교에서 발생하는 일반적인 학교폭력과는 양상이 다를 수 있다. 그러나 신체폭력이 지속적으로 발생하는 경우, 교사는 학교폭력 대응절차를 잘 인지하고 신속히 대응하는 것이 필요하다. 일반적인 학교폭력 대응절차에 근거한 유아의 신체폭력 대응절차와 피해유아 및 가해유아에 대한 대책방법을 구체적으로 살펴보면 다음과 같다.

(1) 신체폭력 대응절차

신체폭력이 발생한 즉시 피해유아와 가해유아를 격리시켜야 한다. 그리고 피해상황 등 사안을 조사한다. 조사에 근거하여 부모면담을 진행하고, 피해가 심각할 경우, 처리방안을 심의하여 결정하고 결정 내용을 통보한다. 구체적인 대응절차는 다음과 같다(교육부·이화여재대학교학교 폭력예방연구소, 2020; 여성부, 2009c).

① 접수 및 초기대응

- 인지와 감지 노력
  - 교사는 유아의 행동을 보고 신체폭력 상황을 감지하게 되거나 유아 또는 학부모의 신고, 목격자 등을 통해서 인지하게 되었을 때, 신속하고 적극적으로 개입해야 한다.
- 신고접수
  - 교사가 유치원에서 신체적 폭력을 알게 된 경우, 원장에게 보고하고 유아의 학부모에게 알려야 한다(「학교폭력예방 및 대책에 관한 법률」).
  - 신고 내용은 신고접수 대장에 기재하여 보관한다.
  - 사안이 중대할 경우 교육청에 보고한다.

학교폭력예방 및 대책에 관한 법률(교육부, 2020a)

- 제20조(학교폭력의 신고의무)

① 학교폭력 현장을 보거나 그 사실을 알게 된 자는 학교 등 관계기관에 이를 즉시 신고하여야 한다.

- 즉시 조치

- 피해유아와 가해 유아를 즉시 격리한다.
- 원장과 담임교사는 피해유아의 신체적 · 정신적 피해를 치유하기 위한 조치를 실시하고, 가해유아를 선도한다. 목격한 제3의 유아들에 대한 조치도 한다.

② 사안조사

- 전담기구 구성

- 원장은 지체없이 원감, 담임교사, 책임교사(학교폭력문제 담당교사), 학부모 등으로 구성된 폭력 문제 담당 전담기구를 구성한다(「학교폭력예방 및 대책에 관한 법률」).

학교폭력예방 및 대책에 관한 법률(교육부, 2020a)

- 제14조(전문상담교사 배치 및 전담기구 구성)

③ 학교의 장은 교감, 전문상담교사, 보건교사 및 책임교사(학교폭력 문제를 담당하는 교사를 말한다), 학부모 등으로 학교폭력 문제를 담당하는 전담기구(이하 "전담기구"라 한다)를 구성한다. 이 경우 학부모는 전담기구 구성원의 3분의 1 이상이어야 한다.

④ 학교의 장은 학교폭력 사태를 인지한 경우, 지체 없이 전담기구 또는 소속 교원으로 하여금 가해 및 피해 사실 여부를 확인하도록 하고, 전담기구로 하여금 제13조의2에 따른 학교의 장의 자체해결 부의 여부를 심의하도록 한다.

- 조사
- 원장은 유아의 신체폭력 사태를 인지한 경우, 지체 없이 전담기구 또는 소속 교원에게 피해 상황을 조사하게 한다.
- 유아의 부모와 면담을 실시한다.
- 보고
- 교사는 조사결과와 향후 처리절차 등에 대해서 피해유아의 부모에게 알린다.

③ 자체해결 여부 심의

- 「학교폭력예방 및 대책에 관한 법률」에 의해서 원장은 자체해결 여부를 전담기구가 심의하게 한다.
- 자체해결 요건을 충족한다면 피해유아와 보호자의 폭력대책심의위원회 자체해결에 서면 동의를 통해서 자체해결한다.

학교폭력예방 및 대책에 관한 법률(교육부, 2020a)

- 13조의 2(학교의 장의 자체해결)

① 피해학생 및 그 보호자가 심의위원회의 개최를 원하지 아니하는 다음 각 호에 모두 해당하는 경미한 학교폭력의 경우 학교의 장은 학교폭력 사건을 자체적으로 해결할 수 있다.

1. 2주 이상의 신체적·정신적 치료를 요하는 진단서를 발급받지 않은 경우
2. 재산상 피해가 없거나 즉각 복구된 경우
3. 학교폭력이 지속적이지 않은 경우
4. 학교폭력에 대한 신고, 진술, 자료제공 등에 대한 보복행위가 아닌 경우

④ 조치이행

- 원장의 자체해결 경우
- 원장은 자체 전담기구를 통해서 처리방안을 심의, 결정한다.
- 가해유아와 피해유아의 보호자에게 통보한다.

- 피해유아 보호조치, 가해유아 선도조치, 목격유아 조치를 이행한다.
- 가해유아가 고의적, 지속적으로 폭력을 행사한 경우, 가해유아에 대해 출석을 정지해야 한다.

● 심의위원회 조치 경우
- 자체해결이 어려운 경우, 심의위원회의 심의에 따라서 조치를 이행해야 한다.
- 원장에게 조치결정를 통보한다.
- 피해유아 및 가해유아에게 조치결정을 통보한다.

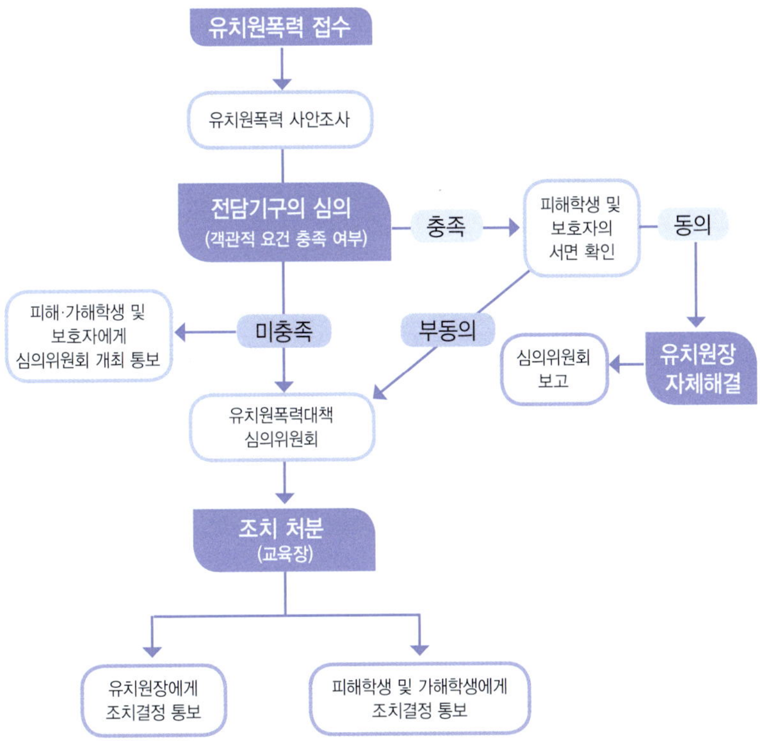

[그림 8-1] 유아폭력 사안처리 흐름도

출처: 교육부·이화여재대학교학교 폭력예방연구소(2020). 학교폭력 사안처리 가이드북. 세종: 교육부·서울: 이화여자대학교 학교폭력예방연구소.

(2) 피해유아를 위한 대책

피해유아에 대해서는 심리 상담 및 치료가 우선 필요하고, 경우에 따라서는 일시적으로 보호도 실시한다. 심한 경우, 치료를 위한 요양이 필요하고, 경우에 따라서는 학급교체가 필요하다. 그 이외에 재발을 위해서 폭력예방에 대한 정보를 제공하고, 유아의 힘을 키우고, 지지망을 구축하는 등의 지원이 필요하다. 피해유아를 위한 구체적인 대응 방법을 살펴보면 다음과 같다(여성부, 2009c; 초록우산, 2015).

① 심리상담 및 조언, 치료

전문상담가의 심리치료를 통해 신체폭력으로 받은 정신적 충격을 극복할 수 있도록 도와준다.

② 일시보호

지속적인 폭력이나 보복을 할 우려가 있는 경우 일시적으로 집 또는 상담실 등에서 보호를 받을 수 있다.

③ 치료 및 치료를 위한 요양

심리상담만으로는 부족할 경우, 피해유아가 의료기관에 입원을 하거나 통원치료를 하면서 심리적 · 신체적 진료나 치료를 받게 한다.

④ 학급 교체

일시보호 이외에도 학급 내에서의 지속적인 폭력이 발생할 경우를 대비해 가해유아의 학급 교체와 함께 피해유아의 학급을 교체할 수 있다. 이는 피해유아와 가해유아를 격리하기 위한 조치이다.

⑤ 유아폭력예방을 위한 정보 제공

부모-유아 교육을 통해 유아폭력예방을 위한 정보를 제공한다.

⑥ 유아의 힘 키우기

안전하고, 씩씩하고, 자유로울 권리교육을 통해 유아 자신의 권리를 깨닫게 하고 상황별 역할극 참여를 통해 위기 상황에서의 구체적인 대응 방법을 배워 유아 스스로 힘을 키울 수 있게 한다.

⑦ 유아를 위한 지지망 구축

유아의 또래 간 지지 및 신뢰할 수 있는 성인의 지지를 강화시켜 유아의 고립을 감소시키며, 유아폭력예방 및 지역사회 내의 사용 가능한 자원들에 대해서 알 수 있게 한다.

⑧ 그 밖의 필요한 조치

폭력대책자치위원회에서 피해아동에게 필요한 다른 조치들을 할 수 있다.

(3) 가해유아를 위한 대책

가해유아에게는 자신들의 공격적인 행동을 조절할 수 있는 적절한 교육이 수행되어야 한다. 유아의 공격성은 분노조절이 잘 이루어지지 않아서 발생할 수 있다. 따라서 분노조절에 대한 교육이 진행되어야 한다. 유아들에게 수행될 수 있는 분노조절 프로그램 내용(김현주, 2009; 박윤아, 2007; 반지정, 2009; 평승원, 2014)을 제시하면 다음 〈표 8-1〉과 같다.

〈표 8-1〉 유아를 위한 분노조절 프로그램

<table>
<tr><th rowspan="2">차수</th><th rowspan="2">주제</th><th rowspan="2">목표</th><th colspan="3">2019 개정 누리과정</th><th rowspan="2">활동내용</th></tr>
<tr><th>영역</th><th>내용범주</th><th>내용</th></tr>
<tr><td>1회</td><td>분노 원인 이해</td><td>분노가 왜 생기는지를 안다.</td><td rowspan="6">사회관계</td><td rowspan="3">나를 알고 존중하기</td><td rowspan="3">나의 감정을 알고 상황에 맞게 표현한다.</td><td>• 동화 : 소피가 화나면 정말 정말 화나면(몰리 뱅, 케이유니버스)
• 이야기 나누기 : 언제 화가 나는지? 화가 나는 말, 행동에 대해서 알아보기</td></tr>
<tr><td>2회</td><td>분노 인식</td><td>분노가 생길 때의 표정, 신체, 행동 등을 인식한다.</td><td>• 이야기 나누기 : 어떤 표정인지? 화가 나면 어떻게 하는지?(표정 변화, 행동 변화, 신체 변화)</td></tr>
<tr><td>3회</td><td>자신의 분노 이해</td><td>분노 감정을 가지는 자신을 수용한다.</td><td>• 미술 : 화가 났던 일들 떠올리며 그때의 생각, 행동을 그림, 손가락 풀그림 등으로 표현하기, 그리기, 신문지 찢기</td></tr>
<tr><td>4회</td><td>다른 사람의 분노 이해</td><td>다른 사람의 분노를 이해한다.</td><td>더불어 생활하기</td><td>서로 다른 감정, 생각, 행동을 존중한다.</td><td>• 역할극 : 역할 바꾸어서 하기</td></tr>
<tr><td>5회</td><td>분노 진정 및 표현 기술</td><td>분노 진정 및 표현 기술을 배운다.</td><td rowspan="2">나를 알고 존중하기</td><td rowspan="2">나의 감정을 알고 상황에 맞게 표현한다.</td><td>• 마음 다스리기 : 숨쉬기, 기분 좋아지는 상상하기, 숫자 세기 연습하기
• 분노 일기 쓰기
• 나 메시지 전달법 연습하기</td></tr>
<tr><td>6회</td><td>분노 조절 실천</td><td>분노조절을 실천한다.</td><td>• 역할극 : 분노 상황을 적절히 대응하는 역할극</td></tr>
</table>

2. 유아 언어폭력의 대책

언어폭력이란 말하는 사람의 언어적 표현이 듣는 사람에게 폭력적이거나 공격적인 느낌을 주어 상대방의 자아개념을 손상시키는 행위이다(법제처, 2015b; Infante

& Wigiey, 1986, 경기도교육청, 2011, 재인용). 연구 결과(김은설 · 최은영 · 조아라, 2013)에 의하면, 유치원이나 어린이집에서 욕설이나 비속어를 사용하는 유아가 36.7%인 것으로 나타났다. 유아들은 본인이 사용하는 욕의 의미를 정확히 모르면서 사용하는 경우도 있고, 자신을 과시하기 위해서 욕이나 위협적인 언어를 사용하기도 하는데, 심각성이나 문제점을 별로 느끼지 못한다. 언어폭력을 행사하는 경우, 가해유아는 어휘력이 발달할 수 없으며, 피해유아에게는 심리적인 모욕감과 상처를 줄 수 있기 때문에 적절한 대책이 필요하다. 언어폭력의 사례, 진단 및 대책에 대해서 살펴보면 다음과 같다.

1) 유아 언어폭력의 사례

욕하는 유아 사례

① 배경
- 기관 : 사립어린이집
- 교사 : 경력 1년차 교사
- 유아 : 만 4세 남아 진암

② 이야기 전개
- 사건 배경

진암이는 태권도 학원에 다니고 있다. 어린이집에 다니는 진암이는 당연히 태권도 학원에서 제일 막내이고 대부분 초등학교 형들과 같이 태권도를 배운다. 진암이는 태권도를 배워서인지 매사에 자신감이 넘치며 매우 활동적이다. 그래서 다른 유아들도 진암이를 잘 따랐다. 어느 날 점심시간에 선생님이 진암이보다 어린 유아에게 점심을 먹이며 "어서 빨리 먹어야지."라고 말하자 조용히 점심을 먹으며 지켜보고 있던 진암이가 갑자기 "빨리 쳐 먹어."라고 유아에게 말했다. 처음에 선생님이 그 소리를 듣자 당황스럽기도 하고 처음 있는 일이기도 하여 간단히 주의만 준 후 대수롭지 않게 여기며 넘어갔는데, 그 후로 진암이의 욕하는 횟수는 눈에 띄게 많아졌다.

- 사건 전개

그 일이 있은 지 며칠 후, 진암이가 장난감을 가지고 놀고 있는데 지혜가 진암이를 모르고 치고 가자 진암이는 "에이 씨팔."이라고 말을 하였다. 그리고 무언가 마음에 안 들거나 화나는 일이 있으면 "씨팔."이라는 말이 서슴없이 나왔다. 또 진암이는 항상 나서기를 좋아하여 자유놀이 시간에 아이들이 떠들고 있으면 "왜 이렇게 떠들고 지랄이야!"라고 소리치며 말하였다. 심지어 자기가 마음에 안 드는 애가 있으면 놀리면서 "너 재수 없어!"라는 말도 사용하였다. 그리고 가끔씩 욕을 하면서 아이들을 때리기도 하였다. 처음에 아이들은 진암이의 말에 별 반응이 없었으나 점점 진암이랑 같이 놀면서 진암이가 하는 욕을 따라하게 되었다. 진암이가 점점 욕하는 횟수가 늘자 선생님은,

교사 : 진암아 그 말 누구한테 배웠니??
진암 : 배운 거 아니예요. 태권도 형들이 하는 말 들었어요.
교사 : 그런 말 하는 거 좋은 거야 나쁜 거야?
진암 : 나쁜 거예요.
교사 : 그럼 그런 말 또 할 거야?
진암 : 안 할 거예요.

라고 말을 했지만 진암이는 그 후에도 여전히 욕을 하였다. 결국 선생님은 몇 번의 지도를 반복한 후에도 진암이가 계속 욕을 하자 심하게 나무랐다.

③ 사례에 대해서 토론하기
- 문제의 원인 :
- 사람들의 입장 :
- 문제해결 방법 :

2) 유아 언어폭력의 진단

폭력적인 언어는 상대방에게 정신적·심리적 폐해를 줄 수 있다. 장난으로 생각 없이 한 말이라도 언어폭력은 상대방에게 마음의 상처를 안겨 주고, 분노와 슬픔을 느끼게 하며 자아존중감에 심각한 상처를 입히고 불안감과 적대감을 갖게 한다(김나현 · 유형근 · 조용선, 2010, 재인용). 따라서 언어폭력에 대해서 진단하고 적절한 대처가 필요하다. 언어폭력을 진단하기 위한 언어적 공격성 척도는 다음과 같다.

언어적 공격성 척도						
관찰유아 : 관 찰 자 :						
구분	문항	매우 그렇다	그렇다	보통이다	그렇지 않다	매우 그렇지 않다
상처	1. 반 아이에게 짜증내는 말을 한다.					
	2. 함께 놀다가 다른 아이에게 상처 주는 말을 한다.					
	3. 자기 마음에 들지 않으면 다른 아이를 무시하는 말을 한다.					
	4. 헐뜯는 말을 하여 다른 아이의 마음을 상하게 한다.					
	5. 다른 아이를 완전 무시하는 말을 한다.					
조롱	6. 힘이 없는 아이들을 멸시하는 말을 한다.					
	7. 다른 아이의 입장이나 생각을 존중하는 말을 하지 않는다.					
	8. 별명을 부르면서 다른 아이에게 상처를 준다.					
	9. 다른 아이를 비꼬는 말을 하여 소문을 퍼트린다.					
	10. 다른 아이의 의견을 존중하지 않고 비난하는 말을 한다.					
	11. 다른 아이의 외모를 조롱하는 말을 한다.					
	12. 공부를 잘 못하는 아이를 얕보는 말을 한다.					
	13. 모둠 활동에서 다른 아이가 싫다는 말을 대 놓고 한다.					
협박	14. 위협하는 말을 하여 자기가 원하는 대로 한다.					
	15. 연약한 아이에게 협박하는 말을 한다.					
	16. 약한 아이에게 윽박지르는 말을 하여 꼼짝 못하게 한다.					
	17. 화를 내고 고함을 지르면서 다른 아이를 욕한다.					
	18. 이유 없이 다른 아이에게 시비 거는 말을 한다.					
	19. 마음에 들지 않는 아이에게 폭력적인 말을 한다.					
	20. 다른 아이에게 비밀을 폭로한다고 위협적인 말을 한다.					
욕설	21. 다른 아이가 없는 데서 헐뜯고 욕을 한다.					
	22. 남들이 잘 사용하지 않는 욕을 자주 쓴다.					
	23. 다른 아이에게 말할 때 습관적으로 욕을 한다.					
	24. 다른 아이에게 막말을 자주 한다.					
	25. 다른 아이에 대해 나쁘게 말하는 것을 즐긴다.					
	26. 유행하는 욕은 무조건 따라 한다.					
	27. 새로운 욕을 만들어 쓰기를 좋아한다.					

출처: 이용조(2014). 언어적 공격성 척도의 개발 및 타당화(pp. 36-37). 대구대학교 교육대학원 석사학위 논문.

3) 유아 언어폭력의 대책

유아의 언어폭력을 감소시키기 위해서, 첫째, 유아의 공감능력이 필요하다. 폭력적 언어 대신 비폭력적 언어로 자기를 표현하고, 상대방의 이야기에 경청하고 공감해 주고, 표현하는 의사소통 훈련 프로그램을 실시하는 것이 중요하다. 둘째, 토론하는 문화와 생각의 변화가 필요하다. 토론 문화를 위해서 유아들이 가장 쉽게 할 수 있는 것은 학급 규칙 등에 대한 토의이다. 토의를 통해서 다른 사람에게 직접 이야기를 하기 힘든 문제를 유아 스스로 해결해 나가게 하는 것이 중요하다. 셋째, "아니요."라고 말할 수 있는 유아 캠페인도 필요하다. 넷째, 유아가 스스로 바른 언어에 대한 의무와 언어폭력을 거부하는 권리를 실천해야 한다(김설아, 2013; 오미경 · 안지영 · 김지신, 2014). 무엇보다 의사소통 능력을 훈련하는 것이 필요한데, 의사소통 능력을 증진하기 위한 프로그램을 제시하면 다음 〈표 8-2〉와 같다.

〈표 8-2〉 **의사소통능력 증진 프로그램**

프로그램 제목	내용
준비하기	• 프로그램 소개하기
욕하지 않기	• 욕을 했거나 들었던 경험, 기분 표현(말, 동작, 그림 등)하기 • 욕 대신 자기표현, 문제해결을 위한 비폭력적 언어 찾기
무시하지 않기	• 무시하는 말을 했거나 들었던 경험, 기분 표현(말, 동작, 그림 등)하기 • 무시하는 말 대신 자기표현, 문제해결을 위한 비폭력적 언어 찾기
명령, 협박하지 않기	• 명령, 협박하는 말을 했거나 들었던 경험, 기분 표현(말, 동작, 그림 등)하기 • 명령, 협박하는 말 대신 자기표현, 문제해결을 위한 비폭력 언어 찾기
화내며 소리지르지 않기	• 소리 지르거나 들었던 경험, 기분 표현(말, 동작, 그림 등)하기 • 소리 지르기 대신 자기표현, 문제해결을 위한 비폭력 언어 찾기
친구험담 (외모, 성격, 능력 등) 하지 않기	• 다른 친구의 흉을 봤거나 들었던 경험, 기분 표현(말, 동작, 그림 등)하기 • 흉보는 대신 친구에게 편지쓰기, 문제해결하기
실천하기	• 다짐 카드 만들기 • 미안한 친구에게 편지쓰기

출처: 김나현, 유형근, 조용선(2010). 초등학교 고학년의 언어폭력 예방을 위한 의사소통 훈련 프로그램 개발. 교원교육, 26(5), 1-26. 재구성.

3. 유아 따돌림의 대책

'따돌림' 은 학교 내외에서 2명 이상의 학생들이 특정인이나 특정집단의 학생들을 대상으로 지속적이거나 반복적으로 신체적 또는 심리적인 공격을 가해서 상대방이 고통을 느끼도록 하는 일체의 행위이다(법제처, 2014). 따돌림은 고의적으로 따돌리는 행위, 말을 걸어도 대답하지 않고 무시하는 행위, 다른 친구들과 어울리지 못하게 하는 행위, 친구의 접근을 막는 등 따돌림을 부추기는 행위, 주변 친구들이 도우려는 것을 방해하는 행위, 책상, 소지품 등을 감추거나 버리는 행위 등을 포함한다(법제처, 2015a). 즉, 따돌림의 용어가 내포하듯이 한 개인을 의도적이고 반복적으로 집단의 활동이나 놀이에 끼워 주지 않고 무시하고 거부하거나 소외하는 행동들을 의미한다. 집단 따돌림 혹은 집단 괴롭힘은 사회적 공격성의 한 형태이지만 지속적이고 반복적으로 피해자에게 고통을 준다는 점에서 일반적인 공격 행동보다 더 심각한 문제행동이라 할 수 있다(김혜원, 2011). 유아들의 경우에는 다른 유아를 따돌리거나 따돌림을 당하기도 하는데, 따돌림의 사례, 진단 및 대책에 대해서 살펴보면 다음과 같다.

1) 유아 따돌림의 사례

따돌림 시키는 유아 사례

① 배경
- 기관 : 사립유치원
- 교사 : 경력 12년차 교사
- 유아 : 만 4세 여아 수빈

② 이야기 전개

• 사건 배경

수빈이는 4세로 신체적인 측면을 제외하면, 인지·정서·사회적인 면에서 5세 유아와 비슷한 수준이다. 수빈이는 5세 여자 유아인 민정, 혜윤, 그리고 4세 유아 은정이와 친하며 역할놀이를 자주 하는데 수빈이와 민정이가 리더 역할을 주로 한다.

• 사건 전개

평소 수빈이는 역할놀이의 배역을 정해주는데, 친구들이 반대 의사를 밝히면 또래 간 지위가 낮은 친구에게 거의 명령, 지시적인 말투를 사용하며, 자기 마음에 들지 않는 상황에서는 "재랑 놀지 말자!"라든가 "넌 안 시켜 줄 거야!" 등의 말을 많이 해서 다른 친구들의 감정을 상하게 하는 경우가 자주 있다. 이러한 상황이 자주 일어나서 교사가 중간에 개입을 하기도 하고 그룹 토의를 하기도 하였으며, 수빈이 어머니와 개인 상담 시에 의논을 하였다. 어머니도 수빈이의 그런 행동을 걱정하고 계셨다며 형제가 없고 부모 모두 직장 생활을 하여 돌봐 주시는 아주머니께서 수빈이의 요구를 거의 들어주시는 것이 원인이 아닌가 하고 생각하셨다. 그런데, 부모 상담 및 여러 가지 지도 후에도 수빈이의 행동의 변화가 나타나지 않았다.

③ 사례에 대해서 토론하기

• 문제의 원인 :
• 사람들의 입장 :
• 문제해결 방법 :

따돌림 당하는 유아 사례

① 배경

• 기관 : 시립어린이집
• 교사 : 경력 1년차 교사
• 유아 : 만 4세 여아 인선

② 이야기 전개

• 사건 배경

인선이는 모든 것을 소유하려고 하는 이기적인 행동으로 인해서 친구들과 싸우고 우는 행동을 많이 보였다.

• 사건 전개

조작영역에서 유아들이 입체퍼즐놀이를 하고 있었는데, 잠시 후 인선이가 큰 소리로 울었다. 교사가 가서 유아들에게 물어보니, 인선이가 아까부터 퍼즐을 혼자만 가지고 놀려고 해서 친구들에게 따돌림을 당하는 상황이었다. 교사는 "인선아! 퍼즐이 그렇게 재미있어?" 하며 인선이와 대화를 시작하였다. 교사는 "맛있는 음식이나 유치원에 있는 교구들을 어떻게 해야 착하고 좋은 행동이지?" 하고 인선이에게 물었더니 머뭇거리던 인선이는 "나누어 먹고 같이 가지고 놀아요."라고 대답하였다. 인선이에게 "참 좋은 생각을 했구나. 앞으로 친구들과 함께 나누고 사이좋게 지내도록 하자."고 말하여 주었다. 인선이가 잊어버릴지도 모르기 때문에 언어로만 지도한 것이 교사로서 인선이의 행동에 대해 바람직한 지도를 한 것인지 잘 모르겠다.

③ 사례에 대해서 토론하기

• 문제의 원인 :
• 사람들의 입장 :
• 문제해결 방법 :

2) 유아 따돌림의 진단

따돌림의 경우, 따돌림을 당한 피해경험과 다른 유아를 따돌리는 가해경험으로 구분한다. 일시적인 집단 따돌림의 피해경험도 심리적 적응이나 정신건강에 부정적인 영향을 미칠 수 있다. 특히 장기적이고 반복적인 집단 따돌림의 피해를 경험한 경우라면 정신건강이나 적응의 문제에서 위험한 수준에 이르기 쉽다(박종효, 2007). 따라서 빠른 진단과 조치가 필요하다.

(1) 피해유아

유치원 교사의 60%가 따돌림 당하는 유아를 본 적이 있다고 하였다. 따돌림 당하기 쉬운 유아는 또래보다 말하는 능력이 떨어지거나 또래보다 신체 발육 속도가 빠르거나 느린 경우라고 하였다. 또는 말수가 적고 부끄러움을 많이 타거나 의사표현이 서툰 유아들이 따돌림을 당한다고 하였다(조선닷컴, 2012). 따돌림 당하는 유아들은 주로 다음과 같은 증상을 나타낸다.

따돌림 당하는 유아 특성 진단	그렇다
1. 유치원 가기를 꺼린다.	
2. 잠을 잘 못 자고 구토를 하거나 두통을 호소한다.	
3. 말수가 적어지고 우울해한다.	
4. 친구에게 다가가지 못하고 혼자 논다.	
5. 유치원에서 교사 주변을 맴돈다.	
6. 주먹이나 발로 폭력을 휘둘러 감정을 표현한다.	
7. 부모와 대화할 때 눈을 마주치지 못한다.	

출처: 조선닷컴(2012). 학교 폭력 이젠 그만: 여섯살짜리가… "엄마, 나 죽으면 애들이 좋아할까?" http://news.chosun.com (2015. 10. 3. 인출).

(2) 가해유아

유치원에서 가장 많이 나타나는 따돌림 행동은 그룹 지어 친구를 제외시키기, 신체적으로 공격하기, 욕이나 비속어 사용하기 등이다(김은설 · 최은영 · 조아라, 2013). 하지만 유치원에서도 신체적 · 언어적 · 비언어적 따돌림이 부분적으로 발생하고 있어서 친구를 따돌리는 유아들을 파악하여 지도하는 것이 필요하다. 또래 친구들을 따돌림시키는 유아들은 다음과 같은 특성을 나타낸다(송은영 · 이경민, 2014).

따돌림 시키는 유아 특성 진단	그렇다
1. 놀이에 전혀 끼워 주지 않는다.	
2. 무시하거나 놀리는 말을 자주 한다.	
3. 물건이나 장난감을 강제로 빼앗는 일이 빈번하다.	
4. 말을 걸어도 대답하지 않고 모른 척하는 일이 자주 있다.	
5. 다른 친구 앞에서 창피를 주거나 모함을 하는 일이 잦다.	
6. 원하지 않는 일을 억지로 시키는 일이 잦다.	
7. 때리거나 발로 차는 등 폭력을 가하는 일이 빈번하다.	
8. 물건으로 쿡쿡 찌르거나 슬쩍 건드리는 경우가 많다.	
9. 공동으로 쓰는 물건을 사용하지 못하게 하는 경우가 많다.	
10. 능숙하게 하지 못하는 일을 들추어내어 비난하는 경우가 잦다.	

출처: 송은영·이경민(2014). 유치원에서의 따돌림 실태와 교사의 인식. **미래유아교육학회지**, 21(3), 289-315.

3) 유아 따돌림의 대책

따돌림을 예방하고 문제를 해결하는 데 있어서 가해유아, 피해유아에게만 초점을 두기보다 여러 사람들의 집단 역동적인 상황으로 따돌림을 이해하는 것이 필요하다. 즉, 유아교육기관에서 부모, 교사가 공조하는 사회 · 생태학적 접근이 따돌림을 예방하는 데 효과적이다(유계숙 · 이승출 · 이혜미, 2013). 그러므로 어린 유아들의 따돌림 문제를 해결하는 데 있어서 부모나 교사 등 성인들의 지속적인 관찰 및 조기 발견, 적절한 지도 등은 매우 중요하다.

유아교육기관에서 따돌림이 발생했을 때, 담임교사가 유아를 효과적으로 지도하기 위한 방법을 제시하면 다음과 같다(송은영 · 이경민, 2014).

- 가해유아와 이야기하면서 잘못한 점을 알려 주고 타이른다.
- 피해유아에게 대처 방법을 알려 준다.
- 유아가 자신의 기분을 상대방에게 말하게 한다.
- 피해유아에게 유아의 행동 중에서 다른 친구들이 싫어하는 행동을 이야기해 주고 문제 행동을 하려고 할 때 개입하여 제지한다.
- 피해유아의 장점을 다른 유아들에게 알려 주고 칭찬한다.
- 따돌림 상황을 인형극으로 보여 주며 유아들과 이야기를 나눈다.

4. 유아 성폭력의 대책

유아 성폭력이란 유아에게 가해지는 성폭력으로, 넓게 보면 미성년자인 20세 미만의 아동과 청소년에 대한 강간, 추행 등의 성폭력이라고 할 수 있고, 좁게 보면 13세 미만의 아동에 대한 성적인 행위라고 할 수 있다(여성부, 2009c). 유아 성폭력은 그 후유증이 클 뿐 아니라 지속적인 영향을 미친다. 성폭력 피해유아 가운데 41.1%는 외상 후 스트레스장애(PTSD), 35.6%는 부모-자녀 관계의 문제, 13.2%는 과도한 자위행위 등, 부적절한 성적 행동을 보이는 것으로 나타났다(해바라기아동센터, 2006). 따라서 성폭력에 대한 즉각적인 진단과 대책이 중요하다. 유아 성폭력 사례, 진단 및 대처에 대해서 살펴보면 다음과 같다.

1) 유아 성폭력의 사례

친구 성기를 만지는 유아 사례

① 배경
- 기관 : 사립 어린이집
- 교사 : 경력 2년차 교사
- 유아 : 만 6세 남아 우혁

② 이야기 전개
- 사건 배경

우혁이는 평소에 말이 없는 편이다. 특별한 문제를 일으키지 않으나, 언제나 혼자 노는 것이 일상이 되었고 다른 사람들의 눈치를 살피고 소심한 편이다. 어린이집에는 유아들이 잠자는 곳이 따로 마련되어 유아들이 낮잠을 잔다.

• 사건 전개

어느 날 오후 한 유아가 교사에게 와서 말했다. "선생님 우혁이가 자꾸 친구들이 자는데, 와서 자지 못하게 방해해요." 하고 울먹거리며 말했다. 교사는 평소 말도 없던 우혁이가 그런 장난을 할 리 없는데 무슨 일일까 의아해 하며 우혁이를 지켜보았다. 하지만 우혁이는 혼자서 나름대로 재미있게 놀고 있었다. 그 후 또 다른 유아가 우혁이가 잠자는 것을 방해한다고 말했다. 그래서 교사는 오후 시간에 우혁이를 몰래 바라보았다. 그런데, 우혁이는 자는 여아의 바지를 벗기고 성기를 만지는 것이었다. 한 유아만이 아니라 우혁이는 다른 여아의 치마를 들추고 또 다시 만지는 것이었다. 교사는 관심을 기울이지 못한 자신의 행동이 후회스럽기 짝이 없었다. 저 나이 유아의 경우 성기에 호기심이 있을 수 있는데, 즉각 유아에게 대 놓고 꾸중을 한다면 우혁이에게 당혹스러움을 심어 주는 일이 되기 때문에 교사는 망설이고 있었다. 그래서 여러 가지로 우혁이에게 지도를 하고 노력하였으나 우혁이의 행동은 개선되지 않았다. 그래서 그 후 다른 교사와 의논하여 해결책을 찾기로 하였다. 우혁이와 낮잠 시간에 함께 있을 교사를 정하였고 유아가 자는 방을 교사들이 돌아가며 지켰다. 교사는 이러한 지도방법이 적절한 것인지, 우혁이의 행동이 개선될 수 있을지 걱정이다.

③ 사례에 대해서 토론하기

• 문제의 원인 :

• 사람들의 입장 :

• 문제해결 방법 :

2) 유아 성폭력의 진단

성폭력 피해를 진단하기 위해서는 다음에 열거한 징후 중 2~3가지 이상을 보이거나 한 가지라도 매우 심하게 나타낼 때는 차분히 살펴보고 대화를 나눠 문제의 원인이 무엇인지 파악해야 한다. 성폭력 피해가 의심될 때에는 여성긴급전화 1366, 한국성폭력상담소, 해바라기센터(아동) 등에 연락하여 문의 및 상담한다(여성부, 2009c). 성폭력 피해유아의 증상을 살펴보면 다음과 같다.

성폭력 피해 증상	그렇다
1. 갑자기 낮에도 혼자 있는 것을 두려워한다.	
2. 특정한 사람이나 장소, 물건 등을 보면 예민해지고 두려워한다.	
3. 평소보다 부모의 관심을 끌기 위해서 과도하게 매달리기도 한다.	
4. 밥을 먹지 않거나 아니면 갑자기 밥이나 다른 음식을 과도하게 먹는다.	
5. 자주 배가 아프다거나 머리가 아프다고 한다(고열 등 알 수 없는 감기 증상).	
6. 집중력과 학교 성적이 떨어지고 친구들과 잘 어울리지 않으려고 한다.	
7. 숙제를 하거나 집중하는 데 곤란을 겪는다.	
8. 자위행위를 한다.	
9. 성기 혹은 항문 주위의 상처, 통증, 가려움, 출혈 혹은 냉습 등을 보인다.	
10. 부적절한 성행동을 보이거나 성 문제에 대해 지나친 관심을 나타낸다.	
11. 성기나 항문에 물건을 삽입한다.	
12. 인형과 성적 행동을 하거나 장난감을 가지고 성행위를 흉내 낸다.	
13. 설명이 안 되는 감정변화와 우울증상을 보인다.	
14. 야뇨증을 보이고, 악몽을 꾸거나, 불을 켜 놓으려고 하는 등 잠자는 것을 두려워한다.	
15. 손가락을 빨거나, 유아어를 사용하거나 갑작스럽게 매달리는 등 아기 같은 행동을 하는 퇴행 현상을 보인다.	
16. 이유 없이 화를 잘 내고 불안해하며 신경이 예민해지고 폭력적으로 변한다.	
17. 상처 부위 등 자기 몸을 피가 나도록 꼬집고 뜯는 등의 자기학대를 한다.	
18. 자기보다 어린 아이에게 자기가 당한 일을 그대로 재연한다.	

출처: 여성부(2009c). 아동성폭력 대응 매뉴얼: 학부모용(pp. 10-11). 서울: 여성부.

3) 유아 성폭력의 대책

성폭력 사건이 발생하거나 또는 의심될 때, 얼마나 신속하고 적절하게 대응했는지 여부에 따라 피해유아의 회복 및 가해자에 대한 조치 정도가 달라지므로 부모 및 교사의 세심한 주의가 필요하다. 부모 및 교사 등의 성인은 사건을 은폐하려 하지 말아야 하며, 또한 임의로 사건을 해결하려 하지 말고, 사실을 알거나 의심하게 된 즉시, 전문기관에 문의, 상담 혹은 신고하도록 한다(여성부, 2009c). 성폭력 피해 발생 시에는 다음과 같은 수칙에 따라 대응해야 한다(교육부 · 이화여자대학교 폭력예방연구소, 2020; 여성부, 2009a).

① 성폭력 피해 인지 시

- 즉시 신고
- 관련 법률(「아동 · 청소년의 성보호에 관한 법률」)에 따라 원장을 비롯한 교직원은 자기의 보호 · 지원을 받는 유아가 성범죄 피해자인 사실을 알게 된 즉시 수사기관에 신고하여야 한다.
- 성폭력 사건을 숨기거나 학교 내에서 임의로 해결하려고 하지 않는다.
- 신고 의무자인 원장과 교직원은 피해유아 및 부모의 의사와 무관하게 성범죄 발생 사실을 수사기관에 신고하여야 한다.

아동·청소년의 성보호에 관한 법률(여성가족부, 2020a)

- 제34조(아동·청소년 대상 성범죄의 신고)
  ② 다음 각 호의 어느 하나에 해당하는 기관·시설 또는 단체의 장과 그 종사자는 직무상 아동·청소년 대상 성범죄의 발생 사실을 알게 된 때에는 즉시 수사기관에 신고하여야 한다.
  1. 「유아교육법」 제2조 제2호의 유치원

성폭력 방지 및 피해자 보호 등에 관한 법률(여성가족부, 2020b)

- 제9조(신고의무) 19세 미만의 미성년자(19세에 도달하는 해의 1월 1일을 맞이한 미성년자는 제외한다)를 보호하거나 교육 또는 치료하는 시설의 장 및 관련 종사자는 자기의 보호·지원을 받는 자가 「성폭력범죄의 처벌 등에 관한 특례법」 제3조부터 제9조까지, 「형법」 제301조 및 제301조의2의 피해자인 사실을 알게 된 때에는 즉시 수사기관에 신고하여야 한다.

② 성폭력 피해 의심 시

- 지원센터 문의 및 상담

- 성폭력 피해가 의심되지만 확실하지 않은 경우, 117 학교폭력신고센터, 여성긴급전화(1366), 해바라기센터(아동) 혹은 성폭력상담소 등에 연락하여 문의 및 상담을 한다(의료비 지원 및 무료 법률지원).
- 원장은 지체 없이 전담기구 또는 소속 교원으로 하여금 가해 및 피해 사실 여부를 확인하도록 해야 한다.
- 성폭력의 경우 비밀유지에 특별히 유의하여야 한다.
- 피해 사실이 확인되면 즉시 신고한다.

- 사안조사 및 보고

- 성폭력 피해유아는 정신적으로 매우 불안한 상태에 있는 경우가 많다. 따라서 사안조사에 있어서 세심한 주의를 기울여야 한다.
- 성폭력 사안조사 시에 피해유아가 신뢰할 수 있는 보호자, 법정대리인 등이 함께하여 심리적으로 안정된 상태에서 조사받게 하고 가해자와 피해유아가 대면하는 일이 없도록 해야 한다.
- 성폭력 사안에 대해 조사결과를 보고서로 작성하여 원장에게 보고한다. 필요시 조사결과를 심의위원회에 보고한다.
- 자체적인 성폭력 사안조사가 어려운 경우 전문상담기관에 협조 요청을 한다.

③ 비밀 준수

- 관련 법률(「아동 · 청소년의 성보호에 관한 법률」, 「학교폭력예방 및 대책에 관한 법률」)에 따라 유아 성폭력 관련 업무를 수행하였던 원장 및 교직원은 직무로 인하여 알게 된 비밀, 가해자, 피해유아 및 신고자 · 고발자와 관련된 자료를 누설해서는 안 된다.
- 다른 교직원이나 유아들에게 비밀이 누설되지 않도록 유의하고, 침착하게 대응한다.

아동·청소년의 성보호에 관한 법률(여성가족부, 2020a)

- 제31조(비밀누설 금지)

① 아동·청소년 대상 성범죄의 수사 또는 재판을 담당하거나 이에 관여하는 공무원 또는 그 직에 있었던 사람은 피해아동·청소년의 주소·성명·연령·학교 또는 직업·용모 등 그 아동·청소년을 특정할 수 있는 인적사항이나 사진 등 또는 그 아동·청소년의 사생활에 관한 비밀을 공개하거나 타인에게 누설하여서는 아니 된다.

학교폭력예방 및 대책에 관한 법률(교육부, 2020a)

- 제21조(비밀누설금지 등)

① 이 법에 따라 학교폭력의 예방 및 대책과 관련된 업무를 수행하거나 수행하였던 자는 그 직무로 인하여 알게 된 비밀 또는 가해학생·피해학생 및 제20조에 따른 신고자·고발자와 관련된 자료를 누설하여서는 아니 된다.

④ 긴급조치

- 피해유아와 가해자 분리
  - 피해유아와 가해자를 분리한다.
  - 친족 성폭력 등으로 인해 보호자로부터 긴급격리가 필요한 경우, 아동보호 전문기관 혹은 성폭력피해자보호시설(쉼터)로 연계한다(성폭력피해자보호시설은 1366을 통해 연계 가능).
- 응급 및 안전 조치
  - 상담실(Wee센터, 해바라기센터(아동), 성폭력 상담소 등)을 통해 상담, 치료, 법률지원 등 적절한 조치를 한다.
  - 피해유아 및 주변 유아의 보호와 지원 등을 위해 원장과 전문상담교사 혹은 보건교사 등 지정된 전문 대응팀을 중심으로 협의 · 대처한다.
  - 피해유아를 지지 및 지원하고 민감하게 보살핀다.

- 근거 보존
- 성폭력이 의심되는 근거들을 보존한다. 가해자 식별의 주요 단서가 되는 의학적 근거는 진찰을 받아야 얻을 수 있고 시간이 지남에 따라 소멸되기 때문에 신속한 조치가 필요하다.
- 입은 옷차림 그대로, 몸을 씻지 않고, 가능한 빨리 해바라기센터를 방문한다.
- 가까운 곳에 해바라기센터가 없을 경우에는 시 · 군 · 구청장이 지정한 성폭력 전담 의료기관을 찾는다.
- 병원 진찰과정은 피해유아에게 공포와 불안감을 줄 수 있다. 동행한 교사는 아동이 심리적 안정을 찾을 수 있도록 최선을 다한다. 왜 병원에 왔는지, 진찰을 받고 나면 어떤 부분을 예방할 수 있는지 설명해 준다.
- 증거물품(가해자 체모, 정액, 흉기 등)은 종이봉투에 넣어 보관하고 수사를 위해 현장을 훼손하지 않는다. 당장은 가해자를 고소할 생각이 없더라도, 나중에 고소를 결심할 때 이러한 증거가 꼭 필요하다. 증거 부족으로 가해자가 풀려나는 상황이 종종 있으니 반드시 증거를 채취해 둔다.
- 몸에 상처나 멍이 있는 경우 사진을 찍어 둔다.

- 학부모 연락
- 학부모에게 연락을 취하고, 부모와 긴밀히 협력하고, 부모에게 대응지침을 알려 준다.

- 심의위원회 개최 여부
- 성폭력 사안이 발생한 경우에 「학교폭력예방 및 대책에 관한 법률」에 따라 학교폭력대책 심의위원회 개최를 요청한다. 다만, 가해자가 일반인일 경우, 피해유아와 그 보호자가 원하지 않으면 학교폭력대책심의위원회를 개최하지 않을 수 있다.

학교폭력예방 및 대책에 관한 법률(교육부, 2020a)

제12조(학교폭력대책심의위원회의 설치·기능)
① 학교폭력의 예방 및 대책에 관련된 사항을 심의하기 위하여 「지방교육자치에 관한 법률」 제34조 및 「제주특별자치도 설치 및 국제자유도시 조성을 위한 특별법」 제80조에 따른 교육지원청(교육지원청이 없는 경우 해당 시·도 조례로 정하는 기관으로 한다. 이하 같다)에 학교폭력대책심의위원회(이하 "심의위원회"라 한다)를 둔다.
② 심의위원회는 학교폭력의 예방 및 대책 등을 위하여 다음 각 호의 사항을 심의한다.
1. 학교폭력의 예방 및 대책
2. 피해학생의 보호
3. 가해학생에 대한 교육, 선도 및 징계
4. 피해학생과 가해학생 간의 분쟁조정
5. 그 밖에 대통령령으로 정하는 사항

⑤ 사안처리 및 후속지원

- 유아교육기관
  - 원장은 조치를 이행하고, 재발 방지를 위해 노력한다.
  - 피해유아를 추수 지도한다.
  - 교사, 다른 유아들이 피해유아를 이해 및 공감하고 든든한 지원자가 되도록 조치한다.
  - 소속 교원 및 유아 대상의 성폭력예방 교육을 실시한다.
- 교육청, 학교안전공제회
  - 성폭력 사안 현장지원, 컨설팅 실시, 치료비 선지원 등을 실행한다.

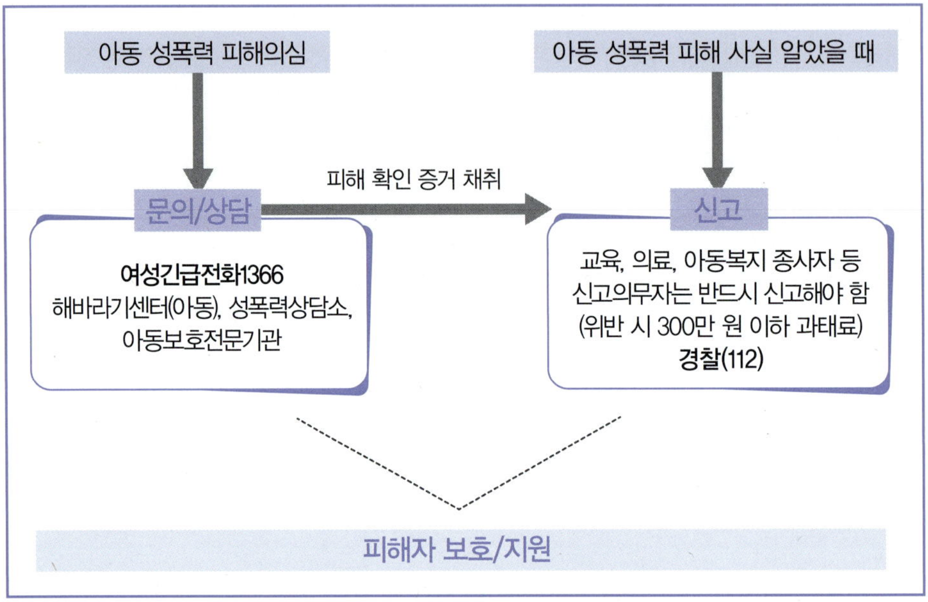

[그림 8-2] **성폭력 발생 시 대응절차**

출처: 여성부(2009a). 아동성폭력 대응 매뉴얼: 학교용(교장 등 관리자 및 교사). 서울: 여성부.

〈표 8-3〉 지역별 아동 성폭력 치료 및 상담지원 전문기관 연락처

지역	센터명	소재지	연락처	web주소
서울	서울해바라기센터(아동)	서울특별시 마포구 백범로 23 K-Tertle 7층	02-3274-1375	http://www.child1375.or.kr
부산	부산아동보호종합센터	부산광역시 서구 까치고개로 183(아미동2가)	051-240-6321	https://www.busan.go.kr/adong
대구	대구해바라기센터(아동)	대구광역시 중구 국채보상로 140길 32	053-421-1375	www.csart.or.kr
인천	인천해바라기센터(아동)	인천광역시 남동구 남동대로 769 2층	032-423-1375	http://www.sunflowericn.or.kr
광주	광주해바라기센터(아동)	광주광역시 동구 제봉로 57 웰클리닉4층	062-232-1375	http://www.forchild.or.kr/
대전	대전해바라기센터	대전광역시 중구 문화로 282 충남대학교병원 본관 2층	042-280-8436	http://www.djsunflower.or.kr
울산	울산해바라기센터	울산 남구 월평로171번길 13 울산병원 8층	052-265-1375	http://www.ussunflower.or.kr/
경기	경기해바라기센터(아동)	성남시 분당구 판교로 471 한화빌딩 5층	031-708-1375	http://www.sunflower1375.or.kr/
강원	강원서부해바라기센터	춘천시 백령로 156 강원대학교병원 어린이병원 지하 2층	033-252-1375	http://www.gwsunflower.or.kr
충북	충북해바라기센터(아동)	충주시 봉현로 222(교현동, 보성빌딩)	043-857-1375~7	http://www.helpsunflower.or.kr/home/
전북	전북해바라기센터(아동)	전주시 덕진구 백제대로 751 사학연금관리공단 2층	063-246-1375	http://www.jbsunflower.or.kr/
전남	전남해바라기센터	영광군 영광읍 신남로 265 영광기독병원 5층	061-351-4375	http://www.jnsunflower.or.kr
경북	경북동부해바라기센터(여성, 아동)	포항시 북구 대신로 43 선린병원 5층	054-245-593	http://www.gbsunflower.or.kr
경남	경남해바라기센터	창원시 마산합포구 완월동7길 74	055-244-8117 055-245-8117	http://www.gnonestop.or.kr/
제주	제주해바라기센터	제주시 도령로 65 제주한라병원 2층	064-749-5117	http://www.jjonestop.or.kr

3부

유아교사·부모 학대의 예방 및 대책

9장 유아교사 학대의 예방 및 대책

1. 유아교사 학대의 예방

교사들은 가르치는 일의 복잡성으로 인해 자신의 일을 불확실하게 생각할 수 있고, 이러한 불확실성이 불안감으로 발전할 수 있다(Lortie, 1993). 또한 교사는 직무와 관련하여 상호작용하는 과정에서 유아교육기관의 조직 목표와 개인의 욕구 사이에 불균형이 생겨 직무 스트레스를 받을 수 있다(한국기업교육학회, 2010).

이러한 스트레스 상황에서 교사는 부정적인 감정을 가질 수 있는데, 부정적 감정은 원인이 없어지거나 적절한 방법으로 각성되고 표출되기 전에는 해소되지 않는 특성이 있다. 감정의 강도가 작은 경우에는 이성의 힘에 의해서 통제되어 겉으로 나타나지 않을 수 있으나, 감정은 누가적인 특성이 있어서 어떤 형태로든 처리하기 전에는 없어지지 않고 쌓이게 된다. 그래서 화를 한 번 참고 두 번 참는 것은 어느 정도 가능하지만, 계속해서 참게 되면 나중에 쌓여서 폭발하게 된다. 감정이 폭발하면 감정은 해소되나 주변에 피해를 끼치는 등 부작용을 낳을 수 있다(김진숙 · 김은지 · 연미희 · 이인수 · 이창숙, 2003).

유아교육기관에서 유아를 돌보고 교육하는 교사들은 다양한 역할과 업무 수행, 열악한 근무 조건, 부모들의 과도한 요구, 교원들 간의 의견 차이 등으로 스트레스와 부정적인 감정을 경험하게 된다. 이러한 스트레스나 부정적인 감정은 교사 개인뿐만 아니라 유아에게 부정적인 영향을 미칠 수 있기 때문에 자신의 스트레스나 분노 수준을 잘 인식하고 평소에 적절하게 감정을 처리하고 예방하는 것이 필요하다.

1) 유아교사의 스트레스 해소

유아교사는 직무를 수행하는 과정에서 스트레스를 받게 된다. 유아교사의 직무스트레스란 교사의 자존감이나 안녕을 해치는 환경과 요인을 감소시키기 위한 대처 방안의 결과로 나타나는 부정적인 반응이다(Kyriacou, 2001, 이선경 · 이민희 · 김경의, 2014, 재인용). 유아교사들이 스트레스를 받는 요인은 대우, 유아지도, 시간 부족 및 과다업무, 부모 등 다양하다. 이러한 요인 중 낮은 대우와 유아지도가 유아교사의 가장 큰 스트레스 요인으로 나타났다(최옥련, 2004). 유아교사의 직무스트레스 수준은 근무시간이 많을수록 높아지는 경향이 있어서 근무시간이 많고, 급여 수준이 낮은 유아교사들에게서 유아들과의 관계에 대한 스트레스가 높았다(오옥선, 2014). 특히 유아의 부적응 행동은 지도 과정에서 교사의 에너지를 소진시키기 때문에 교사와 유아 간의 관계, 교사의 교직 효율성과 직무 만족도에 영향을 주었다(강정원 · 김순자, 2006). 그 외에 유아교사는 부모로 인해서 스트레스를 받는데, 기관에서 발생하는 안전사고와 책임소재, 교육과정에 대한 부모의 간섭, 기관 내 유아 행동에 대한 교사와 부모의 의견 차이, 교사에 대한 부모의 예의 없는 언행 등에서 스트레스가 발생하였다(이윤경, 2007).

유아교사들이 스트레스를 조절하기 위해서는 우선 자신의 스트레스 수준을 진단하고 적절히 해소하는 것이 필요하다. 다음에 제시된 '스트레스 평가 기준(Holmes & Rahe, 1967)' 과 '스트레스 진단 문항(한국스트레스 매니지먼트 연구소, 1991)' 을 활용하여 교사는 자신의 스트레스 수준을 진단할 수 있다.

스트레스 평가 기준			
지난 1년 동안 일어났든 사건을 체크한 다음 총점을 구하시오.			
사건	점수	사건	점수
1위 배우자 사망	100	23위 자녀의 출가	29
2위 이혼	73	24위 시댁 식구와의 문제	29
3위 별거	65	25위 우수한 개인적 성취	28
4위 투옥	63	26위 아내의 맞벌이 시작 또는 중지	26
5위 가족의 사망	63	27위 입학 또는 졸업	26
6위 본인의 부상 또는 질병	53	28위 주위 거주환경의 변화	25
7위 결혼	50	29위 개인적인 버릇의 교정	24
8위 해고	47	30위 상사와의 갈등	23
9위 별거 후 재결합	45	31위 근무시간 및 근무조건의 변화	20
10위 은퇴	45	32위 거주지의 변화	20
11위 가족 구성원의 건강 문제	44	33위 학교의 변화	20
12위 임신	40	34위 오락활동의 변화	19
13위 성적인 장애	39	35위 교회활동의 변화	19
14위 새로운 가족 구성원의 증가	39	36위 사회활동의 변화	18
15위 사업의 재적응	39	37위 1000만 원 이하의 저당이나 채무	17
16위 재정적인 변화	38	38위 수면습관의 변화	16
17위 친한 친구의 사망	37	39위 동거인 수의 변화	15
18위 다른 분야의 직업으로 전환	36	40위 식습관의 변화	15
19위 배우자와의 말다툼 횟수의 변화	35	41위 휴가	13
20위 1000만 원 이상의 저당이나 채무	31	42위 공휴일	12
21위 저당물의 압수	30	43위 가벼운 법률 위반	11
22위 일의 책임상의 변화	29		
300점 이상 : 질병의 위험이 높음 150~300점 : 질병의 위험 있음 150점 이하 : 스트레스로 인한 질병 위험 적음			

출처: Holmes, T. H., & Rahe, T. H. (1967). The social readjustment rating scale. *Journal of Psychosomatic Research, 11*(2), 213-218.

스트레스 진단 문항	그렇다
1. 두통이 있고 머리가 무겁다.	
2. 감기에 자주 걸린다.	
3. 숨이 차다.	
4. 몸이 떨리고 경직이 일어난다.	
5. 자주 변비와 설사가 있다.	
6. 가슴앓이와 구토가 있고 식욕이 없다.	
7. 불면증의 기미가 있다.	
8. 몸이 나른하고 쉽게 피로해진다.	
9. 눈이 쉽게 피로해진다.	
10. 초조하다.	
11. 흥분하여 화를 잘 낸다.	
12. 집중력이 저하되고 끈기가 없다.	
13. 조그마한 일에도 놀란다.	
14. 가만히 앉아 있지 못하고 이리저리 돌아다닌다.	
15. 건망증과 혼란을 일으키기 쉽다.	
16. 논리 정연하게 얘기를 하거나 글을 쓸 수가 없다	
17. 무엇인가 부딪히거나 걸려 넘어지기 쉽다.	
18. 기분이 자주 변한다.	
19. 복장과 머리 형태를 자주 바꾸거나 전혀 바꾸지 않는다.	
20. 마치 무엇인가에 이끌린 것처럼 필요 이상으로 일에 몰두한다.	
21. 성급하게 결단을 내리려고 한다.	
22. 태도가 안정되지 못하다.	
23. 사소한 일에 화를 낸다.	
24. 말수가 없거나 별일도 아닌 것을 요란하게 떠들어 댄다.	
25. 일의 능률이 떨어진다.	
26. 일의 실수가 늘어난다.	
27. 개인적인 전화와 화장실 가는 횟수가 늘어난다.	
28. 결근, 지각, 조퇴가 늘어난다.	
29. 말수가 적고 생각에 잠긴다.	
30. 아침까지 피곤이 남아 일을 할 만한 기력이 생기지 않는다.	
31. 일 도중에 자주 쉬게 된다.	

스트레스 진단 문항	그렇다
32. 우울하여 기분이 가라앉는다.	
33. 사람과 만나서 얘기하는 것이 귀찮다.	
34. 화장과 복장에 관심이 없다.	
35. 혼자 공상에 잠기는 일이 자주 있다.	
36. 사람에 대한 불신감에 항상 가책을 받는다.	
37. 모든 일에 자신이 없고 인생이 귀찮게 생각된다.	
1/3(12문항) 이상 체크했다면 스트레스의 원인을 찾고 해결하도록 한다.	

출처: 가족스트레스연구회(1994). **엄마의 스트레스**(pp. 77-78, 재인용). 서울: 창지사.

유아교사의 스트레스 수준이 과도하다면 스트레스 원인을 찾아서 해결해야 한다. 스트레스가 과도하면 호흡과 맥박이 빨라지고, 근육이 긴장되고, 구역질이 나는 등 신체 · 정서적 반응을 일으킬 수 있다. 또한 스트레스를 과도하게 받고 있다면 행동에 영향을 줄 수 있다. 따라서 유아교사는 스트레스를 인식하여 행동에 영향을 줄 수 있는 상황을 정리하고, 관련 요인들의 우선순위를 매기고, 스트레스를 감소시키거나 해결할 수 있는 최고의 방법을 선택해야 한다(Fritz, Brown, Lunde, & Banset, 1999). 스트레스를 극복할 수 있는 일반적인 방법으로 긍정적인 태도 갖기, 문제 다루기, 관계 형성하기, 행동 취하기 등이 있다. 이를 구체적인 살펴보면 다음과 같다(이주희 · 최은정 · 최명선 · 박희현 · 진혜경, 2008; Roe & Ross, 1998).

(1) 긍정적인 태도 갖기

- 자신의 장점과 약점을 인식하기
  자신의 장점을 계발하고, 자신의 한계를 인식한다.
- 철저히 준비하기
  수업 준비를 철저히 한다.
- 긍정적으로 생각하기
  부정적인 생각은 자신감을 감소시키므로 모든 일을 긍정적으로 생각한다.

- 걱정하지 않기

  걱정하는 일들은 대부분 일어나지 않으므로 할 수 없는 일은 하지 말고 할 수 있는 일 중심으로 실행한다.

(2) 문제 다루기

- 문제 인식하기

  문제가 진정 나의 문제인지를 생각한다. 만약 그렇지 않다면, 그 일에 책임이 있는 사람에게 넘긴다.
- 해결방법 찾기

  만약 나의 문제라면, 그것을 해결할 수 있는 여러 가지 방법을 생각한다.
- 도움 요청하기

  만약 해결방법을 알지 못하면, 도움을 요청하고 자신이 할 수 있는 최고의 방법으로 그 문제를 해결한다.
- 우선순서와 마감일 정하기

  일의 순서와 목록을 만들고, 마감 날짜를 결정한다. 계획대로 실행하고, 각각의 일이 끝났을 때 표시하여 성취한 것을 확인한다.
- 유머 감각을 갖기

  자신의 실수에 대해서 웃을 수 있는 유머 감각을 갖는다.
- 자신의 능력 인정하기

  책임을 다할 수 없다고 느낄 때, 할 수 없다는 것을 상대에게 말한다.

(3) 관계 형성하기

- 친구 만나기

  다른 분야의 친구를 만나는 것은 스트레스에서 벗어나게 한다. 문제를 털어놓을 수 있는 친구를 만나서 어려움을 공유하므로 다른 관점으로 사물을 보게 되고 새로운 접근을 시도할 수 있다.

- 좋은 관계 형성하기

  만약 성격상의 갈등이나 견해 차이가 있다면, 대화하는 것이 최상의 방법이다.

(4) 행동 취하기

- 운동이나 게임하기

  조깅, 걷기, 테니스 등의 운동이 신체적으로 피곤할 수 있어도 즐거움을 주고 피곤을 풀어 준다. 그러나 매우 경쟁적인 게임은 피하는 것이 좋다.
- 휴식 및 숙면하기

  휴식과 충분히 잠을 자는 것은 긴장을 풀기 위해서 중요하다. 잠자리에 들 때 내일 걱정을 하거나 있었던 일을 생각하지 않는다.
- 다른 활동하기

  자유 시간에 취미나 정신적 휴식 활동을 하는 것이 좋다.
- 호흡법

  호흡법을 통해 피로를 풀고 생기를 얻을 수 있는데, 폐에 공기가 가득 차도록 윗배를 부풀리고 넷까지 세고 숨을 천천히 내쉬면서 넷까지 센다. 이때 편안한 상황을 계속 떠올린다.
- 스트레칭

  신체 각 부분을 스트레칭 한다. 예를 들어, 손을 깍지 낀 채로 손바닥이 위로 향하게끔 두 팔을 곧게 쭉 뻗고 그리고 두 팔을 내리고 편히 쉬는 것을 반복한다.

2) 유아교사의 부정적 감정 조절

유아교사는 대인관계에서 분노, 불안, 우울 등과 같은 부정적인 감정을 경험하게 된다. 부정적인 감정은 타인관계를 약화시킬 뿐 아니라 갈등이나 다툼으로 비화되어 인간관계를 붕괴시킨다. 따라서 유아교사가 유아에게 부정적인 감정을 표출하지 않기 위해서는 이러한 감정을 잘 조절하는 것이 중요하다(권석만, 1997).

부정적 감정을 효과적으로 표현하기 위해서는, 첫째, 자신이 어떠한 감정 상태에 있는지를 확인한다. 감정의 문제를 가진 사람들 중에 그러한 사실을 잘 인식하지 못하는 경우가 있다. 감정을 정확히 인식하고 표현할 때 문제가 해결될 수 있다. 둘째, 감정을 표현할 적절한 용어를 생각하고 표현한다. 특정 감정을 경험하면서도 어떤 감정인지 정확하게 표현하지 못해서 어려움을 겪기도 하는데, 자신의 감정을 나타내는 가장 적절한 용어를 찾아서 표현하는 것이 효과적이다. 셋째, 복잡한 감정에 주의한다. 사람의 감정은 단일한 경우도 있으나 복합적인 경우가 많다. 자신의 감정이 단일한 감정인지 아니면 복잡한 감정인지를 파악하는 것도 필요하다. 넷째, 감정을 경험하는 것과 행동하는 것은 별개의 것임을 인식해야 한다. 다섯째, 자신의 감정에 대하여 책임을 지고 수용한다. 보통 다른 사람 때문에 화가 난다고 하지만, 화를 내는 것은 자신의 성격이나 생각 때문에 화를 내게 되는 것이다. 여섯째, 자신의 감정을 상대방에게 표현할 수 있는 최적의 시간과 장소를 선택한다. 감정이 격해 있을 때, 즉시 자신의 부정적인 감정을 표현하는 것은 사태를 악화시킬 위험이 크기 때문에 조금이라도 여유를 갖는 것이 필요하다(김진숙 외, 2003).

유아교사가 부정적인 감정인 분노를 느낀다면 분노를 조절하는 것이 필요하다. 분노 조절이란 분노를 지배하고, 조절하고, 관리하는 것이다. 분노에 대한 건전한 반응이란 상대편을 해치거나 손상을 주지 않는 범위에서 신체적 · 심리적 불균형 상태로부터 다시 평안을 회복하고 분노 상황에서 자신이 진정으로 원했던 것을 달성하게 하는 반응이다(Alschuler & Alschuler, 1984, 한국심리학회, 2014, 재인용). 유아교사가 자주 분노 감정을 경험한다면, 우선 자신의 감정 상태를 파악해 보는 것이 필요한데, 다음의 '분노특성 도구(남주희, 2010, 재인용)'를 활용할 수 있다.

분노특성 측정 도구				
문항	전혀	조금	많이	매우
1. 나는 화를 쉽게 낸다.				
2. 나는 불 같은 성격이다.				
3. 나는 성질이 급한 사람이다.				
4. 나는 다른 사람의 실수로 내가 방해를 받을 때는 화가 난다.				
5. 나는 내가 잘한 일에 대해서 인정을 못 받을 때는 화가 난다.				
6. 나는 흥분을 잘하는 성격이다.				
7. 나는 화가 많이 나면 심한 욕을 하기도 한다.				
8. 나는 다른 사람 앞에서 비난을 받으면 좌절감을 느낀다.				
9. 나는 좌절감을 느끼면 누군가를 때리고 싶다.				
10. 나는 좋은 일을 하고도 나쁜 평가를 받으면 화가 머리끝까지 난다.				

출처: 남주희(2010). 아동의 성격차원과 분노표현의 관계: 특성분노의 매개효과(p. 67). 한양대학교 대학원 석사학위 논문.

유아교사가 분노의 감정을 가지고 있다면 이를 조절해야 하는데, 분노를 조절하는 방법으로는 정서 회피적 방법, 정서 직면적 방법, 인지적 재구성 방법 등이 있다. 이를 구체적으로 제시하면 다음과 같다(권석만, 2004).

(1) 정서 회피적 방법

불쾌하고 부정적인 정서를 회피하기 위해서 다른 활동에 주의를 돌려 기분을 변화시키는 방법이다. 우울하거나 불안할 때, 영화 보기, 운동하기, 명상하기, TV 보기, 음악 듣기, 목욕하기, 쇼핑하기, 여행하기, 취미활동 하기, 일에 몰두하기 등의 매우 다양한 방법이 있다.

(2) 정서 직면적 방법

부정적인 정서에 주의를 기울이며 이를 해석하기 위해서 노력하는 다양한 방법을 의미한다. 불쾌한 감정을 유발하는 사람에게 직접 표현하기, 부정적인 감정을 객관적으로 볼 수 있도록 편지나 일기 등 글로 쓰기, 사건에 대해서 다른 사람에게 이야기하기, 다른 사람에게 조언 구하기 등의 방법이 있다.

(3) 인지적 재구성 방법

인지적 재구성 방법은 정서 직면 방법 중의 하나라고 볼 수 있는데, 사고 내용에 대한 관심에서 출발한다. 첫째, 사고 발견 단계로, 불쾌하게 느낀 감정을 구체화하고, 부정적인 감정을 유발한 이전 사건을 객관적으로 기술한 다음, 불쾌한 사건에 대한 나의 생각을 찾아본다. 둘째, 사고의 합리성, 즉 사실성, 논리성, 유용성을 평가한다. 셋째, 불쾌한 감정을 유발한 사건의 의미를 달리 해석하는 방법은 없는지 대안적 사고를 발견한다.

부정적인 감정 조절하기 연습

- 최근 강한 분노 및 불안(또는 좌절감)을 느꼈던 세 가지 대인관계 상황을 떠올린다. 이러한 불안(또는 좌절감)을 느끼게 한 대인관계 사건과 다른 사람에 대한 사고를 분석해 본다. 아울러 다른 사람에 대한 생각의 내용이 과연 정당한 것이었는지를 깊이 생각해 보고 다른 대안적 사고를 탐색해 본다. 그러한 대안적 사고를 하게 되었을 때, 분노 및 불안(또는 좌절감)이 어떻게 변화하는지를 살펴본다.
- 최근의 대인관계 사건에 대한 분노 및 불안(좌절감)을 느끼게 된 것은 다른 사람에 대한 나의 어떤 신념이 관련 있는지 살펴본다.

- 나는 그 사건이나 상황에 대해서 어떤 기대를 하고 있는지?
- 과연 어떤 기대가 어긋나서 분노 및 불안(좌절감)을 느끼게 된 것인지?
- 만약 그러한 상황에서 어떻게 기대했더라면 이러한 부정적 감정을 느끼지 않을 수 있었는지?
- 그러한 상황에서 가장 현실적이고 합리적인 현명한 기대는 어떤 것일지?

출처: 권석만(1997). 젊은이를 위한 인간관계의 심리학. 서울: 학지사.

이와 같은 다양한 방법을 활용하여 교사는 자신의 분노 및 부정적인 감정을 스스로 통제하고 다스릴 수 있도록 노력해야 한다. 다양한 방법으로 분노 및 부정적 감정을 해결할 수 없을 정도로 심각한 경우에는 전문가를 찾아가 상담치료나 인지치료를 받는 게 좋다(헬스조선, 2015).

3) 유아교사의 교직윤리 증진

유아교사의 교직윤리란 유아교사들이 유아나 부모와의 관계 속에서 스스로 지켜야 하는 행동 지침, 사회적 규범이라고 할 수 있다(유경애 · 김일민, 2013). 유아교사의 윤리강령의 중요성에 대해서 Katz(1989, 박은혜, 2009, 재인용)는 '첫째, 윤리강령은 유아들의 안녕을 위하여 옳은 판단을 내릴 수 있도록 도와준다. 둘째, 윤리강령은 서로 다양한 요구를 가진 유아나 부모로 인하여 발생하는 문제들을 해결하는 데 도움을 준다. 셋째, 윤리강령은 불확실성이 높은 상황에서 철학적 기초를 제공하므로 결정하는 데 방향을 제공해 주는 역할을 한다. 넷째, 교사는 자신과 부모, 유아 사이에서 판단을 내리기 어려운 딜레마에 빠지게 되는데, 이때 방향을 제공해 준다.' 고 하였다. 따라서 유아교사는 윤리강령을 알고 실천함으로써 유아에 대한 부적절한 행동을 자제하고 바른 유아교사가 될 수 있다. 유아교사들이 알아야 하는 유치원 교사 헌장 · 강령, 어린이집 원장 및 보육교사 윤리강령은 다음과 같다.

유치원 교사 헌장·강령

유치원 교사 헌장

유아교육은 유아의 삶에 초석이 되며, 우리 사회와 국가의 미래를 결정한다. 우리는 국민의 생애 초기 교육을 책임지며 사회로부터 존경받는 교사로서 자신을 연마하고 소명의식을 가지고 유아 교육자로서 가야 할 길을 밝힌다.

1. 우리는 유아를 사랑하고 개성을 존중하며 전인발달을 지원하고 평화로운 교실문화를 조성한다.
2. 우리는 미래지향적이며 질 높은 교육을 계획하고 실천하여 교육자로서의 책임을 다한다.

3. 우리는 가정에 대한 이해와 연대를 강화하여 교육복지 사회구축에 공헌한다.
4. 우리는 사회의 변화와 요구에 적극 부응하여 유아교육의 혁신과 발전을 위해 노력한다.
5. 우리는 교육자로서의 품위를 유지하고 부단한 자기개발을 통해 유아교육 전문가로서의 위상을 갖춘다.

유치원 교사 강령

01. 유치원 교사와 유아

핵심개념: 사랑, 평등, 개성 존중, 전인교육, 안전과 보호

① 우리는 유아를 사랑하며 유아의 인경을 존중한다.
② 우리는 유아의 개인적·가정적 배경에 관계없이 모든 유아를 평등하게 대한다.
③ 우리는 유아의 개성을 존중하며 개인의 흥미와 잠재력에 적합한 교육을 제공한다.
④ 우리는 유아의 전인발달을 지원하는 교육과 환경을 제공한다.
⑤ 우리는 유아의 안녕을 위협하는 가정적·사회문화적·경제적 상황을 적극적으로 파악하고 유아를 보호하기 위해 노력한다.

02. 유치원 교사와 가정

핵심개념: 가족에 대한 이해, 권리 보호, 협력, 지원

① 우리는 유아를 교육하고 지원하기 위해 가정과 연계하고 협력관계를 구축한다.
② 우리는 교육적 목적으로 수집한 가족 정보에 대해 기밀을 유지하고 가족의 사생활을 보장한다.
③ 우리는 유치원에서 일어난 안전사고나 위험 상황에 대해 가족에게 충분히 설명한다.
④ 우리는 가족에게 유치원을 개방하며 필요한 정보를 제공한다.
⑤ 우리는 유치원 운영에 관련된 중요한 의사결정 과정에 부모를 참여시킨다.
⑥ 우리는 가족에게 필요한 지역사회 자원에 대한 정보를 구축하고 이를 가족에게 적극 제공한다.

03. 유치원 교사와 사회

핵심개념: 사회에 대한 이해, 교직원의 지위 향상, 유아교육 위상 강화, 교직문화, 지역사회와의 협력

① 우리는 사회의 흐름을 파악하고 이를 교육에 반영하고자 노력한다.
② 우리는 유아에 관련된 법률과 정책을 이해하고 이를 개선하기 위한 활동에 적극 참여한다.
③ 우리는 교직 관련 단체와 전문가 협회를 통해 교권 확립을 위한 활동에 참여한다.
④ 우리는 유치원 교육을 사회에 널리 알려 유아교육의 위상을 높인다.
⑤ 우리는 교직원 간의 상호존중과 협력을 통해 건전한 교직문화를 형성한다.

⑥ 우리는 유치원과 연계하여 지역사회의 생활과 문화 향상에 기여한다.

04. 유치원 교사의 책무

핵심개념: 직업의식과 긍지, 인성(열정, 개방성, 창의성, 자율성), 교사로서의 품위, 연구와 자기개발

① 우리는 교육전문가로서의 직업의식을 갖는다.
② 우리는 건전한 국가관과 확고한 교육관을 가지고 교직에 종사한다.
③ 우리는 유아에게 최적의 교육을 제공하기 위해 열과 성을 다한다.
④ 우리는 건전한 언행과 생활태도로 유아에게 모범이 되도록 한다.
⑤ 우리는 열린 사고와 개방적 태도를 가지고 전문성 향상에 매진한다.
⑥ 우리는 다양한 분야의 전문가와 교류하고 새로운 지식과 정책을 비판적으로 수용한다.

출처: 유치원교원양성·임용제도개선연구단·한국4년제유아교사양성대학교수협의회·한국전문대학유아교육과교수협의회·한국국공립유치원교원연합회·한국유치원총연합회·전국사립유치원연합회(2011). 유치원 교사 헌장·강령. cfile205.uf.daum.net/attach/127C92514DD13BC61BF7B4(pp. 1-8). (2015. 10. 31. 인출).

보육인 윤리 선언

나는 영유아의 건강한 성장과 발달을 지원하는 보육교사(어린이집 원장)로서, 직무상의 윤리적 책임을 다하여 다음 사항들을 지킬 것을 다짐합니다.

1. 나는 내가 영유아에게 지대한 영향을 미치는 존재임을 잊지 않으며, 항상 스스로의 말과 행동에 신중을 기한다.
1. 나는 영유아의 인격과 권리를 존중하며, 어떠한 경우에도 영유아에게 해가 되는 일을 하지 않는다.
1. 나는 영유아 가정의 다양성을 이해하고 존중하며, 상호 신뢰하는 동반자적 관계를 유지한다.
1. 나는 동료를 존중하고 지지하며, 서로 협력하여 최상의 보육서비스를 제공하기 위해 노력한다.
1. 나는 보육의 사회적 책임과 역할을 인식하고, 영유아의 권익과 복지를 위한 활동에 앞장선다.
1. 나는 「어린이집 원장·교사 윤리강령」을 직무수행의 도덕적 규준으로 삼아 진심을 다하여 충실히 이행한다.

제1장. 영유아에 대한 윤리

1. 영유아에게 고른 영양과 충분한 휴식을 제공하여, 몸과 마음이 건강한 사람으로 자라도록 돕는다.

2. 성별, 지역, 종교, 인종, 장애 등 어떤 이유에서도 영유아를 차별하지 않고, 공평한 기회를 제공한다.
3. 영유아는 다치기 쉬운 존재임을 인식하여 항상 안전하게 보호한다.
4. 영유아에 대한 정서적·언어적·신체적 학대를 행하지 않는다.
5. 어린이집 내외에서의 영유아 학대나 방임을 민감하게 관찰하며, 필요한 경우 관련 기관('아동보호전문기관' 등)에 보고하고 조치를 취한다.
6. 영유아의 인격을 존중하고, 개인의 잠재력과 개성을 인정한다.
7. 개별적 상호작용 속에서 영유아의 요구를 수용하기 위해 노력한다.
8. 영유아의 사회·정서·인지·신체 발달을 통합적으로 지원하는 보육프로그램을 실시한다.
9. 특별한 도움을 필요로 하는 경우, 전문가와 협력하여 영유아의 입장에서 최선의 대안을 찾는다.
10. 보육활동을 계획·실행·평가하는 모든 과정에 영유아의 흥미와 의사를 반영한다.
11. 영유아의 개인적 기록과 정보에 대해 비밀을 보장한다.

제II장. 가정에 대한 윤리

1. 상호 신뢰를 바탕으로 영유아의 가정과 동반자적인 관계를 유지한다.
2. 각 가정의 양육가치와 의사결정을 존중한다.
3. 경제적 수준, 가족형태, 지역, 문화, 관습, 종교, 언어 등 어떤 것에 의해서도 영유아의 가정을 차별 대우하지 않는다.
4. 보육활동 및 발달 상황에 관한 정보를 정확하게 제공하여 영유아에 대한 가정의 이해를 돕는다. 다문화, 심신장애 등으로 의사소통에 도움이 필요한 경우 문제를 해결할 최선의 방법을 도모한다.
5. 어린이집 운영 전반에 관한 정보를 공개하여 영유아 가정의 알 권리에 응한다.
6. 보육프로그램과 주요 의사결정에 영유아의 가정이 참여하도록 안내한다.
7. 필요한 사회적 지원, 전문서비스 등 관련 정보를 제공하여 영유아 가정의 복지 증진을 돕는다.
8. 영유아 가정의 사생활을 보호하고 익명성을 보장한다.

제III장. 동료에 대한 윤리

[어린이집 원장]

1. 최상의 보육서비스 제공에 필요한 인적·물적 환경의 조성 및 유지를 위해 노력한다.
2. 보육교사를 신뢰하고 존중하며 전문성과 자율성을 인정한다.
3. 성별, 학연, 지연, 인종, 종교 등에 따라 보육교사를 차별하지 않는다.
4. 업무 관련 의사결정이 필요한 경우, 보육교사의 의견 개진 기회를 보장한다.
5. 보육교사에게 지속적 재교육 등 전문적 역량 제고의 기회를 부여한다.
6. 보육교사에게 적정 수준의 보상(보험, 급여 등)을 안정적으로 제공하며, 복지증진에 힘쓴다.
7. 보육교사 개인의 기록과 정보에 대한 비밀을 보장한다.

[보육교사]
1. 존중과 신뢰를 바탕으로 협력하며, 서로의 전문성과 자율성을 인정한다.
2. 상호 간 역량계발과 복지증진에 부합하는 근무환경이 되도록 힘쓴다.
3. 어린이집 원장 및 동료와 영유아 보육에 대한 신념을 공유한다.
4. 보육교사로서의 전문성 향상을 위해 스스로 노력한다.
5. 어린이집 내에서 영유아 및 보육교사의 인권과 복지를 위협하는 비윤리적 사태가 발생한 경우, 법률규정이나 윤리기준('한국보육시설연합회 윤리강령위원회' 참조)에 따라 조치를 취한다.

제IV장. 사회에 대한 윤리
1. 공보육에 대한 책임을 인식하고, 항상 질 좋은 보육서비스를 제공한다.
2. 영유아의 안전을 위협하는 환경이나 정책이 발견될 시, 관계기관과 협의하여 개선한다.
3. 공적 책임이 있는 어린이집으로서 재정의 투명성을 유지하고, 부정한 방법으로 사적 이익을 취하지 않는다.
4. 영유아의 권익보호를 위해 관련 정책 결정 및 법률 제정에 적극 참여하며, 사회적으로 이를 널리 알리는 데 앞장선다.
5. 지역사회 실정에 맞는 어린이집의 책임과 역할을 인지하고, 실천하고자 노력한다.

출처: 김은설·김수연(2009). 보육시설장 교사 윤리강령 개발연구(pp. 73-76). 서울: 한국보육시설연합회·한국육아정책연구소.

이상에서 제시한 것처럼 유아교사의 교수행동과 교직관 형성에 중요한 근간이 되는 교직윤리의 중요성을 인식하고, 보다 실질적으로 교직윤리 의식을 함양할 수 있는 방안이 필요하다(조형숙, 2007). 교직윤리를 강화하는 교직윤리 교육과정 내용을 살펴보면 다음 〈표 9-1〉과 같다.

〈표 9-1〉 **교직윤리 교육과정**

구분	내용
교육개요	• 오늘날 교직사회에서 일어나는 윤리적 갈등상황을 인식하고 교직윤리 교육의 필요성을 깨닫는다. • 구체적으로 현장에서 직면할 수 있는 윤리적 갈등상황에 대한 판단능력을 함양한다. • 교직윤리 강령의 내용을 인식하고 현실 속에서 이를 실천할 방안을 모색한다.
교육목표	• 교직윤리의 의미를 인식한다. • 교직윤리를 실천할 수 있는 실천의지와 수행능력을 기른다.

구분	내용	
교육내용	영유아에 대한 윤리적 책임	• 유아기의 의미에 대한 가치 인식 • 유아의 존엄성, 자존감, 신체적 안녕, 유능감 촉진 • 유아의 독특한 잠재력 지원
	가정에 대한 윤리적 책임	• 유아의 가정에 대한 지원 • 가족과 유아교육의 연계, 협조 • 가정의 결정권 존중
	동료에 대한 윤리적 책임	• 동료교사와 협조, 조화의 책임 • 전문가적 발전과 진보의 기회 보장
	지역사회 및 사회에 대한 윤리적 책임	• 가족, 문화, 집단, 사회 속에서의 유아에 대한 인식 및 책임 공유
교육방법	교직윤리에 대해 아는 것이 곧 교직윤리의 실천이 아니므로 교직윤리에 대한 강의를 듣고 유아교육기관에서 관련된 자료를 조사·분석·토의하는 과정을 갖는다. 이렇게 토의 및 발표하는 과정을 통해서 교직윤리에 대한 신념을 강화하고 행동의 변화를 가져온다. • 주제에 대한 강의 및 조사 • 주제 관련 토의 및 발표, 게임 • 주제 관련 역할극	

출처: 유경애·김일민(2013). 교직윤리교육이 예비유아교사의 교직윤리 인식에 미치는 영향. **윤리교육연구, 31**, 283-303. 재구성.

2. 유아교사 학대의 대책

유아교사는 직무 스트레스와 부정적인 감정을 적절히 해소하고, 교사로서 교직윤리를 인식하여 유아에게 항상 바람직한 행동을 해야 한다. 최근 유아에게 폭력을 행사하여 법적인 처벌을 받는 사건들이 일부 보도되는 상황에서 유아교사들은 교직윤리를 명심해야 하고, 유아교사가 유아에게 폭력 행동을 하였을 경우에 어떠한 법적 처벌을 받게 되는지에 대해서도 정확히 인식할 필요가 있다. 유아교사 학대의 사례, 학대의 진단, 학대의 처벌에 대해서 살펴보면 다음과 같다.

1) 유아교사 학대의 사례

유아 감금 사례

한 어린이집 교사가 원생들이 말을 듣지 않는다는 이유로 창고에 가뒀다며 학부모들이 아동학대 의혹을 제기하였다. 학부모들은 선생님이 창고에서 불을 껐고, 아이들 중 울음을 터트리기도 했다고 하였다. 다른 학부모는 해당 교사가 폭행을 가했다는 증언도 하였다. 어린이집 측은 아이들이 자료실(창고)에서 장난을 치려고 하기에 사고방지를 위한 교육적 차원에서 이루어진 일로 감금과 폭행 등의 아동학대는 일체 없었다고 해명하였다.

출처: 경남일보(2015.08.25). 진주 모 어린이집 '원생 감금' 논란. http://www.gnnews.co.kr (2015. 9. 2. 인출).

원아 뺨 때리고, 이불 덮어 어두운 방 홀로 방치한 사례

한 어린이집 원장이 아동 학대 혐의를 받고 있다. 이 원장은 다른 원아들보다 먼저 등원한 1세 원아를 돌보던 중 교실의 불을 끄고 어두운 방에 원아를 눕혀 이불을 머리끝까지 덮어놓고 혼자 있게 해 불안, 공포에 떨며 울어도 방치하였다. 원장은 아동이 운다는 이유로 윽박지르고, 아동이 울음을 그치지 않자 소리쳤다. 또 다른 원아는 입속에 넣은 밥을 손으로 만지는 것을 보고 아동에게 소리를 질렀고 이에 겁을 먹은 아이가 울면서 입 안의 음식물을 식판에 떨어뜨리자 다시 주워 억지로 먹이기도 했다. 어린이집 조리실에서 간식 시간에 2세 원아가 잘 먹지 않는다는 이유로 원아의 귀부터 볼까지 뺨이 빨갛게 달아오르게 때리기도 하였다. 교실에서 또 다른 2세 원아의 양 볼을 꼬집어 빨갛게 달아오르게 한 후 바닥에 눕히고 이불을 원아의 머리끝까지 덮어 울게 하였다. 검찰은 해당 원장은 아동의 신체 건강 및 발달, 정신건강 및 발달에 해를 끼치는 신체적·정서적 학대 행위를 한 사실이 인정된다고 하였다.

출처: 시사제주(2015.08.26). 원아 뺨 때리고, 이불 덮어 어두운 방 홀로 방치 어린이집 원장 기소. http://www.sisajeju.com (2015. 9. 12. 인출).

부산스럽다고 식탁의자에 24개월 유아 묶어둔 사례

한 어린이집 교사가 생후 24개월 유아를 수차례에 걸쳐 길게는 1시간 이상 부스터(식탁의자)에 강제로 앉혀 정서적 학대를 했다는 부모의 주장이다. 어린이집을 방문한 다른 학부모가 이 유아의 모습을 이상하게 여겨 인터넷 카페 모임에 글과 사진을 올리면서 알려졌다. 맞벌이 부부여서 어린이집을 자주 찾지 못했던 부모는 인터넷 카페 게시물을 통해서 이 사실을 알게 되었다. 부스터는 버클을 잠그게 돼 있어 2세 유아는 혼자 빠져나오기 어렵다. 교사는 점심식사 시간을 비롯해 교육시간에도 부스터를 아동 통제 용도로 사용했음을 인정했다. 그러나 교사는 활동적인 아이들을 '생각하는 의자'(부스터)에 앉혔다고 하였고, 식사 시간에는 다른 아이들과 선생님도 식사를 해야 하니까 정리가 끝나고 빼 준다고 하였다. 부스터에 앉힌 것은 잘못이지만, 다른 아이들도 돌봐야 하기 때문에 보육 여건상 규정을 지킬 수는 없다고 해명했다.

출처: 이데일리(2015.08.13). 부산스럽다고 식탁의자에 24개월 유아 묶어둔 어린이집. http://www.edaily.co.kr (2015. 9. 3. 인출).

2) 유아교사 학대의 진단

유아교사가 유아에게 폭력적인지를 진단하기 위해서 유아교사에게 아동권리에 대해 얼마나 민감한지를 파악하게 하는 자가 점검 체크리스트를 활용할 수 있다. 이러한 체크리스트를 활용하여 유아교사는 아동권리를 침해하는 아동학대 행위가 무엇인지를 인식할 수 있고, 아동학대를 포함한 전반적인 아동권리에 대해서 점검하는 기회를 가질 수 있다. 유치원 및 어린이집 원장과 교사를 포함한 종사자들이 다음의 체크리스트를 정기적으로 사용할 수 있다.

보육교직원용 아동권리 자가 체크리스트				
해당하는 문항에 체크(∨)하시고 점수를 통해 아동권리에 대한 민감도를 확인해 보세요.	전혀 없음	1회	2회 이상	거의 매일
1. 아동에게 원망적, 거부적, 적대적 또는 경멸적인 언어폭력을 한 적이 있다. • 아동에게 욕을 하거나 나쁜 말을 한 적이 있는 경우 : 돼지야!, 이 못생긴 게, 멍청아!, 바보, 나가 죽어라 등 • 아동을 비판, 비난, 조롱, 모욕, 우롱한 적이 있는 경우 : 넌 혼자 이것도 못하니?, 애비 없는 자식, 너처럼 못하는 아이는 처음 봤다며 무시하는 행위 등				
2. 아동의 인격이나 감정/기분을 무시하거나 모욕하는 행위를 한 적이 있다. • 매운 음식을 먹을 때 물을 마시지 못하게 하는 행위, 음식을 먹는 속도가 느리다는 이유로 연령이 낮은 반으로 보내서 아동이 수치심을 느끼게 하는 행위 등				
3. 아동에게 위협을 주는 언어나 행동을 한 적이 있다. • 숫자 다 셀 때까지 해!, 엄마한테 일찍 데리러 오지 말라고 할 거야!, 동생반이나 원장반으로 보내 버릴 거야!, 엄마 아빠한테 이를 거야!, 집으로 내쫓을 거야!, 시키는 행동을 하지 않으면 그 아동이 바깥놀이를 하지 못하게 하는 행위 등				
4. 아동에게 폭력적인 장면을 노출한 적이 있다. • 아동에게 종사자 간 싸움 장면을 노출시키는 행위, 원장이 아동에게 폭력을 행사하는 것을 다른 아동이 목격하는 경우 등				
5. 도구(자, 회초리, 긴 막대 등의)로 아동을 위협한 적이 있다.				
6. 화장실, 창고 등의 아무도 없는 빈 장소에 벌을 세우기 위해 아동을 가둔 적이 있다.				
7. 긴급 상황이 아닌 경우에도 아동을 재촉하거나 공포 분위기 조성을 위한 목적으로 아동에게 고함을 지른 적이 있다. "당장 그만두지 않으면, 혼자 놔두고 갈 거야!"				
8. 아동의 신체 부위를 때린 적이 있다. • 맨손이나 발로 때리거나 사랑의 매 등의 도구를 사용하여 때린 행위 등				

해당하는 문항에 체크(∨)하시고 점수를 통해 아동권리에 대한 민감도를 확인해 보세요.	전혀 없음	1회	2회 이상	거의 매일
9. 아동에게 신체적 손상은 입히지 않았지만, 고의적으로 아동의 신체를 가해하는 행위를 한 적이 있다. • 아동의 팔을 당겨 서두르게 하는 행위, 아동의 머리나 엉덩이를 치며 행동을 중지시키는 행위, 먹기 싫어하는 음식을 억지로 입을 벌려 먹이는 행위, 아동을 꼬집거나 잡고 흔드는 행위, 목을 잡고 조르는 행위 등				
10. 낮잠시간이나 놀이시간 등에 아동을 혼자 있게 하거나 아동 간 다툼을 방치한 적이 있다.				
11. 아동에 대한 기본적 보호·양육을 소홀히 한 적이 있다. • 아동이 적절한 음식을 충분히 제공받도록 하지 않거나, 식사 때가 되어도 식사를 제대로 챙겨 주지 않거나 상한 음식을 아동에게 주는 행위 등				
12. 아동을 위험상황이나 비위생적인 환경에 방치한 적이 있다. • 아동이 위험한 물건(칼, 압정, 핀 등)을 가지고 놀아도 내버려 두는 행위, 아동이 자는 낮잠시간에 책상 위에 의자를 두는 행위, 일부러 화상을 입게 하는 행위, 아동이 흘린 음식을 먹게 하거나 기저귀를 긴 시간 동안 갈아 주지 않는 행위 등				
13. 아동에게 필요한 의료처치를 제공하지 않은 적이 있다. • 아동이 몸이 아프다고 해도 보호자에게 알리지 않거나 병원에 데려가지 않고 그냥 내버려 두는 행위 등				
14. 과도하게 신체접촉을 하거나 아동의 신체를 노출시킨 적이 있다. • 기저귀 갈이 할 때 다른 사람 앞에서 생식기를 고의적으로 노출시키거나 만지는 행위, 사람들 앞에서 속옷을 갈아입히거나 용변을 보도록 하는 행위 등				
15. 음란 비디오나 책을 아동에게 보여 준 적이 있다.				
〈분류 세부 내용〉 • 없다 : 당신은 아동권리를 위해 최선을 다하고 있습니다. • 1개 이상 '있다' 체크한 경우 : '예'에 해당되는 항목의 행동을 하지 않도록 주의가 필요				

출처: 중앙아동보호전문기관(2015a). 보육교직원용 아동권리 자가 체크리스트. www.korea1391.org (2015. 10. 3. 인출).

학대가 의심되는 경우

- 자녀에게 관찰되는 손상이 상식적으로 발생하기 어려운 경우
  - 겨드랑이, 팔뚝이나 허벅지 안쪽 등 다치기 어려운 부위의 상처가 있는 경우
  - 2세 미만의 자녀에게 머리 손상이나 장골 골절이 발생한 경우
- 자녀의 신체에 학대의심 증거가 있는 경우
  - 다발성의 시기가 다른 멍이 있는 경우
  - 회음부/엉덩이 화상, 팔다리에 스타킹이나 장갑 모양의 사지 화상 등이 있는 경우
- 자녀의 상흔이나 사고에 대한 설명이 교사와 자녀 간에 일치하지 않는 경우
- 원 내에서 아동이 다쳤음에도, 특별한 이유 없이 병원에 데려가지 않거나 지연된 경우
- 자녀가 갑자기 평소와는 너무 다른 행동 등을 보이는 경우
  - 자기 파괴적인 행동 또는 공격적인 행동을 하거나 특정 물건을 계속하여 빨거나 물어뜯는 경우
  - 자녀가 혼자 있기를 거부하거나 특정 유형의 사람들 또는 성인에 대해 두려워하는 경우
  - 갑자기 어린이집에 가는 것을 거부하거나 외출을 거부하는 경우

출처: 중앙아동보호전문기관(2015b). 어린이집 아동학대 조기발견을 위한 부모 안내서. www.korea1391.org (2015. 10. 3. 인출).

3) 유아교사 학대의 처벌

유아교육기관에서 대부분의 유아교사들은 유아의 건강하고 안전한 생활을 위해 다양한 노력을 기울이고 있으나 일부 부적절한 지도방법을 사용하는 경우가 있다. 최근「아동학대범죄의 처벌 등에 관한 특례법」의 제정 및 개정(법무부, 2020),「아동복지법」 개정(보건복지부, 2020)으로 아동학대 처벌 및 피해아동 보호절차가 대폭 강화되었다. 관련 법규의 내용을 살펴보면 다음과 같다.

아동학대범죄의 처벌 등에 관한 특례법(법무부, 2021)

- 제4조(아동학대살해·치사) ① 제2조 제4호 가목부터 다목까지의 아동학대범죄를 범한 사람이 아동을 살해한 때에는 사형, 무기 또는 7년 이상의 징역에 처한다.
- 제5조(아동학대중상해) 제2조제4호가목부터 다목까지의 아동학대범죄를 범한 사람이 아동의 생명에 대한 위험을 발생하게 하거나 불구 또는 난치의 질병에 이르게 한 때에는 3년 이상의 징역에 처한다.
- 제6조(상습범) 상습적으로 제2조제4호가목부터 파목까지의 아동학대범죄를 범한 자는 그 죄에 정한 형의 2분의 1까지 가중한다. 다만, 다른 법률에 따라 상습범으로 가중처벌되는 경우에는 그러하지 아니하다.
- 제7조(아동복지시설의 종사자 등에 대한 가중처벌) 제10조제2항 각 호에 따른 아동학대 신고의무자가 보호하는 아동에 대하여 아동학대범죄를 범한 때에는 그 죄에 정한 형의 2분의 1까지 가중한다.
- 제10조(아동학대범죄 신고의무와 절차)

  ② 다음 각 호의 어느 하나에 해당하는 사람이 직무를 수행하면서 아동학대범죄를 알게 된 경우나 그 의심이 있는 경우에는 시·도, 시·군·구 또는 수사기관에 즉시 신고하여야 한다.

  12. 「영유아보육법」 제7조에 따른 육아종합지원센터의 장과 그 종사자 및 제10조에 따른 어린이집의 원장 등 보육교직원

  13. 「유아교육법」 제2조제2호에 따른 유치원의 장과 그 종사자

이러한 법적 기준에 따라 유아교사가 부적절한 폭력을 행사한 사례에 따른 법적 처벌 내용을 정리하면 다음과 같다(중앙아동보호전문기관, 2015c).

- 아동학대 가중처벌 규정 신설
  - 학대치사 시 무기 또는 5년 이상 징역
  - 학대중상해 시 3년 이상 징역
- 상습법 및 신고의무자가 아동학대 시 형량의 1/2 가중처벌
- 아동학대 관련 범죄전력자 10년간 아동 관련 기관 취업·운영 금지
- 중상해 및 상습학대행위자는 검사가 친권상실 청구
- 신고의무자 제도강화(과태료 500만 원 상향조정, 아이돌보미 등 직군확대)

- 현장조사권 강화로 학대행위자 임시조치(친권제한, 격리 등, 최장 4개월)
- 피해자 국선변호사 및 진술조력인 제도 도입
- 아동보호전문기관장이 '법원에 피해아동보호명령' 청구가능

＊신체학대의 종류

- 직접적으로 신체에 가해하는 행위
- 도구 사용하여 신체에 가해하는 행위
- 신체에 유해한 물질로 신체에 가해하는 행위
- 완력을 사용하여 신체를 위협하는 행위 등

＊처벌 조항

5년 이하의 징역 또는 3천만 원 이하의 벌금

1. 아동학대의 이해

＊신체학대 사례

한 어린이집 교사가 만 1세 원생이 밥을 삼키지 않고 입에 물고만 있자 손으로 양쪽 귀를 잡아당기고 이마와 볼을 때린 혐의로 기소됨

→ 교사에게 징역 8월에 집행유예 2년 어린이집 원장에게는 벌금 300만원

1. 아동학대의 이해

＊성학대의 종류

- 자신의 성적 만족을 위해 아동을 관찰하거나 아동에게 성적 노출을 하는 행위
- 아동을 성적으로 추행하는 행위
- 아동에게 유사성행위를 하는 행위
- 성교를 하는 행위
- 성매매를 시키거나 성매매를 매개하는 행위 등

1. 아동학대의 이해

＊처벌 조항

아동에게 성적 수치심을 주는 성희롱·성폭행 등의 학대행위
- 5년 이하의 징역 또는 3천만 원 이하의 벌금

아동을 타인에게 매매, 아동에게 음행을 시키거나 음행을 매개하는 행위 - 10년 이하의 징역 또는 5천만 원 이하의 벌금
(아동복지법 제71조 제1항 제2호)

1. 아동학대의 이해

＊정서학대

보호자를 포함한 성인에 의하여 아동의 건강·복지를 해치거나 정상적 발달을 저해할 수 있는 정신적 폭력 또는 가혹행위로서, **아동에게 행하는 언어적 폭력, 정서적 위협, 감금이나 억제 기타 가학적인 행위**

1. 아동학대의 이해

＊정서학대의 종류

- 언어적 폭력행위, 정서적 위협
- 아동에 대한 비현실적인 기대 또는 강요를 하는 행위
- 아동 발달 상 필요한 기본권을 침해하여 정서적 악영향을 초래하는 행위
- 형제나 친구 등과 비교·차별·편애·왕따 시키는 행위 등

＊처벌 조항

5년 이하의 징역 또는 3천만 원 이하의 벌금
(아동복지법 제71조 제1항 제2호)

10장 부모 학대의 예방 및 대책

1. 부모 학대의 예방

유아는 성인처럼 자기 의지에 따라서 상황을 처리하는 경우가 드물고, 성인의 보호와 관리가 필요하다(현정환 · 후쿠시마 오사미, 2002). 이러한 유아의 특성을 잘 이해하지 못하는 부모들은 유아를 양육하고 지도하는 과정에서 부정적인 감정과 분노를 경험한다. 가정에서의 분노는 첫째, 전염성이 있다. 한 가족원이 분노하게 되면 다른 가족원들에게 전이되어 분노를 만들기 때문에 가족 전체에 좋지 못한 영향을 미친다. 둘째, 분노는 세대에서 세대로 전달된다. 분노가 자주 폭발되는 가족에서 성장한 사람들은 분노의 정서가 누구보다 잘 발달되어 있다. 가족 구성원 간의 빈번한 갈등 상황에서 분노 정서가 강화되기 때문에 분노가 자신의 주된 정서가 되어 버린 경우가 많다. 그러므로 분노가 많은 가족에서 성장한 사람들은 결혼하여 제2의 분노 가족을 만들기 쉽다. 셋째, 분노가 자주 폭발하는 가족의 자녀들은 일차적으로 정서에 문제가 생긴다. 부모의 폭발적 분노는 자녀에게 심각한 불안과 두려움을 낳게 한다. 불안과 두려움의 정서가 축적되면 정서적으로 만성적 불안감을 갖게 되며 나중에는 불안장애를 보이게 된다. 그들은 평온한 상태임에도 불구하고 마음이 불안하다. 넷째, 분노는 부부관계에서도 많은 부작용을 일으킨다. 무엇보다 부부 간의 심리적 친밀감을 현저하게 감소시키며 여러 가지 부부 기능을 감소시킨다(김진숙 외, 2003).

가족 내에서 부모의 부정적인 정서표현, 분노 및 폭력 등을 예방하기 위해서는 부모로서 자신을 이해하고, 분노조절 교육 프로그램 등에 참여하고, 자녀와의 의사소통 기술을 증진시키는 것이 필요하다. 부모의 자녀에 대한 학대를 예방하기 위한 자기이해, 분노조절 교육, 의사소통 기술을 제시하면 다음과 같다.

1) 부모의 자기이해

부모들은 자녀를 양육하는 과정에서 자녀와 갈등상황을 경험하게 된다. 이때 부모가 감정조절을 긍정적으로 하게 되면 자녀에 대한 체벌에서 완충 역할을 하여 심각성을 감소시킬 수 있다(이재연 · 정준미, 2000). 그러나 감정을 통제하지 못하면 부정적인 방법으로 감정을 표출하게 되고 자녀에게 언어적 · 신체적 폭력을 행사하기도 한다. 부모가 표현하는 짜증, 화, 공격적인 언어, 신체적 폭력 등의 분노 표출은 자녀에게 부정적인 영향을 끼치게 되고 이러한 분노의 표현은 부모-자녀 관계를 악화시킨다(강영순 · 김종남, 2012).

그런데 이러한 부모의 양육 행동은 부모 자신의 발달 경험과 부모 인성의 영향을 받는다(이재연 · 정준미, 2000). 따라서 부모는 자신을 이해하고, 효과적으로 자녀와 대화하는 방법 등에 대한 부모교육을 받는 것이 필요하다. 자기이해 중심 부모교육의 내용을 구체적으로 제시하면 다음 〈표 10-1〉과 같다.

〈표 10-1〉 자기이해 중심 부모교육 프로그램 내용

회기	목표	주제	내용
1	자기이해에 대한 동기 고양과 변화의 필요성과 가능성 인식하기	• 프로그램 전반에 대한 이해 • 교육프로그램 참여 동기 고양 • 변화의 필요성/가능성 인식	• 강의 : 변화의 필요성과 동기 부여 • 활동 : 가족상 꾸미기
2	맥락 속에서의 자기이해	• 가계도를 통한 자기이해	• 강의 : 가계도 • 활동 : 가계도 작성
3	부모이해	• 부모이해 • 반복 관계 패턴 인식 • 감정에 대해 알아보기	• 강의 : 가족 문제/감정조절 • 활동 : 객관적으로 보는 연습
4	나 자신에 대한 이해	• 자신의 성격 특성 알기	• 강의 : 성격/무의식/방어기제 • 활동 : MBTI 실시
5	부모 역할에 대한 이해	• 양육태도(부모/자신) • 좋은 부모에 대해 알아보기	• 강의 : 바람직한 양육태도 • 활동 : 조별토의
6	자녀에 대한 이해	• 자녀의 발달단계 알아보기	• 강의 : 욕구/발달단계 • 활동 : 조별토의
7	자녀와의 관계 개선	• 가족 간의 효과적인 의사소통법 알아보기 • 자녀와 좋은 시간 갖기	• 강의 : 의사소통 기술 • 활동 : 다양한 놀이 체험
8	프로그램 평가 적용 시 어려움에 대한 이야기 다짐하기	• 지혜로운 부모/행복한 가정을 만들기 위한 것들에 대해 알아보기	• 강의 : 신념/가족철학 • 활동 : 가족상 꾸미기

출처: 강영순·김종남(2012). 자기이해중심 부모교육 프로그램이 부모 효능감, 분노조절, 자아분화에 미치는 효과. **뇌교육연구**, 9(10), 106-128.

2) 부모의 분노조절

부모의 분노는 자녀에게 부정적인 영향을 미칠 수 있고, 분노가 심해지면 학대로 이어질 수 있다. 따라서 부모는 자신의 분노 수준을 진단하고 학대로 이어지지 않도록 적절히 조절하려는 노력이 필요하다. 부모가 자신의 분노 수준을 진단하기 위해서 활용할 수 있는 분노 척도(Mental Health America of Northern Kentucky & Southwest Ohio, 2015)와 부모의 분노 감정을 조절하기 위한 교육 프로그램의 내용(김현주, 2009)을 제시하면 다음 〈표 10-2〉와 같다.

노바코 분노 척도					
• 0 거의 아무 화도 느끼지 않는다. • 1 조금 성이 난다. • 2 어느 정도 화가 난다. • 3 꽤 성이 난다. • 4 대단히 성이 난다.					
문항	0	1	2	3	4
1. 방금 구입한 기계의 포장을 풀어 플러그를 꽂았으나 그것이 작동하지 않을 때					
2. 수리공에게 바가지를 썼을 때					
3. 나만 유독 지적을 당할 때					
4. 내 차가 진흙이나 눈에 빠졌을 때					
5. 사람들에게 이야기해도 그들이 대답하지 않을 때					
6. 어떤 이들은 그렇지도 않으면서 대단한 사람인 것처럼 할 때					
7. 식당에서 테이블로 4잔의 커피를 운반하려고 애쓰는데, 누군가가 부딪쳐 커피를 쏟았을 때					
8. 옷을 걸어 놓았는데 누군가 그것을 쳐서 바닥에 떨어뜨렸을 때					
9. 당신이 어느 가게에 들어선 순간부터 점원에게 구박 당했을 때					
10. 친구와 함께 어디를 가기로 약속했는데, 마지막에 바람 맞힐 때					
11. 놀림과 조롱을 당할 때					
12. 주차장에서 우연히 회전을 잘하지 못했는데, 차에서 내리자 어떤 사람이 "어디에서 운전을 그렇게 배웠어?" 하며 소리칠 때					
13. 교통신호등에서 차의 엔진이 꺼졌는데, 뒷차의 사람이 경적을 계속 울려 댈 때					
14. 당신은 집중하려 애쓰지만 근처의 사람이 발을 토닥거릴 때					
15. 어떤 사람이 실수하고서는 당신 탓으로 돌릴 때					
16. 누군가에게 중요한 책이나 물건을 빌려주었는데, 그 사람이 돌려주지 않을 때					
17. 당신이 바빴다. 그런데 배우자가 마트에 들르는 것을 잊었다고 불평하기 시작할 때					
18. 친구나 가족과 중요한 일을 의논하려고 하는데, 당신의 감정을 표현할 기회를 주지 않을 때					
19. 별로 알지도 못하는 어떤 화제에 대해서 논쟁하려고 하는 사람과 토론하고 있을 때					
20. 어떤 이가 당신과 다른 이의 논쟁에 끼어들 때					
21. 당신이 늦었는데, 앞차가 속도제한 70km의 도로에서 약 40km로 가고 있고 앞지르기조차도 할 수 없을 때					
22. 껌 덩어리를 밟았을 때					
23. 몇몇 사람들이 모여 있는 곳을 지나갈 때, 그들에게 조롱당했을 때					
24. 어딘가를 급히 가려다가 좋아하는 바지가 찢어졌을 때					
25. 하나 남은 동전으로 전화를 걸려 했지만 다이얼을 채 누르기도 전에 연결이 끊어지고 동전도 삼켰을 때					
• 0~45점 : 일반적으로 체험하는 분노와 괴로움의 양이 놀랍도록 적다. • 46~55점 : 보통 사람들보다 상당히 더 평화스럽다. • 56~75점 : 보통의 양으로 반응 • 76~85점 : 보통 사람보다 상당히 흥분하기 쉽다. • 86~100점 : 강한 분노의 반응					

출처: Mental Health America of Northern Kentucky & Southwest Ohio(2015). Novaco Anger scale. https://www.mhankyswoh.org (2015. 10. 2. 인출).

〈표 10-2〉 **분노조절 프로그램**

횟수	주제	활동목표	활동내용
1	오리엔테이션, 분노란?	프로그램 소개 및 친밀감 형성, 분노에 대한 이해하기	• 가족화 그리기 • 분노 감정에 대한 설명
2	감정과 분노의 역할	자신과 타인의 감정 인식하기, 분노감정의 긍정적인 면과 부정적인 면에 대해서 알기	• 표정 보고 감정 알아맞히기 • 분노의 긍정적인 면과 부정적인 면
3	과거, 현재, 미래의 나	자신에 대한 이해를 돕고, 자신의 행동 패턴의 근원을 알기	• 부모로서의 입장과 자녀로서의 입장에 대하여 생각해 보고 현재의 내 모습에 영향을 미치는 것들이 무엇인지 생각해 보기 • '반복적으로 들어온 말' 찾아내기
4	내 안의 분노를 이해하고 나를 수용하기	분노 감정을 가지는 자신을 받아들이고 표현해 보기	• 분노 표현해 보기
5	생각-감정-행동의 관계	자동적 사고 알아보기	• 자동적 사고 기록지 작성
6	역기능적 사고	비합리적 신념 바꾸기	• 비합리적 신념 바꾸기 기록지 작성
7	건강하게 표현하기	경청과 공감이 필요할 때와 나 전달법이 필요할 때를 구분하고 실행하기	• 반성적 경청과 나 전달법 연습하기
8	마무리	이전 주제들의 핵심적 내용을 요약·정리하고 프로그램에 참여하면서 느꼈던 점에 대해 나누기	

출처: 김현주(2009). 분노조절 프로그램이 부모의 분노수준, 양육스트레스 및 양육효능감에 미치는 영향: 영화를 활용한 분노조절 프로그램과 일반 분노조절 프로그램의 효과 비교(p. 22). 서강대학교 교육대학원 석사학위 논문.

3) 부모의 의사소통 기술

의사소통이란 다른 사람에게 영향을 주고 다른 사람을 이해하는 데 사용되는 모든 수단이며, 개인의 감정, 태도, 신념, 정보 및 사실을 전달하고 전달받는 과정이다(이주희 · 박희연 · 박은민, 2011). 다른 인간관계와 마찬가지로 부모-자녀 관계도 의사소통 방식에 의해 영향을 받게 된다. 부모는 자녀에 대해서 보호와 양육을 위한 다양한 의사전달을 하게 되고, 자녀 역시 자신의 의견과 요구를 위해 부모에게 다양한 표현을 하게 된다. 이러한 의사소통 과정에서 부모-자녀 간에 갈등이 초래할 수 있다(권석만, 2004). 따라서 부모는 자녀와 효과적으로 의사소통할 수 있는 기술을 습득하는 것이 필요하다.

부모는 자녀와 효과적으로 의사소통하기 위해서 자녀의 이야기를 경청하는 것이 필요하다. 경청은 자녀에게 주의를 기울이고 이해하게 하여 자녀의 솔직한 표현을 촉진한다. 대화 과정에서 부모는 자녀에게 질문을 하는데, 질문은 자녀에게 추가적인 정보를 요청하고 감정과 의견을 확인할 수 있다. 또한 자녀는 부모와의 대화 과정에서 공감을 받고 싶은 내면적 욕구를 지니기 때문에 감정적으로 공감하는 반응을 보여 주는 것이 필요하다. 대화에서 설명이 필요한 경우가 있는데, 설명은 정보를 제공하고 불확실성을 감소시킬 수 있다. 그 이외에 대화에서 인정, 긍정, 칭찬, 격려 등의 강화를 제공하고 유머나 농담을 하는 것도 필요하다. 경우에 따라서 부모 자신의 생각을 공개하거나 사고나 감정을 솔직하게 표현하는 것도 필요하다(이위환 · 김용주, 2009). 부모에게 효과적인 경청기술, 효과적인 자기표현 및 나 전달법(김진숙 외, 2003)을 제시하면 다음 〈표 10-3〉과 같다.

〈표 10-3〉 **효과적인 경청, 자기표현, 나 전달법**

구분	방법
경청기술	• 주의 깊게 자녀의 이야기를 들어준다(수동적 경청). • 자녀의 말을 인정한다(인정하기). • 자녀가 계속 말을 할 수 있도록 격려한다(말문 열기). • 자녀가 원하는 것을 상상으로 표현한다(상상 표현). • 자녀가 느끼는 감정을 이야기한다(반영적 경청).
자기표현	• 부모가 자녀의 행동으로 기분이 좋지 않았던 경험을 회상해 본다. - 요즈음 부모가 자녀의 행동 때문에 화가 나거나 속상했던 경험을 1~2가지 기록한다. - 자녀가 위와 같은 행동을 했을 때, 부모로서 어떻게 반응했나? 그때 기분은 어떠했나? • 자녀로 인해 화가 나거나 속상할 때 사용할 수 있는 여러 가지 효과적인 자기표현 기술을 생각해 본다.

구분	방법
나 전달법	• 나 전달법 단계 - 자녀의 행동("네가 ~하며.") - 부모에게 미치는 영향("엄마가 ~하게 된다.") - 부모 감정("엄마가 ~하다.") - 부모의 바램("~하면 좋겠어.") • 나 전달법 실습 "신발을 신발장에 넣지 않으면, 엄마가 정리해야 하니까, 아빠도 귀찮아, 네가 잘 정리하면 좋겠어." "저녁 먹은 그릇을 싱크대에 갖다놓지 않으면, 엄마가 일일이 치워야 하니까, 힘들어. 네가 너 그릇은 치워 줄 수 있지?" "너무 뛰면서 놀면, 아래층 사람들이 시끄럽다고 할까 봐 엄마 걱정돼. 좀 조용히 놀아주면 좋겠어."

출처: 김진숙·김은지·연미희·이인수·이창숙(2003). **인간관계 이론과 실제**, pp. 277-283. 재구성.

2. 부모 학대의 대책

부모는 유아를 양육하는 과정에서 훈육의 방법으로 폭력을 행사하는 경우가 발생하는데, 일회적인 폭력이 아닌 경우에 학대로 이어질 수 있다. 따라서 유아에 대한 부모의 학대가 발견되는 경우, 유아교사는 유아들을 잘 살피고 적절히 대처해야 한다. 부모 학대의 사례, 진단, 대책에 대해서 살펴보면 다음과 같다.

1) 부모 학대의 사례

지적장애 딸 학대한 계모… 알고도 112신고 안 한 학교

지적장애가 있는 초등학생 딸을 상습적으로 때린 30대 계모가 아동복지법 위반 혐의로 입건되었다. 이 계모는 초등학생 딸의 얼굴과 허벅지를 수차례 때린 혐의를 받고 있다. 계모는 딸이 거짓말을 하거나 다른 아이들의 학용품을 가져와서 혼냈다고 진술했다. 아동 얼굴의 멍을 뒤늦게 발견한 공부방 교사가 아동센터에 알렸고 곧바로 경찰에 신고하였다. 이전에도 학교 측에서 아동의 얼굴에 멍을 발견하고 경찰에 신고했으나 계모는 아무런 처벌도 받지 않은 것으로 확인됐다. 경찰 관계자는 "당시 아동보호전문기관 관계자와 함께 조사했지만 아동이 '넘어져서 다쳤다.'고 진술하고 상처도 크지 않아 무혐의 처분했다."고 하였다.

출처: 연합뉴스(2015.08.12). 지적장애 딸 학대한 계모… 알고도 112신고 안 한 학교. http://www.yonhapnews.co.kr (2015. 10. 30. 인출).

두 살배기의 죽음 못 막은 아동학대특례법

13㎡(4평)에 월세 25만 원인 작은 방에서 29개월 영아가 엄마의 손에 목숨을 잃는 사건이 발생했다. 세 차례 부모 학대와 방임의 피해자로 신고 됐고, 한 번의 격리조치도 있었다. 영아가 태어난 달에 이웃주민들은 부모가 허 군을 방임한다며 경찰에 아동학대 신고를 했다. 다음 해에도 학대 신고가 경찰에 접수되었다. 아이 방임은 심각한 학대였지만, 폭력이 동반되지 않았다는 이유로 격리조치 되지 않았다. 그 후 부부 싸움 중 영아가 김치 통을 쏟고 말썽을 부린다는 이유로 아빠(52세)가 뺨을 때리자 엄마(43세)가 경찰에 신고하여 보호처분결정을 받았다. 아동학대특례법에 따라 영아는 부모와 지역아동보호기관에 격리조치 됐지만 엄마가 아이를 돌려 달라는 민원을 청와대에 제기하였다. 관할구청과 아동보호기관, 정신상담센터 등은 엄마가 우울증이 심하고, 장애(지적장애 3급)가 있지만, 정상 생활이 가능하다고 판단하여 돌려보냈다. 그리고 6개월 후 영아는 스타킹으로 묶여 질식사하였다. 엄마가 영아가 울자 이를 막으려고 자신의 스타킹으로 범행을 저지른 뒤 침이 묻은 스타킹을 쓰레기통에 버린 것이다.

출처: 한국일보(2015.08.09). 두 살배기의 죽음 못 막은 아동학대특례법. http://www.hankookilbo.com (2015. 10. 30. 인출).

2) 부모 학대의 진단

부모가 분노를 적절히 조절하지 못하는 경우에 유아에 대한 분노 및 적대, 신체적 학대로 이어질 수 있다. 부모 및 양육자가 유아에 대한 분노 및 적대, 신체적 학대 이외에 성적 학대를 하는 경우도 있다. 유아에 대한 부모 학대를 가장 잘 인지할 수 있는 사람은 유아교사이므로 유아교사는 유아학대 상황이 예측되는 경우, 다음에 제시한 분노 및 적대, 신체적·성적 학대 진단 기준(Zero to Three/National Center for Infant, Toddlers and Families, 2003) 및 학대를 당하는 유아의 신체적 및 행동적 징후(대한의사협회, 2006)를 근거로 상황을 정확히 파악해야 한다.

분노·적대
이 관계는 가혹하고 퉁명스럽고 종종 정서적 상호교환이 결핍된 부모-영아의 상호작용으로 특징지어진다. 이 관계는 임상가에게 분노/적대감이 깃든 정서적 의사소통으로 전달된다. A. 상호작용 행동의 질 1. 부모는 영아의 단서에 무감각해 보이는데, 특히 유아가 무언가를 요구할 때 두드러진다. 2. 영아를 신체적으로 다루는 것이 거칠다. 3. 부모는 영아에게 빈정거리거나 조르게 만든다. 4. 영아는 놀라거나 불안하거나 억제하거나 충동적이거나 혼란된 공격성을 보이기도 한다. 5. 어린 아동들은 부모에게 반항적이거나 저항적 행동을 보이기도 한다. 6. 아동은 부모에게 요구 또는 공격적 행동을 보이기도 한다. 7. 아동은 두렵고, 경계하고, 회피적인 행동을 보이기도 한다. 8. 아동은 환상이나 상상의 능력이 발달하기보다 구체적인 행동을 보이는 경향이 있다. 복잡한 감정들에 대처하거나 추상성을 형성하는 인지와 언어의 어떤 부분들이 억제되거나 지연될 수 있다. B. 정서적 상태 1. 부모와 아동 간의 상호작용은 적대적이거나 분노적인 것이 특징이다. 2. 부모와 영아 간에 상당한 긴장감이 관찰될 수 있는데, 이때 분명한 즐거움이나 열의가 부족하다. 3. 아동의 정서는 제한적일 수 있다. C. 심리적 연루성 부모는 아동의 의존성을 욕구로 보고, 아동의 욕구 표현에 화를 내기도 한다. 이 분노는 현재 생활스트레스 요인으로 야기될 수도 있고, 부모 자신이 과거에 경험한 관계성으로부터 나올 수 있는데, 정서적 박탈감 또는 적대감으로 특징지어질 수 있다. 예를 들면 다음과 같다.

a. 부모는 영아의 의존적 욕구를 자신이 과거에 우울하고 비가용적이고 분노적인 부모에게 보였던 욕구와 비슷한 것으로 여겨질 수 있다.
b. 부모는 아동이 발달해 가면서 독립성과 주장성이 증가하는 것이 연령에 부적절하며 부모 자신의 권위나 통제력을 위협하는 것으로 여길 수 있다.
c. 부모는 자신의 부정적 감정들을 영아에게 투사해서 마치 영아가 이런 감정들을 표현하는 것처럼 여기면서 영아와 상호작용하기도 한다.

신체적 학대

A. 상호작용 행동의 질
1. 부모가 영아나 아동에게 신체적으로 해를 입힌다. 예를 들면 다음과 같다.
   a. 손바닥으로 찰싹 때리기, 때리기, 꼬집기, 깨물기, 발로 차기
   b. 신체적 속박
   c. 장시간 혼자 놔둠
   d. 기타 극심한 형태의 벌
2. 부모는 음식, 의학적 처치 그리고/또는 휴식의 기회 등 영아나 아동의 생존에 필수적인 것을 규칙적으로 제공하지 않는다.
3. 이 진단에는 언어적·정서적 학대 그리고 또는 성적 학대의 기간도 포함될 수 있다.

B. 정서적 상태
1. 양자의 정서적 상태는 분노, 적대감 또는 성급함이 있다.
2. 부모와 영아 간 눈에 띌 정도로 상당한 긴장과 불안이 보이며 즐거움과 열의가 부족하다.

C. 심리적 연루성
1. 이 부모들은 영아에게 퉁명스러운 목소리나 행동을 통해 분노나 적대감을 표시하기도 한다(예를 들면, 꾸짖기, 눈살 찌푸리기, 혹독한 내용의 말이나 태도로 야단치기). 이 부모들은 공격적이지 않은 방식으로 제한을 설명하는 데 어려워한다.
2. 이 아동들은 환상과 상상을 발달시키기보다 구체적인 행동을 취하는 경향이 있을 수 있다. 추상적인 개념 형성과 인지 및 언어의 특정 측면이 억제되거나 복잡한 감정을 처리하는 것이 지연될 수 있다.
3. 상호작용에는 정서적 거리감이 없이 서로 얽혀 있었던 순간과 정서적 거리감이 있거나 회피적, 적대적이었던 순간이 포함될 수 있다.
   부모와 영아는 특정 영역에서는 매우 적절하게 행동할 수 있지만 '계기가 되는' 특정한 문제들에서는 너무 관여하거나 오히려 거리를 둘 수 있다(예를 들면, 부모가 지닌 관계에 대한 과거 경험들 또는 내적 표상은 요구하기, 부정이나 공격하기 같은 영아의 특정 행동들을 투사하게 하거나 오해하게 한다).

성적 학대

신체적 경계 개념이 부족한 것과 극도의 성적 침해가 포함된다.

A. 상호작용 행동의 질
1. 부모는 영아나 어린 아동을 성적으로 농락하고 지나치게 자극적인 행동을 한다. 이 행동들은 어른의 성적 욕구나 욕망을 만족시키기 위한 것이다. 예로는 다음과 같은 것들이 포함된다.

a. 영아나 걸음마기 아이에게 부모를 성적으로 만지도록 강요하거나 억지로 시키기
b. 영아나 걸음마기 아이에게 부모가 성적으로 만지는 것을 받아들이도록 강요하거나 억지로 시키기
c. 영아나 걸음마기 아이에게 다른 사람의 성적 행동들을 관찰하도록 강요하거나 억지로 시키기

2. 유아는 자신의 신체를 노출하기 또는 다른 유아들을 보거나 만지려고 애쓰기 같은 성적 행동을 보일 수 있다.
3. 이 진단에는 언어적·정서적 학대 그리고 또는 신체적 학대의 기간도 포함될 수 있다.

B. 정서적 상태
1. 부모-영아 상호작용의 경계와 일관성 없음이 부모의 정서에 반영되어 불안정해 보일 수 있다. 분노 또는 불안 그리고 또는 긴장되어 보일 수 있다.
2. 영아는 불안 그리고 또는 긴장되어 보일 수 있다.
3. 유아는 두렵고 불안해하거나 아무한테나 공격성을 나타낼 수 있다.

C. 심리적 연루성
1. 부모는 자기애적 자기만족 욕구에 몰두해 있기 때문에 영아의 욕구과 단서에 공감적으로 반응하지 못한다.
2. 부모는 심하게 왜곡된 사고를 하여 어린 영아를 성적 대상으로 택할 수 있다.

유아들은 환상과 상상을 위한 발달적 능력뿐 아니라 언어 및 인지 기능에서 추상적 범주를 형성하는 능력을 발달시키는 데 어려움이 있다는 것이 지적되어야 한다. 이 유아들은 예를 들어, 성격이 응집력 있게 구성되는 것이 아니라 자아가 분열되는 것처럼 정서, 사고, 행동이 통합되지 않을 수 있다.

출처: Zero to Three/National Center for Infant, Toddlers and Families(2003). **진단분류: 0-3 영유아기 정신 건강 및 발달 장애 진단 분류**(pp. 66-72). (신의진·이경숙·이재영 공역). 서울: 하나출판사. (원저는 1994년 출판).

〈표 10-4〉 **학대피해 아동의 신체적·행동적 징후**

구분	징후
일반적 징후	• 아동의 위생상태가 불량하고 영양실조 등으로 수척하다. • 부모의 부부관계의 문제가 많고 결혼상태가 불안정하다. • 아동의 언어 및 사회성 발달이 지체되어 있다. • 아동이 대인관계에서 쉽게 위축되고 불안해 한다. • 아동이 지나치게 공격적이고 파괴적인 행동을 보인다. • 아동이 극도로 순종적인 태도를 보이거나 수치심을 표현한다. • 아이의 상태에 대한 부모의 설명이 일치하지 않고 모순된다. • 부모가 너무 늦게 병원에 데려와서 치료시기를 지연시킨다든지 입원이나 치료를 거부한다. • 아동이 대인관계에서 피해의식이 많으며 뭔가 숨기는 태도를 보인다.

	신체적 징후	행동적 징후
신체학대	• 설명하기 어려운 상처 - 발생 및 회복에 있어 시간차가 있는 상처 - 사용된 도구의 모양이 그대로 나타나는 상처 • 설명하기 어려운 화상 - 담뱃불 자국, 뜨거운 물에 의한 화상자국 • 설명하기 어려운 골절 - 시간차가 있는 골절, 복합 및 나선형 골절 • 설명하기 어려운 절상 - 입, 입술, 치은, 눈, 외음부 상처	• 어른과의 접촉 회피 • 다른 유아가 울 때에 공포를 나타냄 • 공격적이거나 위축된 극단적 행동 • 부모에 대한 두려움 • 집에 가는 것을 두려워함 • 위험에 대한 지속적인 경계
정서학대	• 성장장애 • 신체발달 저하 • 언어장애	• 특정물건을 계속 빨고 있거나 물어뜯음 • 행동장애(반사회적·파괴적 행동장애) • 신경성 기질(수면장애, 놀이장애) • 정신신경성 반응(히스테리, 강박, 공포) • 극단행동, 과잉행동, 발달지연, 자살시도
성학대	• 걷거나 앉는 데 어려움 • 찢어지고 피로 얼룩진 속옷 • 회음부의 동통과 가려움 • 학령 전 아동의 성병 감염 • 임신	• 위축, 환상, 유아적 행동 • 기괴하고 미묘한 성적 행동과 해박한 지식 • 친한 친구 없음 • 비행, 가출
방임	• 지속적인 배고픔, 열악한 위생상태 • 계절에 맞지 않은 부적절한 옷차림 • 의학적 치료와 치과 치료의 부족 • 지속적인 피로, 불안정감, 수업 중 조는 태도	• 음식을 구걸하거나 훔침 • 장기간에 걸친 감독 소홀 • 위험한 행동에 대한 감독 소홀 • 비행 또는 도둑질 • 학교에 일찍 등교하고 집에 늦게 하교함

출처: 대한의사협회(2006). 아동학대 예방 및 치료 지침서(p. 25). 서울: 대한의사협회.

3) 부모 학대의 대책

유아교사는 직무상 아동학대를 쉽게 발견할 수 있는 직업군인 아동학대 신고의무자로, 비신고 시, 「아동학대범죄의 처벌 등에 관한 특례법」 제63조에 의거하여 과태료가 부과된다(중앙아동보호전문기관, 2015d). 따라서 아동학대 신고의무자인 유아교사는 아동학대 유형 및 징후가 의심되거나 발견되면, 즉시 112에 신고하고 적극적으로 대처해야 한다.

아동학대가 의심될 때에는 먼저 아동학대 의심 및 발견단계, 아동학대신고 단계, 마지막으로 아동보호전문기관과 협력유지의 3단계로 대처한다(중앙아동보호전문기관, 2015d). 구체적인 내용은 다음 〈표 10-5〉와 같다.

〈표 10-5〉 **아동학대 대처요령**

1단계 아동학대 의심 및 발견	2단계 아동학대 신고(112)	3단계 아동보호전문기관과 협력유지
• 아동학대 유형 및 징후 인지하기 • 아동 및 보호자를 관찰 면담하여 아동학대 가능성 파악하기 • 응급상황 시 아동 안전 우선 확보하기(예: 긴박한 상황인 경우 아동을 병원에 데려간 이후에 신고)	• 가능한 많은 정보를 파악하여 즉시 신고하기 • 신고 시 학대 의심 내용, 아동 및 학대행위자, 신고자 정보 전달하기	• 피해아동에 대한 재학대 여부 지속 관찰하기 • 의심스러운 상황발생 시 신속하게 아동보호전문기관에 연락하기

출처: 중앙아동보호전문기관(2015d). 아동학대 인지 및 신고요령. http://korea1391.org/ (2015. 10. 3. 인출).

아동학대에 대한 신고와 함께 유아교육기관에서 적절한 지도가 병행되어야 한다. 가정에서의 학대를 경험한 유아를 지도할 때 다음과 같은 사항을 고려하여 지도하는 것이 필요하다(오현주, 2006). 첫째, 유아의 연령, 발달상의 차이, 개별 성향, 학습방법, 가족 배경 등을 고려하여 유아를 대해야 한다. 둘째, 학대받은 유아는 가정에서 기본적인 신뢰를 발달시킬 수 없음을 이해하고 유아가 신뢰감을 발달시키게 한다. 셋째, 학대받은 유아가 고립감을 줄이고 인간관계를 형성할 수 있도록 사회기술을 가르쳐야 한다. 넷째, 학대 가정의 유아들은 기본적인 생활 속에서 무엇을 해야 하는지 이해하지 못하고 혼란스러워 할 수 있으므로 교사는 현실적인 생활습관 및 태도를 지도해 주어야 한다. 다섯째, 대부분의 학대 가정은 상호 의사소통이 부족하고 가장 힘이 센 사람의 방식으로 의사소통이 이루어지므로 유아에게 대화기술을 가르치는 것이 필요하다. 여섯째, 학대받은 유아들은 긍정적인 경험이 거의 없으므로 유아가 흥미, 취미, 기술을 발달시킬 수 있는 기회를 제공하고, 교사는 유아에게 긍정적인 경험을 해 볼 수 있도록 칭찬과 격려를 해 주어야 한다. 일곱째, 교사는 가치, 도덕적 특성, 자아존중감의 중요성을 이해하고, 학대받은 유아의 자아존중감을 향상시키기 위한 교육을 실시해야 한다. 마지막으로, 학대받은 유아는 호기심, 재능, 독립심, 창의성, 책임감을 향상시킬 수 있는 학습 기술이 부족하므로 교육기관에서의 경험을 통해서 유아의 능력을 천천히 계발시켜 주도록 해야 한다.

학교폭력예방 및 대책

부 록

부록1 학교폭력예방 및 대책에 관한 법률

부록2 학교폭력예방 및 대책에 관한 법률 시행령

부록1

학교폭력예방 및 대책에 관한 법률

(약칭: 학교폭력예방법)

[시행 2021. 6. 23] [법률 제17668호, 2020. 12. 22., 일부개정]

교육부(학교생활문화과) 044-203-6975

■ 제1조(목적) 이 법은 학교폭력의 예방과 대책에 필요한 사항을 규정함으로써 피해학생의 보호, 가해학생의 선도 · 교육 및 피해학생과 가해학생 간의 분쟁조정을 통하여 학생의 인권을 보호하고 학생을 건전한 사회구성원으로 육성함을 목적으로 한다.

■ 제2조(정의) 이 법에서 사용하는 용어의 정의는 다음 각 호와 같다. 〈개정 2009. 5. 8., 2012. 1. 26., 2012. 3. 21.〉

1. "학교폭력"이란 학교 내외에서 학생을 대상으로 발생한 상해, 폭행, 감금, 협박, 약취 · 유인, 명예훼손 · 모욕, 공갈, 강요 · 강제적인 심부름 및 성폭력, 따돌림, 사이버 따돌림, 정보통신망을 이용한 음란 · 폭력 정보 등에 의하여 신체 · 정신 또는 재산상의 피해를 수반하는 행위를 말한다.

1의2. "따돌림"이란 학교 내외에서 2명 이상의 학생들이 특정인이나 특정집단의 학생들을 대상으로 지속적이거나 반복적으로 신체적 또는 심리적 공격을 가하여 상대방이 고통을 느끼도록 하는 일체의 행위를 말한다.

1의3. "사이버 따돌림"이란 인터넷, 휴대전화 등 정보통신기기를 이용하여 학생들이 특정

학생들을 대상으로 지속적, 반복적으로 심리적 공격을 가하거나, 특정 학생과 관련된 개인 정보 또는 허위사실을 유포하여 상대방이 고통을 느끼도록 하는 일체의 행위를 말한다.

2. "학교"란 「초·중등교육법」 제2조에 따른 초등학교·중학교·고등학교·특수학교 및 각종학교와 같은 법 제61조에 따라 운영하는 학교를 말한다.

3. "가해학생"이란 가해자 중에서 학교폭력을 행사하거나 그 행위에 가담한 학생을 말한다.

4. "피해학생"이란 학교폭력으로 인하여 피해를 입은 학생을 말한다.

5. "장애학생"이란 신체적·정신적·지적 장애 등으로 「장애인 등에 대한 특수교육법」 제15조에서 규정하는 특수교육을 필요로 하는 학생을 말한다.

■ 제3조(해석·적용의 주의의무) 이 법을 해석·적용함에 있어서 국민의 권리가 부당하게 침해되지 아니하도록 주의하여야 한다.

■ 제4조(국가 및 지방자치단체의 책무) ① 국가 및 지방자치단체는 학교폭력을 예방하고 근절하기 위하여 조사·연구·교육·계도 등 필요한 법적·제도적 장치를 마련하여야 한다.

② 국가 및 지방자치단체는 청소년 관련 단체 등 민간의 자율적인 학교폭력예방 활동과 피해학생의 보호 및 가해학생의 선도·교육활동을 장려하여야 한다.

③ 국가 및 지방자치단체는 제2항에 따른 청소년 관련 단체 등 민간이 건의한 사항에 대하여는 관련 시책에 반영하도록 노력하여야 한다.

④ 국가 및 지방자치단체는 제1항부터 제3항까지의 규정에 따른 책무를 다하기 위하여 필요한 행정적·재정적 지원을 하여야 한다. 〈개정 2012. 3. 21.〉

■ 제5조(다른 법률과의 관계) ① 학교폭력의 규제, 피해학생의 보호 및 가해학생에 대한 조치에 있어서 다른 법률에 특별한 규정이 있는 경우를 제외하고는 이 법을 적용한다.

② 제2조제1호 중 성폭력은 다른 법률에 규정이 있는 경우에는 이 법을 적용하지 아니한다.

■ 제6조(기본계획의 수립 등) ① 교육부장관은 이 법의 목적을 효율적으로 달성하기 위하여

학교폭력의 예방 및 대책에 관한 정책 목표 · 방향을 설정하고, 이에 따른 학교폭력의 예방 및 대책에 관한 기본계획(이하 "기본계획"이라 한다)을 제7조에 따른 학교폭력대책위원회의 심의를 거쳐 수립 · 시행하여야 한다. 〈개정 2012. 3. 21., 2013. 3. 23.〉

② 기본계획은 다음 각 호의 사항을 포함하여 5년마다 수립하여야 한다. 이 경우 교육부장관은 관계 중앙행정기관 등의 의견을 수렴하여야 한다. 〈개정 2012. 3. 21., 2013. 3. 23.〉

1. 학교폭력의 근절을 위한 조사 · 연구 · 교육 및 계도
2. 피해학생에 대한 치료 · 재활 등의 지원
3. 학교폭력 관련 행정기관 및 교육기관 상호 간의 협조 · 지원
4. 제14조제1항에 따른 전문상담교사의 배치 및 이에 대한 행정적 · 재정적 지원
5. 학교폭력의 예방과 피해학생 및 가해학생의 치료 · 교육을 수행하는 청소년 관련 단체(이하 "전문단체"라 한다) 또는 전문가에 대한 행정적 · 재정적 지원
6. 그 밖에 학교폭력의 예방 및 대책을 위하여 필요한 사항

③ 교육부장관은 대통령령으로 정하는 바에 따라 특별시 · 광역시 · 특별자치시 · 도 및 특별자치도(이하 "시 · 도"라 한다) 교육청의 학교폭력예방 및 대책과 그에 대한 성과를 평가하고, 이를 공표하여야 한다. 〈신설 2012. 1. 26., 2013. 3. 23.〉

■ 제7조(학교폭력대책위원회의 설치 · 기능) 학교폭력의 예방 및 대책에 관한 다음 각 호의 사항을 심의하기 위하여 국무총리 소속으로 학교폭력대책위원회(이하 "대책위원회"라 한다)를 둔다. 〈개정 2012. 3. 21., 2019. 8. 20.〉

1. 학교폭력의 예방 및 대책에 관한 기본계획의 수립 및 시행에 대한 평가
2. 학교폭력과 관련하여 관계 중앙행정기관 및 지방자치단체의 장이 요청하는 사항
3. 학교폭력과 관련하여 교육청, 제9조에 따른 학교폭력대책지역위원회, 제10조의2에 따른 학교폭력대책지역협의회, 제12조에 따른 학교폭력대책심의위원회, 전문단체 및 전문가가 요청하는 사항

[제목개정 2012. 3. 21.]

■ 제8조(대책위원회의 구성) ① 대책위원회는 위원장 2명을 포함하여 20명 이내의 위원으로 구성한다.

② 위원장은 국무총리와 학교폭력 대책에 관한 전문지식과 경험이 풍부한 전문가 중에서 대통령이 위촉하는 사람이 공동으로 되고, 위원장 모두가 부득이한 사유로 직무를 수행할 수 없을 때에는 국무총리가 지명한 위원이 그 직무를 대행한다.

③ 위원은 다음 각 호의 사람 중에서 대통령이 위촉하는 사람으로 한다. 다만, 제1호의 경우에는 당연직 위원으로 한다. 〈개정 2013. 3. 23., 2014. 11. 19., 2017. 7. 26.〉

1. 기획재정부장관, 교육부장관, 과학기술정보통신부장관, 법무부장관, 행정안전부장관, 문화체육관광부장관, 보건복지부장관, 여성가족부장관, 방송통신위원회 위원장, 경찰청장
2. 학교폭력 대책에 관한 전문지식과 경험이 풍부한 전문가 중에서 제1호의 위원이 각각 1명씩 추천하는 사람
3. 관계 중앙행정기관에 소속된 3급 공무원 또는 고위공무원단에 속하는 공무원으로서 청소년 또는 의료 관련 업무를 담당하는 사람
4. 대학이나 공인된 연구기관에서 조교수 이상 또는 이에 상당한 직에 있거나 있었던 사람으로서 학교폭력 문제 및 이에 따른 상담 또는 심리에 관하여 전문지식이 있는 사람
5. 판사 · 검사 · 변호사
6. 전문단체에서 청소년보호활동을 5년 이상 전문적으로 담당한 사람
7. 의사의 자격이 있는 사람
8. 학교운영위원회 활동 및 청소년보호활동 경험이 풍부한 학부모

④ 위원장을 포함한 위원의 임기는 2년으로 하되, 1차에 한하여 연임할 수 있다.

⑤ 위원회의 효율적 운영 및 지원을 위하여 간사 1명을 두되, 간사는 교육부장관이 된다. 〈개정 2013. 3. 23.〉

⑥ 위원회에 상정할 안건을 미리 검토하는 등 안건 심의를 지원하고, 위원회가 위임한 안건을 심의하기 위하여 대책위원회에 학교폭력대책실무위원회(이하 "실무위원회"라 한다)를 둔다.

⑦ 그 밖에 대책위원회의 운영과 실무위원회의 구성 · 운영에 필요한 사항은 대통령령으로 정한다.

[전문개정 2012. 3. 21.]

■ 제9조(학교폭력대책지역위원회의 설치) ① 지역의 학교폭력 문제를 해결하기 위하여 시 · 도에 학교폭력대책지역위원회(이하 "지역위원회"라 한다)를 둔다. 〈개정 2012. 1. 26.〉
② 특별시장 · 광역시장 · 특별자치시장 · 도지사 및 특별자치도지사는 지역위원회의 운영 및 활동에 관하여 시 · 도의 교육감(이하 "교육감"이라 한다)과 협의하여야 하며, 그 효율적인 운영을 위하여 실무위원회를 둘 수 있다. 〈개정 2012. 1. 26.〉
③ 지역위원회는 위원장 1인을 포함한 11인 이내의 위원으로 구성한다.
④ 지역위원회 및 제2항에 따른 실무위원회의 구성 · 운영에 필요한 사항은 대통령령으로 정한다.

■ 제10조(학교폭력대책지역위원회의 기능 등) ① 지역위원회는 기본계획에 따라 지역의 학교폭력예방 대책을 매년 수립한다.
② 지역위원회는 해당 지역에서 발생한 학교폭력에 대하여 교육감 및 시 · 도경찰청장에게 관련 자료를 요청할 수 있다. 〈개정 2020. 12. 22.〉
③ 교육감은 지역위원회의 의견을 들어 제16조제1항제1호부터 제3호까지나 제17조제1항제5호에 따른 상담 · 치료 및 교육을 담당할 상담 · 치료 · 교육 기관을 지정하여야 한다. 〈개정 2012. 1. 26.〉
④ 교육감은 제3항에 따른 상담 · 치료 · 교육 기관을 지정한 때에는 해당 기관의 명칭, 소재지, 업무를 인터넷 홈페이지에 게시하고, 그 밖에 다양한 방법으로 학부모에게 알릴 수 있도록 노력하여야 한다. 〈신설 2012. 1. 26.〉
[제목개정 2012. 1. 26.]

■ 제10조의2(학교폭력대책지역협의회의 설치 · 운영) ① 학교폭력예방 대책을 수립하고 기관별 추진계획 및 상호 협력 · 지원 방안 등을 협의하기 위하여 시 · 군 · 구에 학교폭력대책지역협의회(이하 "지역협의회"라 한다)를 둔다.

② 지역협의회는 위원장 1명을 포함한 20명 내외의 위원으로 구성한다.

③ 그 밖에 지역협의회의 구성 · 운영에 필요한 사항은 대통령령으로 정한다.

[본조신설 2012. 3. 21.]

■ 제11조(교육감의 임무) ① 교육감은 시 · 도교육청에 학교폭력의 예방과 대책을 담당하는 전담부서를 설치 · 운영하여야 한다.

② 교육감은 관할 구역 안에서 학교폭력이 발생한 때에는 해당 학교의 장 및 관련 학교의 장에게 그 경과 및 결과의 보고를 요구할 수 있다.

③ 교육감은 관할 구역 안의 학교폭력이 관할 구역 외의 학교폭력과 관련이 있는 때에는 그 관할 교육감과 협의하여 적절한 조치를 취하여야 한다.

④ 교육감은 학교의 장으로 하여금 학교폭력의 예방 및 대책에 관한 실시계획을 수립 · 시행하도록 하여야 한다.

⑤ 교육감은 제12조에 따른 심의위원회가 처리한 학교의 학교폭력빈도를 학교의 장에 대한 업무수행 평가에 부정적 자료로 사용하여서는 아니 된다. 〈개정 2019. 8. 20.〉

⑥ 교육감은 제17조제1항제8호에 따른 전학의 경우 그 실현을 위하여 필요한 조치를 취하여야 하며, 제17조제1항제9호에 따른 퇴학처분의 경우 해당 학생의 건전한 성장을 위하여 다른 학교 재입학 등의 적절한 대책을 강구하여야 한다. 〈개정 2012. 1. 26., 2012. 3. 21.〉

⑦ 교육감은 대책위원회 및 지역위원회에 관할 구역 안의 학교폭력의 실태 및 대책에 관한 사항을 보고하고 공표하여야 한다. 관할 구역 밖의 학교폭력 관련 사항 중 관할 구역 안의 학교와 관련된 경우에도 또한 같다. 〈개정 2012. 1. 26., 2012. 3. 21.〉

⑧ 교육감은 학교폭력의 실태를 파악하고 학교폭력에 대한 효율적인 예방대책을 수립하기 위하여 학교폭력 실태조사를 연 2회 이상 실시하고 그 결과를 공표하여야 한다. 〈신설 2012. 3. 21., 2015. 12. 22.〉

⑨ 교육감은 학교폭력 등에 관한 조사, 상담, 치유프로그램 운영 등을 위한 전문기관을 설치 · 운영할 수 있다. 〈신설 2012. 3. 21.〉

⑩ 교육감은 관할 구역에서 학교폭력이 발생한 때에 해당 학교의 장 또는 소속 교원이 그 경

과 및 결과를 보고함에 있어 축소 및 은폐를 시도한 경우에는 「교육공무원법」 제50조 및 「사립학교법」 제62조에 따른 징계위원회에 징계의결을 요구하여야 한다. 〈신설 2012. 3. 21.〉

⑪ 교육감은 관할 구역에서 학교폭력의 예방 및 대책 마련에 기여한 바가 큰 학교 또는 소속 교원에게 상훈을 수여하거나 소속 교원의 근무성적 평정에 가산점을 부여할 수 있다. 〈신설 2012. 3. 21.〉

⑫ 제1항에 따라 설치되는 전담부서의 구성과 제8항에 따라 실시하는 학교폭력 실태조사 및 제9항에 따른 전문기관의 설치에 필요한 사항은 대통령령으로 정한다. 〈개정 2012. 3. 21.〉

■ 제11조의2(학교폭력 조사 · 상담 등) ① 교육감은 학교폭력예방과 사후조치 등을 위하여 다음 각 호의 조사 · 상담 등을 수행할 수 있다.

1. 학교폭력 피해학생 상담 및 가해학생 조사
2. 필요한 경우 가해학생 학부모 조사
3. 학교폭력예방 및 대책에 관한 계획의 이행 지도
4. 관할 구역 학교폭력서클 단속
5. 학교폭력예방을 위하여 민간 기관 및 업소 출입 · 검사
6. 그 밖에 학교폭력 등과 관련하여 필요로 하는 사항

② 교육감은 제1항의 조사 · 상담 등의 업무를 대통령령으로 정하는 기관 또는 단체에 위탁할 수 있다.

③ 교육감 및 제2항에 따른 위탁 기관 또는 단체의 장은 제1항에 따른 조사 · 상담 등의 업무를 수행함에 있어 필요한 경우 관계 기관의 장에게 협조를 요청할 수 있다.

④ 제1항에 따라 조사 · 상담 등을 하는 관계 직원은 그 권한을 표시하는 증표를 지니고 이를 관계인에게 보여주어야 한다.

⑤ 제1항제1호 및 제4호의 조사 등의 결과는 학교의 장 및 보호자에게 통보하여야 한다.

[본조신설 2012. 3. 21.]

■ 제11조의3(관계 기관과의 협조 등) ① 교육부장관, 교육감, 지역 교육장, 학교의 장은 학교폭력과 관련한 개인정보 등을 경찰청장, 시 · 도경찰청장, 관할 경찰서장 및 관계 기관의 장에게 요청할 수 있다. 〈개정 2013. 3. 23., 2020. 12. 22.〉

② 제1항에 따라 정보제공을 요청받은 경찰청장, 시 · 도경찰청장, 관할 경찰서장 및 관계 기관의 장은 특별한 사정이 없으면 이에 응하여야 한다. 〈개정 2020. 12. 22.〉

③ 제1항 및 제2항에 따른 관계 기관과의 협조 사항 및 절차 등에 필요한 사항은 대통령령으로 정한다.

[본조신설 2012. 3. 21.]

■ 제12조(학교폭력대책심의위원회의 설치 · 기능) ① 학교폭력의 예방 및 대책에 관련된 사항을 심의하기 위하여 「지방교육자치에 관한 법률」 제34조 및 「제주특별자치도 설치 및 국제자유도시 조성을 위한 특별법」 제80조에 따른 교육지원청(교육지원청이 없는 경우 해당 시 · 도 조례로 정하는 기관으로 한다. 이하 같다)에 학교폭력대책심의위원회(이하 "심의위원회"라 한다)를 둔다. 다만, 심의위원회 구성에 있어 대통령령으로 정하는 사유가 있는 경우에는 교육감 보고를 거쳐 둘 이상의 교육지원청이 공동으로 심의위원회를 구성할 수 있다. 〈개정 2012. 1. 26., 2019. 8. 20.〉

② 심의위원회는 학교폭력의 예방 및 대책 등을 위하여 다음 각 호의 사항을 심의한다. 〈개정 2012. 1. 26., 2019. 8. 20.〉

1. 학교폭력의 예방 및 대책
2. 피해학생의 보호
3. 가해학생에 대한 교육, 선도 및 징계
4. 피해학생과 가해학생 간의 분쟁조정
5. 그 밖에 대통령령으로 정하는 사항

③ 심의위원회는 해당 지역에서 발생한 학교폭력에 대하여 조사할 수 있고 학교장 및 관할 경찰서장에게 관련 자료를 요청할 수 있다. 〈신설 2012. 3. 21., 2019. 8. 20.〉

④ 심의위원회의 설치 · 기능 등에 필요한 사항은 지역 및 교육지원청의 규모 등을 고려하여

대통령령으로 정한다. 〈개정 2012. 3. 21., 2019. 8. 20.〉
[제목개정 2019. 8. 20.]

■ 제13조(심의위원회의 구성 · 운영) ① 심의위원회는 10명 이상 50명 이내의 위원으로 구성하되, 전체위원의 3분의 1 이상을 해당 교육지원청 관할 구역 내 학교(고등학교를 포함한다)에 소속된 학생의 학부모로 위촉하여야 한다. 〈개정 2019. 8. 20.〉
② 심의위원회의 위원장은 다음 각 호의 어느 하나에 해당하는 경우에 회의를 소집하여야 한다. 〈신설 2011. 5. 19., 2012. 1. 26., 2012. 3. 21., 2019. 8. 20.〉
1. 심의위원회 재적위원 4분의 1 이상이 요청하는 경우
2. 학교의 장이 요청하는 경우
3. 피해학생 또는 그 보호자가 요청하는 경우
4. 학교폭력이 발생한 사실을 신고받거나 보고받은 경우
5. 가해학생이 협박 또는 보복한 사실을 신고받거나 보고받은 경우
6. 그 밖에 위원장이 필요하다고 인정하는 경우

③ 심의위원회는 회의의 일시, 장소, 출석위원, 토의내용 및 의결사항 등이 기록된 회의록을 작성 · 보존하여야 한다. 〈신설 2011. 5. 19., 2019. 8. 20.〉
④ 심의위원회는 심의 과정에서 소아청소년과 의사, 정신건강의학과 의사, 심리학자, 그 밖의 아동심리와 관련된 전문가를 출석하게 하거나 서면 등의 방법으로 의견을 청취할 수 있고, 피해학생이 상담 · 치료 등을 받은 경우 해당 전문가 또는 전문의 등으로부터 의견을 청취할 수 있다. 다만, 심의위원회는 피해학생 또는 그 보호자의 의사를 확인하여 피해학생 또는 그 보호자의 요청이 있는 경우에는 반드시 의견을 청취하여야 한다. 〈신설 2020. 12. 22.〉
⑤ 그 밖에 심의위원회의 구성 · 운영에 필요한 사항은 대통령령으로 정한다. 〈개정 2011. 5. 19., 2019. 8. 20., 2020. 12. 22.〉
[제목개정 2011. 5. 19., 2019. 8. 20.]

■ 제13조의2(학교의 장의 자체해결) ① 제13조제2항제4호 및 제5호에도 불구하고 피해학생 및 그 보호자가 심의위원회의 개최를 원하지 아니하는 다음 각 호에 모두 해당하는 경미한 학교폭력의 경우 학교의 장은 학교폭력 사건을 자체적으로 해결할 수 있다. 이 경우 학교의 장은 지체 없이 이를 심의위원회에 보고하여야 한다.

1. 2주 이상의 신체적 · 정신적 치료를 요하는 진단서를 발급받지 않은 경우
2. 재산상 피해가 없거나 즉각 복구된 경우
3. 학교폭력이 지속적이지 않은 경우
4. 학교폭력에 대한 신고, 진술, 자료제공 등에 대한 보복행위가 아닌 경우

② 학교의 장은 제1항에 따라 사건을 해결하려는 경우 다음 각 호에 해당하는 절차를 모두 거쳐야 한다.

1. 피해학생과 그 보호자의 심의위원회 개최 요구 의사의 서면 확인
2. 학교폭력의 경중에 대한 제14조제3항에 따른 전담기구의 서면 확인 및 심의

③ 그 밖에 학교의 장이 학교폭력을 자체적으로 해결하는 데에 필요한 사항은 대통령령으로 정한다.

[본조신설 2019. 8. 20.]

■ 제14조(전문상담교사 배치 및 전담기구 구성) ① 학교의 장은 학교에 대통령령으로 정하는 바에 따라 상담실을 설치하고, 「초 · 중등교육법」 제19조의2에 따라 전문상담교사를 둔다.

② 전문상담교사는 학교의 장 및 심의위원회의 요구가 있는 때에는 학교폭력에 관련된 피해학생 및 가해학생과의 상담결과를 보고하여야 한다. 〈개정 2019. 8. 20.〉

③ 학교의 장은 교감, 전문상담교사, 보건교사 및 책임교사(학교폭력문제를 담당하는 교사를 말한다), 학부모 등으로 학교폭력문제를 담당하는 전담기구(이하 "전담기구" 라 한다)를 구성한다. 이 경우 학부모는 전담기구 구성원의 3분의 1 이상이어야 한다. 〈개정 2012. 3. 21., 2019. 8. 20.〉

④ 학교의 장은 학교폭력 사태를 인지한 경우 지체 없이 전담기구 또는 소속 교원으로 하여금 가해 및 피해 사실 여부를 확인하도록 하고, 전담기구로 하여금 제13조의2에 따른 학교의 장

의 자체해결 부의 여부를 심의하도록 한다. 〈신설 2019. 8. 20.〉
⑤ 전담기구는 학교폭력에 대한 실태조사(이하 "실태조사"라 한다)와 학교폭력예방 프로그램을 구성 · 실시하며, 학교의 장 및 심의위원회의 요구가 있는 때에는 학교폭력에 관련된 조사결과 등 활동결과를 보고하여야 한다. 〈개정 2012. 3. 21., 2019. 8. 20.〉
⑥ 피해학생 또는 피해학생의 보호자는 피해 사실 확인을 위하여 전담기구에 실태조사를 요구할 수 있다. 〈신설 2009. 5. 8., 2012. 3. 21., 2019. 8. 20.〉
⑦ 국가 및 지방자치단체는 실태조사에 관한 예산을 지원하고, 관계 행정기관은 실태조사에 협조하여야 하며, 학교의 장은 전담기구에 행정적 · 재정적 지원을 할 수 있다. 〈개정 2009. 5. 8., 2012. 3. 21., 2019. 8. 20.〉
⑧ 전담기구는 성폭력 등 특수한 학교폭력 사건에 대한 실태조사의 전문성을 확보하기 위하여 필요한 경우 전문기관에 그 실태조사를 의뢰할 수 있다. 이 경우 그 의뢰는 심의위원회 위원장의 심의를 거쳐 학교의 장 명의로 하여야 한다. 〈신설 2012. 1. 26., 2012. 3. 21., 2019. 8. 20.〉
⑨ 그 밖에 전담기구 운영 등에 필요한 사항은 대통령령으로 정한다. 〈신설 2012. 3. 21., 2019. 8. 20.〉

■ 제15조(학교폭력예방 교육 등) ① 학교의 장은 학생의 육체적 · 정신적 보호와 학교폭력의 예방을 위한 학생들에 대한 교육(학교폭력의 개념 · 실태 및 대처방안 등을 포함하여야 한다)을 학기별로 1회 이상 실시하여야 한다. 〈개정 2012. 1. 26.〉
② 학교의 장은 학교폭력의 예방 및 대책 등을 위한 교직원 및 학부모에 대한 교육을 학기별로 1회 이상 실시하여야 한다. 〈개정 2012. 3. 21.〉
③ 학교의 장은 제1항에 따른 학교폭력예방 교육 프로그램의 구성 및 그 운용 등을 전담기구와 협의하여 전문단체 또는 전문가에게 위탁할 수 있다.
④ 교육장은 제1항부터 제3항까지의 규정에 따른 학교폭력예방 교육 프로그램의 구성과 운용계획을 학부모가 쉽게 확인할 수 있도록 인터넷 홈페이지에 게시하고, 그 밖에 다양한 방법으로 학부모에게 알릴 수 있도록 노력하여야 한다. 〈개정 2012. 1. 26.〉

⑤ 그 밖에 학교폭력예방 교육의 실시와 관련한 사항은 대통령령으로 정한다. 〈개정 2011. 5. 19.〉

[제목개정 2011. 5. 19.]

■ 제16조(피해학생의 보호) ① 심의위원회는 피해학생의 보호를 위하여 필요하다고 인정하는 때에는 피해학생에 대하여 다음 각 호의 어느 하나에 해당하는 조치(수 개의 조치를 병과하는 경우를 포함한다)를 할 것을 교육장(교육장이 없는 경우 제12조제1항에 따라 조례로 정한 기관의 장으로 한다. 이하 같다)에게 요청할 수 있다. 다만, 학교의 장은 학교폭력 사건을 인지한 경우 피해학생의 반대의사 등 대통령령으로 정하는 특별한 사정이 없으면 지체 없이 가해자(교사를 포함한다)와 피해학생을 분리하여야 하며, 피해학생이 긴급보호의 요청을 하는 경우에는 제1호, 제2호 및 제6호의 조치를 할 수 있다. 이 경우 학교의 장은 심의위원회에 즉시 보고하여야 한다. 〈개정 2012. 3. 21., 2017. 4. 18., 2019. 8. 20., 2020. 12. 22.〉

1. 학내외 전문가에 의한 심리상담 및 조언
2. 일시보호
3. 치료 및 치료를 위한 요양
4. 학급교체
5. 삭제 〈2012. 3. 21.〉
6. 그 밖에 피해학생의 보호를 위하여 필요한 조치

② 심의위원회는 제1항에 따른 조치를 요청하기 전에 피해학생 및 그 보호자에게 의견진술의 기회를 부여하는 등 적정한 절차를 거쳐야 한다. 〈신설 2012. 3. 21., 2019. 8. 20.〉

③ 제1항에 따른 요청이 있는 때에는 교육장은 피해학생의 보호자의 동의를 받아 7일 이내에 해당 조치를 하여야 한다. 〈개정 2012. 3. 21., 2019. 8. 20.〉

④ 제1항의 조치 등 보호가 필요한 학생에 대하여 학교의 장이 인정하는 경우 그 조치에 필요한 결석을 출석일수에 산입할 수 있다. 〈개정 2012. 3. 21.〉

⑤ 학교의 장은 성적 등을 평가함에 있어서 제3항에 따른 조치로 인하여 학생에게 불이익을 주지 아니하도록 노력하여야 한다. 〈개정 2012. 3. 21.〉

⑥ 피해학생이 전문단체나 전문가로부터 제1항제1호부터 제3호까지의 규정에 따른 상담 등을 받는 데에 사용되는 비용은 가해학생의 보호자가 부담하여야 한다. 다만, 피해학생의 신속한 치료를 위하여 학교의 장 또는 피해학생의 보호자가 원하는 경우에는 「학교안전사고 예방 및 보상에 관한 법률」 제15조에 따른 학교안전공제회 또는 시 · 도교육청이 부담하고 이에 대한 구상권을 행사할 수 있다. 〈개정 2012. 1. 26., 2012. 3. 21.〉

1. 삭제 〈2012. 3. 21.〉

2. 삭제 〈2012. 3. 21.〉

⑦ 학교의 장 또는 피해학생의 보호자는 필요한 경우 「학교안전사고 예방 및 보상에 관한 법률」 제34조의 공제급여를 학교안전공제회에 직접 청구할 수 있다. 〈신설 2012. 1. 26., 2012. 3. 21.〉

⑧ 피해학생의 보호 및 제6항에 따른 지원범위, 구상범위, 지급절차 등에 필요한 사항은 대통령령으로 정한다. 〈신설 2012. 3. 21.〉

■ 제16조의2(장애학생의 보호) ① 누구든지 장애 등을 이유로 장애학생에게 학교폭력을 행사하여서는 아니 된다.

② 심의위원회는 피해학생 또는 가해학생이 장애학생인 경우 심의과정에 「장애인 등에 대한 특수교육법」 제2조제4호에 따른 특수교육교원 등 특수교육 전문가 또는 장애인 전문가를 출석하게 하거나 서면 등의 방법으로 의견을 청취할 수 있다. 〈신설 2020. 12. 22.〉

③ 심의위원회는 학교폭력으로 피해를 입은 장애학생의 보호를 위하여 장애인전문 상담가의 상담 또는 장애인전문 치료기관의 요양 조치를 학교의 장에게 요청할 수 있다. 〈개정 2019. 8. 20., 2020. 12. 22.〉

④ 제3항에 따른 요청이 있는 때에는 학교의 장은 해당 조치를 하여야 한다. 이 경우 제16조제6항을 준용한다. 〈개정 2012. 3. 21., 2020. 12. 22.〉

[본조신설 2009. 5. 8.]

■ 제17조(가해학생에 대한 조치) ① 심의위원회는 피해학생의 보호와 가해학생의 선도 · 교육을 위하여 가해학생에 대하여 다음 각 호의 어느 하나에 해당하는 조치(수 개의 조치를 병과하는 경우를 포함한다)를 할 것을 교육장에게 요청하여야 하며, 각 조치별 적용 기준은 대통령령으로 정한다. 다만, 퇴학처분은 의무교육과정에 있는 가해학생에 대하여는 적용하지 아니한다. 〈개정 2009. 5. 8., 2012. 1. 26., 2012. 3. 21., 2019. 8. 20.〉

1. 피해학생에 대한 서면 사과
2. 피해학생 및 신고 · 고발 학생에 대한 접촉, 협박 및 보복행위의 금지
3. 학교에서의 봉사
4. 사회봉사
5. 학내외 전문가에 의한 특별 교육이수 또는 심리치료
6. 출석 정지
7. 학급교체
8. 전학
9. 퇴학처분

② 제1항에 따라 심의위원회가 교육장에게 가해학생에 대한 조치를 요청할 때 그 이유가 피해학생이나 신고 · 고발 학생에 대한 협박 또는 보복 행위일 경우에는 같은 항 각 호의 조치를 병과하거나 조치 내용을 가중할 수 있다. 〈신설 2012. 3. 21., 2019. 8. 20.〉

③ 제1항제2호부터 제4호까지 및 제6호부터 제8호까지의 처분을 받은 가해학생은 교육감이 정한 기관에서 특별교육을 이수하거나 심리치료를 받아야 하며, 그 기간은 심의위원회에서 정한다. 〈개정 2012. 1. 26., 2012. 3. 21., 2019. 8. 20.〉

④ 학교의 장은 가해학생에 대한 선도가 긴급하다고 인정할 경우 우선 제1항제1호부터 제3호까지, 제5호 및 제6호의 조치를 할 수 있으며, 제5호와 제6호는 병과조치할 수 있다. 이 경우 심의위원회에 즉시 보고하여 추인을 받아야 한다. 〈개정 2012. 1. 26., 2012. 3. 21., 2019. 8. 20.〉

⑤ 심의위원회는 제1항 또는 제2항에 따른 조치를 요청하기 전에 가해학생 및 보호자에게 의견진술의 기회를 부여하는 등 적정한 절차를 거쳐야 한다. 〈개정 2012. 3. 21., 2019. 8. 20.〉

⑥ 제1항에 따른 요청이 있는 때에는 교육장은 14일 이내에 해당 조치를 하여야 한다. 〈개정 2012. 1. 26., 2012. 3. 21., 2019. 8. 20.〉

⑦ 학교의 장이 제4항에 따른 조치를 한 때에는 가해학생과 그 보호자에게 이를 통지하여야 하며, 가해학생이 이를 거부하거나 회피하는 때에는 학교의 장은 「초 · 중등교육법」 제18조에 따라 징계하여야 한다. 〈개정 2012. 3. 21., 2019. 8. 20.〉

⑧ 가해학생이 제1항제3호부터 제5호까지의 규정에 따른 조치를 받은 경우 이와 관련된 결석은 학교의 장이 인정하는 때에는 이를 출석일수에 산입할 수 있다. 〈개정 2012. 1. 26., 2012. 3. 21.〉

⑨ 심의위원회는 가해학생이 특별교육을 이수할 경우 해당 학생의 보호자도 함께 교육을 받게 하여야 한다. 〈개정 2012. 3. 21., 2019. 8. 20.〉

⑩ 가해학생이 다른 학교로 전학을 간 이후에는 전학 전의 피해학생 소속 학교로 다시 전학올 수 없도록 하여야 한다. 〈신설 2012. 1. 26., 2012. 3. 21.〉

⑪ 제1항제2호부터 제9호까지의 처분을 받은 학생이 해당 조치를 거부하거나 기피하는 경우 심의위원회는 제7항에도 불구하고 대통령령으로 정하는 바에 따라 추가로 다른 조치를 할 것을 교육장에게 요청할 수 있다. 〈신설 2012. 3. 21., 2019. 8. 20.〉

⑫ 가해학생에 대한 조치 및 제11조제6항에 따른 재입학 등에 관하여 필요한 사항은 대통령령으로 정한다. 〈신설 2012. 3. 21.〉

■ 제17조의2(행정심판) ① 교육장이 제16조제1항 및 제17조제1항에 따라 내린 조치에 대하여 이의가 있는 피해학생 또는 그 보호자는 「행정심판법」에 따른 행정심판을 청구할 수 있다. 〈신설 2012. 3. 21., 2017. 11. 28., 2019. 8. 20.〉

② 교육장이 제17조제1항에 따라 내린 조치에 대하여 이의가 있는 가해학생 또는 그 보호자는 「행정심판법」에 따른 행정심판을 청구할 수 있다. 〈개정 2012. 3. 21., 2017. 11. 28., 2019. 8. 20.〉

③ 제1항 및 제2항에 따른 행정심판청구에 필요한 사항은 「행정심판법」을 준용한다. 〈개정 2019. 8. 20.〉

④ 삭제 〈2019. 8. 20.〉

⑤ 삭제 〈2019. 8. 20.〉

⑥ 삭제 〈2019. 8. 20.〉

[본조신설 2012. 1. 26.]

[제목개정 2019. 8. 20.]

■ 제18조(분쟁조정) ① 심의위원회는 학교폭력과 관련하여 분쟁이 있는 경우에는 그 분쟁을 조정할 수 있다. 〈개정 2019. 8. 20.〉

② 제1항에 따른 분쟁의 조정기간은 1개월을 넘지 못한다.

③ 학교폭력과 관련한 분쟁조정에는 다음 각 호의 사항을 포함한다. 〈개정 2019. 8. 20.〉

1. 피해학생과 가해학생간 또는 그 보호자 간의 손해배상에 관련된 합의조정
2. 그 밖에 심의위원회가 필요하다고 인정하는 사항

④ 심의위원회는 분쟁조정을 위하여 필요하다고 인정하는 때에는 관계 기관의 협조를 얻어 학교폭력과 관련한 사항을 조사할 수 있다. 〈개정 2019. 8. 20.〉

⑤ 심의위원회가 분쟁조정을 하고자 할 때에는 이를 피해학생 · 가해학생 및 그 보호자에게 통보하여야 한다. 〈개정 2019. 8. 20.〉

⑥ 시 · 도교육청 관할 구역 안의 소속 교육지원청이 다른 학생 간에 분쟁이 있는 경우에는 교육감이 직접 분쟁을 조정한다. 이 경우 제2항부터 제5항까지의 규정을 준용한다. 〈개정 2019. 8. 20.〉

⑦ 관할 구역을 달리하는 시 · 도교육청 소속 학교의 학생 간에 분쟁이 있는 경우에는 피해학생을 감독하는 교육감이 가해학생을 감독하는 교육감과의 협의를 거쳐 직접 분쟁을 조정한다. 이 경우 제2항부터 제5항까지의 규정을 준용한다. 〈개정 2019. 8. 20.〉

■ 제19조(학교의 장의 의무) ① 학교의 장은 제16조, 제16조의2, 제17조에 따른 조치의 이행에 협조하여야 한다.

② 학교의 장은 학교폭력을 축소 또는 은폐해서는 아니 된다.

③ 학교의 장은 교육감에게 학교폭력이 발생한 사실과 제13조의2에 따라 학교의 장의 자체 해결로 처리된 사건, 제16조, 제16조의2, 제17조 및 제18조에 따른 조치 및 그 결과를 보고하고, 관계 기관과 협력하여 교내 학교폭력 단체의 결성예방 및 해체에 노력하여야 한다.
[전문개정 2019. 8. 20.]

■ 제20조(학교폭력의 신고의무) ① 학교폭력 현장을 보거나 그 사실을 알게 된 자는 학교 등 관계 기관에 이를 즉시 신고하여야 한다.
② 제1항에 따라 신고를 받은 기관은 이를 가해학생 및 피해학생의 보호자와 소속 학교의 장에게 통보하여야 한다. 〈개정 2009. 5. 8.〉
③ 제2항에 따라 통보받은 소속 학교의 장은 이를 심의위원회에 지체 없이 통보하여야 한다. 〈신설 2009. 5. 8., 2019. 8. 20.〉
④ 누구라도 학교폭력의 예비 · 음모 등을 알게 된 자는 이를 학교의 장 또는 심의위원회에 고발할 수 있다. 다만, 교원이 이를 알게 되었을 경우에는 학교의 장에게 보고하고 해당 학부모에게 알려야 한다. 〈개정 2009. 5. 8., 2012. 1. 26., 2019. 8. 20.〉
⑤ 누구든지 제1항부터 제4항까지에 따라 학교폭력을 신고한 사람에게 그 신고행위를 이유로 불이익을 주어서는 아니 된다. 〈신설 2012. 3. 21.〉

■ 제20조의2(긴급전화의 설치 등) ① 국가 및 지방자치단체는 학교폭력을 수시로 신고받고 이에 대한 상담에 응할 수 있도록 긴급전화를 설치하여야 한다.
② 국가와 지방자치단체는 제1항에 따른 긴급전화의 설치 · 운영을 대통령령으로 정하는 기관 또는 단체에 위탁할 수 있다. 〈신설 2012. 1. 26.〉
③ 제1항과 제2항에 따른 긴급전화의 설치 · 운영 · 위탁에 필요한 사항은 대통령령으로 정한다. 〈개정 2012. 1. 26.〉
[본조신설 2009. 5. 8.]

■ 제20조의3(정보통신망에 의한 학교폭력 등) 제2조제1호에 따른 정보통신망을 이용한 음란 · 폭력 정보 등에 의한 신체상 · 정신상 피해에 관하여 필요한 사항은 따로 법률로 정한다.
[본조신설 2012. 3. 21.]

■ 제20조의4(정보통신망의 이용 등) ① 국가 · 지방자치단체 또는 교육감은 학교폭력예방 업무 등을 효과적으로 수행하기 위하여 필요한 경우 정보통신망을 이용할 수 있다.
② 국가 · 지방자치단체 또는 교육감은 제1항에 따라 정보통신망을 이용하여 학교 또는 학생(학부모를 포함한다)이 학교폭력예방 업무 등을 수행하는 경우 다음 각 호의 어느 하나에 해당하는 비용의 전부 또는 일부를 지원할 수 있다.

1. 학교 또는 학생(학부모를 포함한다)이 전기통신설비를 구입하거나 이용하는 데 소요되는 비용
2. 학교 또는 학생(학부모를 포함한다)에게 부과되는 전기통신역무 요금

③ 그 밖에 정보통신망의 이용 등에 관하여 필요한 사항은 대통령령으로 정한다.
[본조신설 2012. 3. 21.]

■ 제20조의5(학생보호인력의 배치 등) ① 국가 · 지방자치단체 또는 학교의 장은 학교폭력을 예방하기 위하여 학교 내에 학생보호인력을 배치하여 활용할 수 있다.
② 다음 각 호의 어느 하나에 해당하는 사람은 학생보호인력이 될 수 없다. 〈신설 2013. 7. 30.〉

1. 「국가공무원법」 제33조 각 호의 어느 하나에 해당하는 사람
2. 「아동 · 청소년의 성보호에 관한 법률」에 따른 아동 · 청소년대상 성범죄 또는 「성폭력범죄의 처벌 등에 관한 특례법」에 따른 성폭력범죄를 범하여 벌금형을 선고받고 그 형이 확정된 날부터 10년이 지나지 아니하였거나, 금고 이상의 형이나 치료감호를 선고받고 그 집행이 끝나거나 집행이 유예 · 면제된 날부터 10년이 지나지 아니한 사람
3. 「청소년 보호법」 제2조제5호가목3) 및 같은 목 7)부터 9)까지의 청소년 출입 · 고용금지 업소의 업주나 종사자

③ 국가 · 지방자치단체 또는 학교의 장은 제1항에 따른 학생보호인력의 배치 및 활용 업무를 관련 전문기관 또는 단체에 위탁할 수 있다. 〈개정 2013. 7. 30.〉
④ 제3항에 따라 학생보호인력의 배치 및 활용 업무를 위탁받은 전문기관 또는 단체는 그 업무를 수행함에 있어 학교의 장과 충분히 협의하여야 한다. 〈개정 2013. 7. 30.〉
⑤ 국가 · 지방자치단체 또는 학교의 장은 학생보호인력으로 배치하고자 하는 사람의 동의를 받아 경찰청장에게 그 사람의 범죄경력을 조회할 수 있다. 〈신설 2013. 7. 30.〉
⑥ 제3항에 따라 학생보호인력의 배치 및 활용 업무를 위탁받은 전문기관 또는 단체는 해당 업무를 위탁한 국가 · 지방자치단체 또는 학교의 장에게 학생보호인력으로 배치하고자 하는 사람의 범죄경력을 조회할 것을 신청할 수 있다. 〈신설 2013. 7. 30.〉
⑦ 학생보호인력이 되려는 사람은 국가 · 지방자치단체 또는 학교의 장에게 제2항 각 호의 어느 하나에 해당하지 아니한다는 확인서를 제출하여야 한다. 〈신설 2013. 7. 30.〉
[본조신설 2012. 3. 21.]

■ 제20조의6(학교전담경찰관) ① 국가는 학교폭력예방 및 근절을 위하여 학교폭력 업무 등을 전담하는 경찰관을 둘 수 있다.
② 제1항에 따른 학교전담경찰관의 운영에 필요한 사항은 대통령령으로 정한다.
[본조신설 2017. 11. 28.]
[종전 제20조의6은 제20조의7로 이동 〈2017. 11. 28.〉]

■ 제20조의7(영상정보처리기기의 통합 관제) ① 국가 및 지방자치단체는 학교폭력예방 업무를 효과적으로 수행하기 위하여 교육감과 협의하여 학교 내외에 설치된 영상정보처리기기(「개인정보 보호법」 제2조제7호에 따른 영상정보처리기기를 말한다. 이하 이 조에서 같다)를 통합하여 관제할 수 있다. 이 경우 국가 및 지방자치단체는 통합 관제 목적에 필요한 범위에서 최소한의 개인정보만을 처리하여야 하며, 그 목적 외의 용도로 활용하여서는 아니 된다.
② 제1항에 따라 영상정보처리기기를 통합 관제하려는 국가 및 지방자치단체는 공청회 · 설명회의 개최 등 대통령령으로 정하는 절차를 거쳐 관계 전문가 및 이해관계인의 의견을 수렴

하여야 한다.

③ 제1항에 따라 학교 내외에 설치된 영상정보처리기기가 통합 관제되는 경우 해당 학교의 영상정보처리기기운영자는 「개인정보 보호법」 제25조제4항에 따른 조치를 통하여 그 사실을 정보주체에게 알려야 한다.

④ 통합 관제에 관하여 이 법에서 규정한 것을 제외하고는 「개인정보 보호법」을 적용한다.

⑤ 그 밖에 영상정보처리기기의 통합 관제에 필요한 사항은 대통령령으로 정한다.

[본조신설 2012. 3. 21.]

[제20조의6에서 이동 〈2017. 11. 28.〉]

■ 제21조(비밀누설금지 등) ① 이 법에 따라 학교폭력의 예방 및 대책과 관련된 업무를 수행하거나 수행하였던 자는 그 직무로 인하여 알게 된 비밀 또는 가해학생 · 피해학생 및 제20조에 따른 신고자 · 고발자와 관련된 자료를 누설하여서는 아니 된다. 〈개정 2012. 1. 26.〉

② 제1항에 따른 비밀의 구체적인 범위는 대통령령으로 정한다.

③ 제16조, 제16조의2, 제17조, 제17조의2, 제18조에 따른 심의위원회의 회의는 공개하지 아니한다. 다만, 피해학생 · 가해학생 또는 그 보호자가 회의록의 열람 · 복사 등 회의록 공개를 신청한 때에는 학생과 그 가족의 성명, 주민등록번호 및 주소, 위원의 성명 등 개인정보에 관한 사항을 제외하고 공개하여야 한다. 〈개정 2011. 5. 19., 2012. 3. 21., 2019. 8. 20.〉

■ 제21조의2(「지방교육자치에 관한 법률」에 관한 특례) 교육장은 「지방교육자치에 관한 법률」 제35조에도 불구하고 이 법에 따른 고등학교에서의 학교폭력 피해학생 보호, 가해학생 선도 · 교육 및 피해학생과 가해학생 간의 분쟁조정 등에 관한 사무를 위임받아 수행할 수 있다.

[본조신설 2019. 8. 20.]

■ 제22조(벌칙) 제21조제1항을 위반한 자는 1년 이하의 징역 또는 1천만 원 이하의 벌금에 처한다.

[전문개정 2017. 11. 28.]

■ 제23조(과태료) ① 제17조제9항에 따른 심의위원회의 교육 이수 조치를 따르지 아니한 보호자에게는 300만 원 이하의 과태료를 부과한다. 〈개정 2019. 8. 20.〉

② 제1항에 따른 과태료는 대통령령으로 정하는 바에 따라 교육감이 부과 · 징수한다.

[본조신설 2017. 11. 28.]

부칙 〈제17668호, 2020. 12. 22.〉

제1조(시행일) 이 법은 공포 후 6개월이 경과한 날부터 시행한다.

제2조(아동심리와 관련된 전문가 등의 출석 또는 의견청취에 관한 적용례) 제13조제4항의 개정규정은 이 법 시행 후 발생한 학교폭력 사건을 심의하는 경우부터 적용한다.

제3조(학교의 장의 분리 조치에 관한 적용례) 제16조제1항의 개정규정은 이 법 시행 후 학교의 장이 학교폭력 사건을 인지한 경우부터 적용한다.

부록2

학교폭력예방 및 대책에 관한 법률 시행령

(약칭: 학교폭력예방법 시행령)

[시행 2021. 9. 29] [대통령령 제32018호, 2021. 9. 29., 타법개정]

교육부(학교생활문화과) 044-203-6975

■ 제1조(목적) 이 영은 「학교폭력예방 및 대책에 관한 법률」에서 위임된 사항과 그 시행에 필요한 사항을 규정함을 목적으로 한다.

■ 제2조(성과 평가 및 공표) 「학교폭력예방 및 대책에 관한 법률」(이하 "법"이라 한다) 제6조제3항에 따른 학교폭력 예방 및 대책에 대한 성과는 「초ㆍ중등교육법」 제9조제2항에 따른 지방교육행정기관에 대한 평가에 포함하여 평가하고, 이를 공표하여야 한다.

■ 제3조(학교폭력대책위원회의 운영) ① 법 제7조에 따른 학교폭력대책위원회(이하 "대책위원회"라 한다)의 위원장은 회의를 소집하고, 그 의장이 된다.

② 대책위원회의 회의는 반기별로 1회 소집한다. 다만, 재적위원 3분의 1 이상이 요구하거나 위원장이 필요하다고 인정하는 경우에는 수시로 소집할 수 있다.

③ 대책위원회의 위원장이 회의를 소집할 때에는 회의 개최 5일 전까지 회의 일시ㆍ장소 및 안건을 각 위원에게 알려야 한다. 다만, 긴급히 소집하여야 할 때에는 그러하지 아니하다.

④ 대책위원회의 회의는 재적위원 과반수의 출석으로 개의(開議)하고, 출석위원 과반수의 찬

성으로 의결한다.

⑤ 대책위원회의 위원장은 필요하다고 인정할 때에는 학교폭력 예방 및 대책과 관련하여 전문가 등을 회의에 출석하여 발언하게 할 수 있다.

⑥ 회의에 출석한 위원과 전문가 등에게는 예산의 범위에서 수당과 여비를 지급할 수 있다. 다만, 공무원인 위원이 그 소관 업무와 직접적으로 관련하여 회의에 출석하는 경우에는 그러하지 아니하다.

■ 제3조의2(대책위원회 위원의 해촉) 대통령은 법 제8조제3항제2호부터 제8호까지의 규정에 따른 대책위원회의 위원이 다음 각 호의 어느 하나에 해당하는 경우에는 해당 위원을 해촉(解囑)할 수 있다.

1. 심신장애로 인하여 직무를 수행할 수 없게 된 경우
2. 직무와 관련된 비위사실이 있는 경우
3. 직무태만, 품위손상이나 그 밖의 사유로 인하여 위원으로 적합하지 아니하다고 인정되는 경우
4. 위원 스스로 직무를 수행하는 것이 곤란하다고 의사를 밝히는 경우

[본조신설 2016. 5. 10.]

■ 제4조(학교폭력대책실무위원회의 구성 · 운영) ① 법 제8조제6항에 따른 학교폭력대책실무위원회(이하 "실무위원회"라 한다)는 위원장(이하 "실무위원장"이라 한다) 1명을 포함한 12명 이내의 위원으로 구성한다. 〈개정 2013. 3. 23.〉

② 실무위원장은 교육부차관이 되고, 위원은 기획재정부, 교육부, 과학기술정보통신부, 법무부, 행정안전부, 문화체육관광부, 보건복지부, 여성가족부, 국무조정실 및 방송통신위원회의 고위공무원단에 속하는 공무원과 경찰청의 치안감 또는 경무관 중에서 소속 기관의 장이 지명하는 사람 각 1명이 된다. 〈개정 2013. 3. 23., 2014. 11. 19., 2017. 7. 26.〉

③ 제2항에 따라 실무위원회의 위원을 지명한 자는 해당 위원이 제3조의2 각 호의 어느 하나에 해당하는 경우에는 그 지명을 철회할 수 있다. 〈신설 2016. 5. 10.〉

④ 실무위원회의 사무를 처리하기 위하여 간사 1명을 두며, 간사는 교육부 소속 공무원 중에서 실무위원장이 지명하는 사람으로 한다. 〈개정 2013. 3. 23., 2016. 5. 10.〉

⑤ 실무위원장이 부득이한 사유로 직무를 수행할 수 없을 때에는 실무위원장이 미리 지명하는 위원이 그 직무를 대행한다. 〈개정 2016. 5. 10.〉

⑥ 회의는 대책위원회 개최 전 또는 실무위원장이 필요하다고 인정할 때 소집한다. 〈개정 2016. 5. 10.〉

⑦ 실무위원회는 대책위원회의 회의에 부칠 안건 검토와 심의 지원 및 그 밖의 업무수행을 위하여 필요한 경우에는 이해관계인 또는 관련 전문가를 출석하게 하여 의견을 듣거나 의견 제출을 요청할 수 있다. 〈개정 2016. 5. 10.〉

⑧ 실무위원장은 회의를 소집할 때에는 회의 개최 7일 전까지 회의 일시 · 장소 및 안건을 각 위원에게 알려야 한다. 다만, 긴급히 소집하여야 할 때에는 그러하지 아니하다. 〈개정 2016. 5. 10.〉

■ 제5조(학교폭력대책지역위원회의 구성 · 운영) ① 법 제9조제1항에 따른 학교폭력대책지역위원회(이하 "지역위원회"라 한다)의 위원장은특별시 · 광역시 · 특별자치시 · 도 · 특별자치도(이하 "시 · 도"라 한다)의 부단체장(특별시의 경우에는 행정(1)부시장, 광역시 및 도의 경우에는 행정부시장 및 행정부지사를 말한다)으로 한다.

② 지역위원회의 위원장은 회의를 소집하고, 그 의장이 된다.

③ 지역위원회의 위원장이 부득이한 사유로 직무를 수행할 수 없을 때에는 지역위원회 위원장이 미리 지명하는 위원이 그 직무를 대행한다.

④ 지역위원회의 위원은 학식과 경험이 풍부하고 청소년보호에 투철한 사명감이 있는 사람으로서 다음 각 호의 어느 하나에 해당하는 사람 중에서 특별시장 · 광역시장 · 특별자치시장 · 도지사 · 특별자치도지사(이하 "시 · 도지사"라 한다)가 교육감과 협의하여 임명하거나 위촉한다. 〈개정 2020. 2. 25., 2020. 12. 31.〉

1. 해당 시 · 도의 청소년보호 업무 담당 국장 및 시 · 도교육청 생활지도 담당 국장
2. 해당 시 · 도의회 의원 또는 교육위원회 위원

3. 해당 시 · 도경찰청 소속 경찰공무원
4. 학생생활지도 경력이 5년 이상인 교원
5. 판사 · 검사 · 변호사
6. 「고등교육법」 제2조에 따른 학교의 조교수 이상 또는 청소년 관련 연구기관에서 이에 상당하는 직위에 재직하고 있거나 재직하였던 사람으로서 학교폭력 문제에 대한 전문지식이 있는 사람
7. 청소년 선도 및 보호 단체에서 청소년보호활동을 5년 이상 전문적으로 담당한 사람
8. 「초 · 중등교육법」 제31조제1항에 따른 학교운영위원회(이하 "학교운영위원회"라 한다)의 위원 또는 법 제12조제1항에 따른 학교폭력대책심의위원회(이하 "심의위원회"라 한다) 위원으로 활동하고 있거나 활동한 경험이 있는 학부모
9. 그 밖에 학교폭력 예방 및 청소년 보호에 대한 지식과 경험이 있는 사람

⑤ 지역위원회 위원의 임기는 2년으로 한다. 다만, 지역위원회 위원의 사임 등으로 새로 위촉되는 위원의 임기는 전임위원 임기의 남은 기간으로 한다.

⑥ 시 · 도지사는 제4항제2호부터 제9호까지의 규정에 따른 지역위원회의 위원이 제3조의2 각 호의 어느 하나에 해당하는 경우에는 해당 위원을 해임하거나 해촉할 수 있다. 〈신설 2016. 5. 10.〉

⑦ 지역위원회의 사무를 처리하기 위하여 간사 1명을 두며, 지역위원회의 위원장과 교육감이 시 · 도 또는 시 · 도교육청 소속 공무원 중에서 협의하여 정하는 사람으로 한다. 〈개정 2016. 5. 10.〉

⑧ 지역위원회 회의의 운영에 관하여는 제3조제2항부터 제6항까지의 규정을 준용한다. 이 경우 "대책위원회"는 "지역위원회"로 본다. 〈개정 2016. 5. 10.〉

■ 제6조(학교폭력대책지역실무위원회의 구성 · 운영) 법 제9조제2항에 따른 실무위원회는 7명 이내의 학교폭력 예방 및 대책에 관한 실무자 및 민간 전문가로 구성한다.

■ 제7조(학교폭력대책지역협의회의 구성 · 운영) ① 법 제10조의2에 따른 학교폭력대책지역협의회(이하 "지역협의회"라 한다)의 위원장은 시 · 군 · 구의 부단체장이 된다.

② 지역협의회의 위원장은 회의를 소집하고, 그 의장이 된다.

③ 지역협의회의 위원장이 부득이한 사유로 직무를 수행할 수 없을 때에는 위원장이 미리 지정하는 위원이 그 직무를 대행한다.

④ 지역협의회의 위원은 학식과 경험이 풍부하고 청소년보호에 투철한 사명감이 있는 사람으로서 다음 각 호의 어느 하나에 해당하는 사람 중에서 시장 · 군수 · 구청장이 해당 교육지원청의 교육장과 협의하여 임명하거나 위촉한다. 〈개정 2014. 6. 11., 2020. 2. 25.〉

1. 해당 시 · 군 · 구의 청소년보호 업무 담당 국장(국장이 없는 시 · 군 · 구는 과장을 말한다) 및 교육지원청의 생활지도 담당 국장(국장이 없는 교육지원청은 과장을 말한다)
2. 해당 시 · 군 · 구의회 의원
3. 해당 시 · 군 · 구를 관할하는 경찰서 소속 경찰공무원
4. 학생생활지도 경력이 5년 이상인 교원
5. 판사 · 검사 · 변호사
6. 「고등교육법」 제2조에 따른 학교의 조교수 이상 또는 청소년 관련 연구기관에서 이에 상당하는 직위에 재직하고 있거나 재직하였던 사람으로서 학교폭력 문제에 대하여 전문지식이 있는 사람
7. 청소년 선도 및 보호 단체에서 청소년보호활동을 5년 이상 전문적으로 담당한 사람
8. 학교운영위원회 위원 또는 심의위원회 위원으로 활동하거나 활동한 경험이 있는 학부모
9. 그 밖에 학교폭력 예방 및 청소년보호에 대한 지식과 경험을 가진 사람

⑤ 지역협의회 위원의 임기는 2년으로 한다. 다만, 지역위원회 위원의 사임 등으로 새로 위촉되는 위원의 임기는 전임위원 임기의 남은 기간으로 한다.

⑥ 시장 · 군수 · 구청장은 제4항제2호부터 제9호까지의 규정에 따른 지역협의회의 위원이 제3조의2 각 호의 어느 하나에 해당하는 경우에는 해당 위원을 해임하거나 해촉할 수 있다. 〈신설 2016. 5. 10.〉

⑦ 지역협의회에는 사무를 처리하기 위해 간사 1명을 두며, 간사는 지역협의회의 위원장과 교육장이 시 · 군 · 구 또는 교육지원청 소속 공무원 중에서 협의하여 정하는 사람으로 한다. 〈개정 2014. 6. 11., 2016. 5. 10.〉

■ 제8조(전담부서의 구성 등) 법 제11조제1항에 따라 다음 각 호의 업무를 수행하기 위하여 시 · 도교육청 및 교육지원청에 과 · 담당관 또는 팀을 둔다. 〈개정 2014. 6. 11., 2020. 2. 25.〉

1. 학교폭력 예방과 근절을 위한 대책의 수립과 추진에 관한 사항
2. 학교폭력 피해학생의 치료 및 가해학생에 대한 조치에 관한 사항
3. 학교폭력 피해학생과 가해학생 간의 관계 회복을 위하여 필요한 조치에 관한 사항
4. 그 밖에 학교폭력의 예방 및 대책과 관련하여 교육감이 정하는 사항

■ 제9조(실태조사) ① 법 제11조제8항에 따라 교육감이 실시하는 학교폭력 실태조사는 교육부장관과 협의하여 다른 교육감과 공동으로 실시할 수 있다. 〈개정 2013. 3. 23.〉

② 교육감은 학교폭력 실태조사를 교육 관련 연구 · 조사기관에 위탁할 수 있다.

■ 제10조(전문기관의 설치 등) ① 교육감은 법 제11조제9항에 따라 시 · 도교육청 또는 교육지원청에 다음 각 호의 업무를 수행하는 전문기관을 설치 · 운영할 수 있다. 〈개정 2014. 6. 11.〉

1. 법 제11조의2제1항에 따른 조사 · 상담 등의 업무
2. 학교폭력 피해학생 · 가해학생에 대한 치유프로그램 운영 업무

② 교육감은 제1항제2호에 따른 치유프로그램 운영 업무를 다음 각 호의 어느 하나에 해당하는 기관 · 단체 · 시설에 위탁하여 수행하게 할 수 있다. 〈개정 2012. 7. 31., 2012. 9. 14.〉

1. 「청소년복지 지원법」 제31조제1호에 따른 청소년쉼터, 「청소년 보호법」 제35조제1항에 따른 청소년 보호 · 재활센터 등 청소년을 보호하기 위하여 국가 · 지방자치단체가 운영하는 시설
2. 「청소년활동진흥법」 제10조에 따른 청소년활동시설
3. 학교폭력의 예방과 피해학생 및 가해학생의 치료 · 교육을 수행하는 청소년 관련 단체
4. 청소년 정신치료 전문인력이 배치된 병원

5. 학교폭력 피해학생 · 가해학생 및 학부모를 위한 프로그램을 운영 하는 종교기관 등의 기관

6. 그 밖에 교육감이 치유프로그램의 운영에 적합하다고 인정하는 기관

③ 제1항에 따른 전문기관의 설치 · 운영에 관한 세부사항은 교육감이 정한다.

■ 제11조(학교폭력 조사 · 상담 업무의 위탁 등) 교육감은 법 제11조의2제2항에 따라 학교폭력 예방에 관한 사업을 3년 이상 수행한 기관 또는 단체 중에서 학교폭력의 예방 및 사후조치 등을 수행하는 데 적합하다고 인정하는 기관 또는 단체에 법 제11조의2제1항의 업무를 위탁할 수 있다.

■ 제12조(관계 기관과의 협조 사항 등) 법 제11조의3에 따라 학교폭력과 관련한 개인정보 등을 협조를 요청할 때에는 문서로 하여야 한다.

■ 제13조(심의위원회의 설치 및 심의사항) ① 법 제12조제1항 단서에서 "대통령령으로 정하는 사유가 있는 경우"란 학교폭력 피해학생과 가해학생이 각각 다른 교육지원청(교육지원청이 없는 경우 법 제12조제1항에 따라 조례로 정하는 기관으로 한다. 이하 같다) 관할 구역 내의 학교에 재학 중인 경우를 말한다. 〈개정 2020. 2. 25.〉

② 법 제12조제2항제5호에서 "대통령령으로 정하는 사항"이란 학교폭력의 예방 및 대책과 관련하여 학교의 장이 건의하는 사항을 말한다. 〈개정 2020. 2. 25.〉

[제목개정 2020. 2. 25.]

■ 제14조(심의위원회의 구성 · 운영) ① 심의위원회의 위원은 다음 각 호의 어느 하나에 해당하는 사람 중에서 해당 교육장(교육장이 없는 경우 법 제12조제1항에 따라 조례로 정하는 기관의 장으로 한다. 이하 이 조, 제14조의2제5항, 제20조제1항 전단 및 제22조에서 같다)이 임명하거나 위촉한다. 〈개정 2020. 2. 25.〉

1. 해당 교육지원청의 생활지도 업무 담당 국장 또는 과장(법 제12조제1항에 따라 조례로 정하는 기관의 경우 해당 기관 소속의 공무원 또는 직원으로 한다)

1의2. 해당 교육지원청의 관할 구역을 관할하는 시 · 군 · 구의 청소년보호 업무 담당 국장 또는 과장

2. 교원으로 재직하고 있거나 재직했던 사람으로서 학교폭력 업무 또는 학생생활지도 업무 담당 경력이 2년 이상인 사람

2의2. 「교육공무원법」 제2조제2항에 따른 교육전문직원으로 재직하고 있거나 재직했던 사람

3. 법 제13조제1항에 따른 학부모

4. 판사 · 검사 · 변호사

5. 해당 교육지원청의 관할 구역을 관할하는 경찰서 소속 경찰공무원

6. 의사 자격이 있는 사람

6의2. 「고등교육법」 제2조에 따른 학교의 조교수 이상 또는 청소년 관련 연구기관에서 이에 상당하는 직위에 재직하고 있거나 재직했던 사람으로서 학교폭력 문제에 대하여 전문지식이 있는 사람

6의3. 청소년 선도 및 보호 단체에서 청소년보호활동을 2년 이상 전문적으로 담당한 사람

7. 그 밖에 학교폭력 예방 및 청소년보호에 대한 지식과 경험이 풍부한 사람

② 심의위원회의 위원장은 위원 중에서 교육장이 임명하거나 위촉하는 사람이 되며, 위원장이 부득이한 사유로 직무를 수행할 수 없을 때에는 위원장이 미리 지정하는 위원이 그 직무를 대행한다. 〈개정 2020. 2. 25.〉

③ 심의위원회의 위원의 임기는 2년으로 한다. 다만, 심의위원회 위원의 사임 등으로 새로 위촉되는 위원의 임기는 전임위원 임기의 남은 기간으로 한다. 〈개정 2020. 2. 25.〉

④ 교육장은 제1항제2호, 제2호의2, 제3호부터 제6호까지, 제6호의2, 제6호의3 및 제7호에 따른 심의위원회의 위원이 제3조의2 각 호의 어느 하나에 해당하는 경우에는 해당 위원을 해임하거나 해촉할 수 있다. 〈신설 2016. 5. 10., 2020. 2. 25.〉

⑤ 심의위원회의 회의는 재적위원 과반수의 출석으로 개의하고, 출석위원 과반수의 찬성으로

의결한다. 〈개정 2016. 5. 10., 2020. 2. 25.〉

⑥ 심의위원회의 위원장은 해당 교육지원청 소속 공무원(법 제12조제1항에 따라 조례로 정하는 기관의 경우 직원을 포함한다) 중에서 심의위원회의 사무를 처리할 간사 1명을 지명한다. 〈개정 2016. 5. 10., 2020. 2. 25.〉

⑦ 심의위원회의 회의에 출석한 위원에게는 예산의 범위에서 수당과 여비를 지급할 수 있다. 다만, 공무원인 위원이 그 소관 업무와 직접적으로 관련하여 회의에 출석한 경우에는 그렇지 않다. 〈개정 2016. 5. 10., 2020. 2. 25.〉

⑧ 심의위원회는 필요하다고 인정할 때에는 학교폭력이 발생한 해당 학교 소속 교원이나 학교폭력 예방 및 대책과 관련된 분야의 전문가 등을 출석하게 하거나 서면 등의 방법으로 의견을 들을 수 있다. 〈개정 2020. 2. 25.〉

⑨ 제1항부터 제8항까지에서 규정한 사항 외에 심의위원회의 운영 등에 필요한 사항은 교육장이 정한다. 〈신설 2020. 2. 25.〉

[제목개정 2020. 2. 25.]

■ 제14조의2(소위원회) ① 심의위원회의 업무를 효율적으로 수행하기 위하여 필요하면 심의위원회에 소위원회를 둘 수 있다.

② 제1항에 따른 소위원회(이하 "소위원회"라 한다)의 위원은 심의위원회의 위원으로 구성한다.

③ 심의위원회는 필요한 경우에는 그 심의 사항을 소위원회에 위임할 수 있으며, 이 경우 소위원회에서 심의 · 의결된 사항은 심의위원회에서 심의 · 의결된 것으로 본다.

④ 소위원회는 심의가 끝나면 그 결과를 심의위원회에 보고해야 한다.

⑤ 제1항부터 제4항까지에서 규정한 사항 외에 소위원회의 설치 · 운영에 필요한 사항은 교육장이 정한다.

[본조신설 2020. 2. 25.]

■ 제14조의3(학교의 장의 자체해결) 학교의 장은 법 제13조의2제1항에 따라 학교폭력사건

을 자체적으로 해결하는 경우 피해학생과 가해학생 간에 학교폭력이 다시 발생하지 않도록 노력해야 하며, 필요한 경우에는 피해학생 · 가해학생 및 그 보호자 간의 관계 회복을 위한 프로그램을 운영할 수 있다.

[본조신설 2020. 2. 25.]

■ 제15조(상담실 설치) 법 제14조제1항에 따른 상담실은 다음 각 호의 시설 · 장비를 갖추어 상담활동이 편리한 장소에 설치하여야 한다.

1. 인터넷 이용시설, 전화 등 상담에 필요한 시설 및 장비
2. 상담을 받는 사람의 사생활 노출 방지를 위한 칸막이 및 방음시설

■ 제16조(전담기구 운영 등) ① 법 제14조제3항에 따른 학교폭력문제를 담당하는 전담기구(이하 "전담기구"라 한다)의 구성원이 되는 학부모는 「초 · 중등교육법」 제31조에 따른 학교운영위원회에서 추천한 사람 중에서 학교의 장이 위촉한다. 다만, 학교운영위원회가 설치되지 않은 학교의 경우에는 학교의 장이 위촉한다.

② 전담기구는 가해 및 피해 사실 여부에 관하여 확인한 사항을 학교의 장에게 보고해야 한다.

③ 제1항 및 제2항에서 규정한 사항 외에 전담기구의 운영에 필요한 사항은 학교의 장이 정한다.

[전문개정 2020. 2. 25.]

■ 제17조(학교폭력 예방교육) 학교의 장은 법 제15조제5항에 따라 학생과 교직원 및 학부모에 대한 학교폭력 예방교육을 다음 각 호의 기준에 따라 실시한다.

1. 학기별로 1회 이상 실시하고, 교육 횟수 · 시간 및 강사 등 세부적인 사항은 학교 여건에 따라 학교의 장이 정한다.
2. 학생에 대한 학교폭력 예방교육은 학급 단위로 실시함을 원칙으로 하되, 학교 여건에 따라 전체 학생을 대상으로 한 장소에서 동시에 실시할 수 있다.
3. 학생과 교직원, 학부모를 따로 교육하는 것을 원칙으로 하되, 내용에 따라 함께 교육할

수 있다.

4. 강의, 토론 및 역할연기 등 다양한 방법으로 하고, 다양한 자료나 프로그램 등을 활용하여야 한다.

5. 교직원에 대한 학교폭력 예방교육은 학교폭력 관련 법령에 대한 내용, 학교폭력 발생 시 대응요령, 학생 대상 학교폭력예방 프로그램 운영 방법 등을 포함하여야 한다.

6. 학부모에 대한 학교폭력 예방교육은 학교폭력 징후 판별, 학교폭력 발생 시 대응요령, 가정에서의 인성교육에 관한 사항을 포함하여야 한다.

■ 제17조의2(가해자와 피해학생 분리 조치의 예외) 법 제16조제1항 각 호 외의 부분 단서에서 "피해학생의 반대의사 등 대통령령으로 정하는 특별한 사정"이란 다음 각 호의 경우를 말한다.

1. 피해학생이 반대의사를 표명하는 경우

2. 가해자(교사를 포함한다. 이하 이 조에서 같다) 또는 피해학생이 「학교안전사고 예방 및 보상에 관한 법률」 제2조제4호에 따른 교육활동 중이 아닌 경우

3. 법 제17조제4항 전단에 따른 조치로 이미 가해자와 피해학생이 분리된 경우

[본조신설 2021. 6. 22.]

■ 제18조(피해학생의 지원범위 등) ① 법 제16조제6항 단서에 따른 학교안전공제회 또는 시 · 도교육청이 부담하는 피해학생의 지원범위는 다음 각 호와 같다. 〈개정 2021. 6. 22.〉

1. 교육감이 정한 전문심리상담기관에서 심리상담 및 조언을 받는 데 드는 비용

2. 교육감이 정한 기관에서 일시보호를 받는 데 드는 비용

3. 「의료법」에 따라 개설된 의료기관, 「지역보건법」에 따라 설치된 보건소 · 보건의료원 및 보건지소, 「농어촌 등 보건의료를 위한 특별조치법」에 따라 설치된 보건진료소, 「약사법」에 따라 등록된 약국 및 같은 법 제91조에 따라 설립된 한국희귀 · 필수의약품센터에서 치료 및 치료를 위한 요양을 받거나 의약품을 공급받는 데 드는 비용

② 제1항의 비용을 지원 받으려는 피해학생 및 보호자가 학교안전공제회 또는 시 · 도교육청

에 비용을 청구하는 절차와 학교안전공제회 또는 시 · 도교육청이 비용을 지급하는 절차는 「학교안전사고 예방 및 보상에 관한 법률」 제41조를 준용한다.

③ 학교안전공제회 또는 시 · 도교육청이 법 제16조제6항에 따라 가해학생의 보호자에게 상환청구를 하는 범위는 제2항에 따라 피해학생에게 지급하는 모든 비용으로 한다. 〈개정 2021. 9. 29.〉

■ 제19조(가해학생에 대한 조치별 적용 기준) 법 제17조제1항의 조치별 적용 기준은 다음 각 호의 사항을 고려하여 결정하고, 그 세부적인 기준은 교육부장관이 정하여 고시한다. 〈개정 2013. 3. 23.〉

1. 가해학생이 행사한 학교폭력의 심각성 · 지속성 · 고의성
2. 가해학생의 반성 정도
3. 해당 조치로 인한 가해학생의 선도 가능성
4. 가해학생 및 보호자와 피해학생 및 보호자 간의 화해의 정도
5. 피해학생이 장애학생인지 여부

■ 제20조(가해학생에 대한 전학 조치) ① 교육장은 심의위원회가 법 제17조제1항에 따라 가해학생에 대한 전학 조치를 요청하는 경우에는 그 사실을 해당 학생이 소속된 학교의 장에게 통보해야 한다. 이 경우 해당 통보를 받은 학교의 장은 교육감 또는 교육장에게 해당 학생이 전학할 학교의 배정을 지체 없이 요청해야 한다. 〈개정 2020. 2. 25.〉

② 교육감 또는 교육장은 가해학생이 전학할 학교를 배정할 때 피해학생의 보호에 충분한 거리 등을 고려하여야 하며, 관할구역 외의 학교를 배정하려는 경우에는 해당 교육감 또는 교육장에게 이를 통보하여야 한다.

③ 제2항에 따른 통보를 받은 교육감 또는 교육장은 해당 가해학생이 전학할 학교를 배정하여야 한다.

④ 교육감 또는 교육장은 제2항과 제3항에 따라 전학 조치된 가해학생과 피해학생이 상급학교에 진학할 때에는 각각 다른 학교를 배정하여야 한다. 이 경우 피해학생이 입학할 학교를

우선적으로 배정한다.

■ 제21조(가해학생에 대한 우선 출석정지 등) ① 법 제17조제4항에 따라 학교의 장이 출석정지 조치를 할 수 있는 경우는 다음 각 호와 같다.

1. 2명 이상의 학생이 고의적 · 지속적으로 폭력을 행사한 경우
2. 학교폭력을 행사하여 전치 2주 이상의 상해를 입힌 경우
3. 학교폭력에 대한 신고, 진술, 자료제공 등에 대한 보복을 목적으로 폭력을 행사한 경우
4. 학교의 장이 피해학생을 가해학생으로부터 긴급하게 보호할 필요가 있다고 판단하는 경우

② 학교의 장은 제1항에 따라 출석정지 조치를 하려는 경우에는 해당 학생 또는 보호자의 의견을 들어야 한다. 다만, 학교의 장이 해당 학생 또는 보호자의 의견을 들으려 하였으나 이에 따르지 아니한 경우에는 그러하지 아니하다.

■ 제22조(가해학생의 조치 거부 · 기피에 대한 추가 조치) 심의위원회는 법 제17조제1항제2호부터 제9호까지의 조치를 받은 학생이 해당 조치를 거부하거나 기피하는 경우에는 법 제17조제11항에 따라 교육장으로부터 그 사실을 통보받은 날부터 7일 이내에 추가로 다른 조치를 할 것을 교육장에게 요청할 수 있다. 〈개정 2020. 2. 25.〉

■ 제23조(퇴학학생의 재입학 등) ① 교육감은 법 제17조제1항제9호에 따라 퇴학 처분을 받은 학생에 대하여 법 제17조제12항에 따라 해당 학생의 선도의 정도, 교육 가능성 등을 종합적으로 고려하여 「초 · 중등교육법」 제60조의3에 따른 대안학교로의 입학 등 해당 학생의 건전한 성장에 적합한 대책을 마련하여야 한다.

② 제1항에서 규정한 사항 외에 가해학생에 대한 조치 및 재입학 등에 필요한 세부사항은 교육감이 정한다.

■ 제24조삭제 〈2020. 2. 25.〉

■ 제25조(분쟁조정의 신청) 피해학생, 가해학생 또는 그 보호자(이하 "분쟁당사자"라 한다) 중 어느 한 쪽은 법 제18조에 따라 해당 분쟁사건에 대한 조정권한이 있는 심의위원회 또는 교육감에게 다음 각 호의 사항을 적은 문서로 분쟁조정을 신청할 수 있다. 〈개정 2020. 2. 25.〉

1. 분쟁조정 신청인의 성명 및 주소
2. 보호자의 성명 및 주소
3. 분쟁조정 신청의 사유

■ 제26조(심의위원회 위원의 제척 · 기피 및 회피) ① 심의위원회의 위원은 법 제16조, 제17조 및 제18조에 따라 피해학생과 가해학생에 대한 조치를 요청하는 경우와 분쟁을 조정하는 경우 다음 각 호의 어느 하나에 해당하면 해당 사건에서 제척된다. 〈개정 2020. 2. 25.〉

1. 위원이나 그 배우자 또는 그 배우자였던 사람이 해당 사건의 피해학생 또는 가해학생의 보호자인 경우 또는 보호자였던 경우
2. 위원이 해당 사건의 피해학생 또는 가해학생과 친족이거나 친족이었던 경우
3. 그 밖에 위원이 해당 사건의 피해학생 또는 가해학생과 친분이 있거나 관련이 있다고 인정하는 경우

② 학교폭력과 관련하여 심의위원회를 개최하는 경우 또는 분쟁이 발생한 경우 심의위원회의 위원에게 공정한 심의를 기대하기 어려운 사정이 있다고 인정할 만한 상당한 사유가 있을 때에는 분쟁당사자는 심의위원회에 그 사실을 서면으로 소명하고 기피신청을 할 수 있다. 〈개정 2020. 2. 25.〉

③ 심의위원회는 제2항에 따른 기피신청을 받으면 의결로써 해당 위원의 기피 여부를 결정해야 한다. 이 경우 기피신청 대상이 된 위원은 그 의결에 참여하지 못한다. 〈개정 2020. 2. 25.〉

④ 심의위원회의 위원이 제1항 또는 제2항의 사유에 해당하는 경우에는 스스로 해당 사건을 회피할 수 있다. 〈개정 2020. 2. 25.〉

[제목개정 2020. 2. 25.]

■ 제27조(분쟁조정의 개시) ① 심의위원회 또는 교육감은 제25조에 따라 분쟁조정의 신청을 받으면 그 신청을 받은 날부터 5일 이내에 분쟁조정을 시작해야 한다. 〈개정 2020. 2. 25.〉

② 심의위원회 또는 교육감은 분쟁당사자에게 분쟁조정의 일시 및 장소를 통보해야 한다. 〈개정 2020. 2. 25.〉

③ 제2항에 따라 통지를 받은 분쟁당사자 중 어느 한 쪽이 불가피한 사유로 출석할 수 없는 경우에는 심의위원회 또는 교육감에게 분쟁조정의 연기를 요청할 수 있다. 이 경우 심의위원회 또는 교육감은 분쟁조정의 기일을 다시 정해야 한다. 〈개정 2020. 2. 25.〉

④ 심의위원회 또는 교육감은 심의위원회 위원 또는 지역위원회 위원 중에서 분쟁조정 담당자를 지정하거나, 외부 전문기관에 분쟁과 관련한 사항에 대한 자문 등을 할 수 있다. 〈개정 2020. 2. 25.〉

■ 제28조(분쟁조정의 거부 · 중지 및 종료) ① 심의위원회 또는 교육감은 다음 각 호의 어느 하나에 해당하는 사유가 발생한 경우에는 분쟁조정의 개시를 거부하거나 분쟁조정을 중지할 수 있다. 〈개정 2020. 2. 25.〉

1. 분쟁당사자 중 어느 한 쪽이 분쟁조정을 거부한 경우
2. 피해학생 등이 관련된 학교폭력에 대하여 가해학생을 고소 · 고발하거나 민사상 소송을 제기한 경우
3. 분쟁조정의 신청내용이 거짓임이 명백하거나 정당한 이유가 없다고 인정되는 경우

② 심의위원회 또는 교육감은 다음 각 호의 어느 하나에 해당하는 사유가 발생한 경우에는 분쟁조정을 끝내야 한다. 〈개정 2020. 2. 25.〉

1. 분쟁당사자 간에 합의가 이루어지거나 심의위원회 또는 교육감이 제시한 조정안을 분쟁당사자가 수락하는 등 분쟁조정이 성립한 경우
2. 분쟁조정 개시일부터 1개월이 지나도록 분쟁조정이 성립하지 아니한 경우

③ 심의위원회 또는 교육감은 제1항에 따라 분쟁조정의 개시를 거부하거나 분쟁조정을 중지한 경우 또는 제2항제2호에 따라 분쟁조정을 끝낸 경우에는 그 사유를 분쟁당사자에게 각각 통보해야 한다. 〈개정 2020. 2. 25.〉

■ 제29조(분쟁조정의 결과 처리) ① 심의위원회 또는 교육감은 분쟁조정이 성립하면 다음 각 호의 사항을 적은 합의서를 작성하여 분쟁당사자와 피해학생 및 가해학생이 소속된 학교의 장에게 각각 통보해야 한다. 〈개정 2020. 2. 25.〉

1. 분쟁당사자의 주소와 성명
2. 조정 대상 분쟁의 내용
   가. 분쟁의 경위
   나. 조정의 쟁점(분쟁당사자의 의견을 포함한다)
3. 조정의 결과

② 제1항에 따른 합의서에는 심의위원회가 조정한 경우에는 분쟁당사자와 조정에 참가한 위원이, 교육감이 조정한 경우에는 분쟁당사자와 교육감이 각각 서명날인해야 한다. 〈개정 2020. 2. 25.〉

③ 심의위원회의 위원장은 분쟁조정의 결과를 교육감에게 보고해야 한다. 〈개정 2020. 2. 25.〉

■ 제30조(긴급전화의 설치 · 운영) 법 제20조의2에 따른 긴급전화는 경찰청장과 시 · 도경찰청장이 운영하는 학교폭력 관련 기구에 설치한다. 〈개정 2020. 12. 31.〉

■ 제31조(정보통신망의 이용 등) 법 제20조의4제3항에 따라 국가 · 지방자치단체 또는 교육감은 정보통신망을 이용한 학교폭력 예방 업무를 다음 각 호의 기관 및 단체에 위탁할 수 있다.

1. 「한국교육학술정보원법」에 따라 설립된 한국교육학술정보원
2. 공공기관의 위탁을 받아 정보통신망을 이용하여 교육사업을 수행한 실적이 있는 기업
3. 학교폭력 예방에 관한 사업을 3년 이상 수행한 기관 또는 단체

■ 제31조의2(학교전담경찰관의 운영) ① 경찰청장은 법 제20조의6제1항에 따라 학교폭력 예방 및 근절을 위해 학교폭력 업무 등을 전담하는 경찰관(이하 "학교전담경찰관"이라 한다)

을 둘 경우에는 학생 상담 관련 학위나 자격증 소지 여부, 학생 지도 경력 등 학교폭력 업무 수행에 필요한 전문성을 고려해야 한다.

② 학교전담경찰관은 다음 각 호의 업무를 수행한다.

1. 학교폭력 예방활동
2. 피해학생 보호 및 가해학생 선도
3. 학교폭력 단체에 대한 정보 수집
4. 학교폭력 단체의 결성예방 및 해체
5. 그 밖에 경찰청장이 교육부장관과 협의해 학교폭력 예방 및 근절 등을 위해 필요하다고 인정하는 업무

③ 학교전담경찰관이 소속된 경찰관서의 장과 학교의 장은 학교폭력 예방 및 근절을 위해 상호 협력해야 한다.

[본조신설 2018. 12. 31.]

■ 제32조(영상정보처리기기의 통합 관제) 법 제20조의7제1항에 따라 영상정보처리기기를 통합하여 관제하려는 국가 및 지방자치단체는 다음 각 호의 절차를 거쳐 관계 전문가와 이해관계인의 의견을 수렴하여야 한다. 〈개정 2018. 12. 31.〉

1. 「행정절차법」에 따른 행정예고의 실시 또는 의견 청취
2. 학교운영위원회의 심의

■ 제33조(비밀의 범위) 법 제21조제1항에 따른 비밀의 범위는 다음 각 호와 같다.

1. 학교폭력 피해학생과 가해학생 개인 및 가족의 성명, 주민등록번호 및 주소 등 개인정보에 관한 사항
2. 학교폭력 피해학생과 가해학생에 대한 심의 · 의결과 관련된 개인별 발언 내용
3. 그 밖에 외부로 누설될 경우 분쟁당사자 간에 논란을 일으킬 우려가 있음이 명백한 사항

■ 제33조의2(고유식별정보의 처리) ① 국가 · 지방자치단체 또는 학교의 장은 다음 각 호의

사무를 수행하기 위하여 불가피한 경우 「개인정보 보호법 시행령」 제19조에 따른 주민등록번호 또는 외국인등록번호가 포함된 자료를 처리할 수 있다.

1. 법 제20조의5제2항에 따른 학생보호인력의 결격사유 유무 확인에 관한 사무
2. 법 제20조의5제5항에 따른 학생보호인력의 범죄경력조회에 관한 사무

② 법 제20조의5제3항에 따라 학생보호인력의 배치 및 활용 업무를 위탁받은 전문기관 또는 단체는 다음 각 호의 사무를 수행하기 위하여 불가피한 경우 「개인정보 보호법 시행령」 제19조에 따른 주민등록번호 또는 외국인등록번호가 포함된 자료를 처리할 수 있다.

1. 법 제20조의5제2항에 따른 학생보호인력의 결격사유 유무 확인에 관한 사무
2. 법 제20조의5제6항에 따른 학생보호인력의 범죄경력조회 신청에 관한 사무

[본조신설 2017. 6. 20.]

■ 제34조삭제 〈2021. 3. 2.〉

■ 제35조(과태료의 부과기준) 법 제23조제1항에 따른 과태료의 부과기준은 별표와 같다.
[본조신설 2018. 12. 31.]

부칙 〈제32018호, 2021. 9. 29.〉 (어려운 법령용어 정비를 위한 15개 법령의 일부개정에 관한 대통령령)
이 영은 공포한 날부터 시행한다.

참고 문헌

가족스트레스연구회(1994). 엄마의 스트레스. 서울: 창지사.

강영순 · 김종남(2012). 자기이해중심 부모교육 프로그램이 부모 효능감, 분노조절, 자아분화에 미치는 효과. 뇌교육연구, 9(10), 106-128.

강용주 · 박자경 · 구인순(2008). 자아인식 · 자아수용검사 타당화 연구. 기본과제보고서 (pp. 1-129). 한국장애인고용공단 고용개발원.

강정원 · 김순자(2006). 유아의 부적응 행동과 교사의 교수적 스트레스 및 교사-유아 관계. 한국아동학회, 27(1), 17-30.

검찰(2020). 범죄분석. https://www.spo.go.kr (2020. 12. 29. 인출).

경기도교육청(2011). 학교 언어폭력 예방 대책 (안). http://www.google.co.kr (2015. 9. 28. 인출).

경남일보(2015.08.25). 진주 모 어린이집 '원생 감금' 논란. http://www.gnnews.co.kr (2015. 9. 2. 인출).

고성혜(1992). 아동학대 개념규정 및 아동학대에 대한 모 · 자녀의 지각성향. 서울대학교 대학원 박사학위 논문.

고주애 · 손주영(2013). 아동 인성교육 콘텐츠 개발 연구. 서울: 초록우산 어린이재단 아동복지연구소.

고 현 · 황정련(2013). 교사와 어머니가 인식한 유아의 성역할 사회화 형성변인 분석. 유아교육연구, 33(2), 213-236.

곽영길(2007). 학교폭력 피해에 대한 인식과 경험에 관한 연구. 동국대학교 대학원 박사학위 논문.

곽현주 · 김명하(2014). 학교폭력예방의 이론과 실제 교과와 관련한 예비유아교사의 인식과 요구 분석. 유아교육학논집, 18(6), 263-281.

관계부처합동(2012). 학교폭력근절 종합대책. 국무총리실 보도자료 (2102. 2. 5). oneclick.law.go.kr (2015. 9. 2. 인출)

__________(2014). 제3차 학교폭력 예방 및 대책 기본계획(2015~2019). (2014. 12. 22).

교육과학기술부 · 한국교육개발원(2013). 2013 학교폭력 실태 건수 조사결과 발표.

교육부(2013). 학교폭력 사안처리 및 초기대응절차. 서울: 교육부.

______(2014). 성폭력 사안처리 가이드-교원용. 서울: 교육부.

______(2015a). 인성교육진흥법. http://www.law.go.kr (2015. 10. 2. 인출).

______(2015b). 인성교육진흥법 시행규칙안. http://www.moe.go.kr (2015. 10. 2. 인출).

______(2015c). 인성교육진흥법 시행령. http://www.law.go.kr (2015. 10. 2. 인출).

______(2015d). 학교폭력예방 종합 포털 사이트. http://stopbullying.or.kr (2015. 10. 26. 인출).

______(2016). 인성교육 5개년 종합계획(2016~2020). 세종: 교육부.

______(2017). 「인성교육 5개년 종합계획(2016~2020)」에 따른 2020년 인성교육 시행계획. 세종: 교육부.

______(2018). 「인성교육 5개년 종합계획(2016~2020)」에 따른 2020년 인성교육 시행계획. 세종: 교육부.

______(2019a). 학교내 성희롱성폭력 대응매뉴얼. 세종: 교육부.

______(2019b). 「인성교육 5개년 종합계획(2016~2020)」에 따른 2020년 인성교육 시행계획. 세종: 교육부.

______(2019c). 2019년 1차 학교폭력 실태조사 결과 발표 보도자료. 2019. 8. 26. 세종: 교육부.

______(2019d). 2019년 2차 학교폭력 실태조사 결과 발표 보도자료. 2019. 10. 10. 세종: 교육부.

______(2020a). 학교폭력예방 및 대책에 관한 법률. 세종: 교육부.

______(2020b). 학교폭력예방 및 대책에 관한 법률 시행령. 세종: 교육부.

______(2020c). 인성교육진흥법. 세종: 교육부.

______(2020d). 인성교육진흥법 시행령. 세종: 교육부.

______(2020e). 「인성교육 5개년 종합계획(2016~2020)」에 따른 2020년 인성교육 시행계획. 세종: 교육부.

______(2020f). 제4차 학교폭력예방 및 대책 기본계획 발표 보도자료. 2020.1. 14. 세종: 교육부.

교육부 · 법무부 · 이화여자대학교학교폭력예방연구소 · 청예단 · 자녀안심하고 학교보내기운동 국민재단 부설 한국법교육센터(2014). 학교폭력 사안처리 가이드북(개정판). 서울: 교육부.

교육부 · 보건복지부(2019). 2019 개정 누리과정 해설서. 세종: 교육부 · 보건복지부.

교육부 · 이화여자대학교 폭력예방연구소(2020). 학교폭력 사안처리 가이드북. 세종: 교육부 · 서울: 이화여자대학교 학교폭력예방연구소.

교육부 · 충청남도교육청 · 삼육대학교 웰빙건강심리연구소(2014). 학교폭력 유형별 맞춤형 대응 프로그램 개발: 집단따돌림 대응 프로그램 개발. 서울: 교육부.

교육부 · 한국교육개발원 · 한국교육학술정보원(2015). 2015년 2차 학교폭력 실태조사 분석결과 발표. 서울: 한국교육학술정보원.

교육인적자원부(2001). 성희롱 · 성폭력 예방교육 프로그램. 서울: 교육인적자원부.

____________(2006a). 유아를 위한 성교육 프로그램. 서울: 교육인적자원부.

____________(2006b). 유아의 사회성 발달을 돕는 협동 활동 프로그램. 서울: 교육인적자원부.

구본용(1999). 청소년의 또래관계. 서울: 한국청소년상담원.

국립국어원(2013). 표준국어대사전. 서울: 두산동아.

_________(2015). 표준국어대사전. http://stdweb2.korean.go.kr (2015. 8. 1. 인출).

권석만(1997). 젊은이를 위한 인간관계의 심리학. 서울: 학지사.

권정윤 · 황인주(2013). 유아를 위한 비폭력 의사소통 프로그램이 또래유능성과 공감능력에 미치는 효과. 유아교육연구, 33(1), 361-387.

김광수(2013). 긍정심리학에 기반한 학교폭력 예방과 대처의 방향과 과제. 한국초등교육, 24(1), 1-23.

김광준(2007). 임상연구: 학령전기 유아성폭력: 성폭력 전문 의료기관에서의 경험. 대한산부인과학회지, 50(1), 173-179.

김나현 · 유형근 · 조용선(2010). 초등학교 고학년의 언어폭력 예방을 위한 의사소통 훈련 프로그램 개발. 교원교육, 26(5), 1-26.

김미경(1998). 유아들의 내현과 외현 정서구별 능력 및 이해발달에 관한 연구. 유아교육학논집, 19(1), 5-28.

_____(2007). 사회적 지지와 귀인 성향이 또래괴롭힘 가해 및 피해에 미치는 영향. 서울여자대학교 특수치료전문대학원 석사학위 논문.

김설아(2013). 언어에 대한 권리(언어폭력)(pp. 1-6). 초록우산 어린이재단 아동복지 연구소 보고서, 6.

김성곤 · 황인호 · 차주환 · 장성화 · 김순자 · 윤향숙(2014). 학교폭력예방의 이론과 실제. 서울: 동문사.

김성민(2013). 학교폭력에 대한 심층심리학적 고찰과 대책. 신학과 실천, 35, 403-434.

김세루 · 홍혜경(2011). 협동적 문제해결에 기초한 유아 수학활동 프로그램 개발 및 효과. 유아교육연구, 30(4), 255-282.

김소영 · 노강욱(2013). 교사를 위한 학교폭력의 이해. 서울: 창지사.

김양은 · 조복희(2002). 영아기 자아인식 능력에 관한 연구. 아동학회지, 23(2), 17-30.

김영옥 · 장명림 · 유희정(2009). 유아인성교육 프로그램 개발 및 효과. 열린유아교육연구, 14(5), 297-324.

김옥희(2006). 초등학생의 은어와 비속어에 대한 지도방안 연구: 편지글을 중심으로. 신라대학교 교육대학원 석사학위 논문.

김은설 · 김수연(2009). 보육시설장 교사 윤리강령 개발연구. 서울: 한국보육시설연합회 · 한국육아정책연구소.

김은설 · 최은영 · 조아라(2013). 학교폭력 예방을 위한 영유아기 인성교육 강화방안. 서울: 육아정책연구소.

김은영 · 김진경 · 최경숙 · 조운주 · 조혜주 · 안진(2009). 유치원과 보육시설 시설 · 설비 기준 개발 연구. 연구보고 2009-06. 서울: 육아정책연구소.

김정은 · 신유림(2015). 유아의 부정적 정서성, 의도적 통제 및 부모-자녀관계가 유아의 정서조절에 미치는 영향. 생태유아교육연구, 14(1), 219-237.

김주혜 · 이종희(2013). 영아 블록놀이의 내용적, 상호작용적 특징: 영아 블록놀이의 가치. 미래유아교육학회지, 20(1), 97-124.

김준호 · 김선애(2003).학교폭력 실태에 대한 종단적 연구(2001-2002년). 한국청소년연구, 38, 5-47

김진숙 · 김은지 · 연미희 · 이인수 · 이창숙(2003). 인간관계 이론과 실제. 서울: 창지사.

김진영(2002). 유치원 블록놀이에 대한 질적 연구. 유아교육연구, 22(4), 147-172.

김창군 · 임계령(2010). 학교폭력의 발생원인과 대처방안. 법학연구, 38, 173-198.

김현주(2009). 분노조절 프로그램이 부모의 분노수준, 양육스트레스 및 양육효능감에 미치는 영향: 영화를 활용한 분노조절 프로그램과 일반 분노조절 프로그램의 효과 비교. 서강대학교 교육대학원 석사학위 논문.

김혜원(2011). 집단따돌림과 집단괴롭힘에 따른 남녀 청소년들의 심리적 건강, 학교인식 및 학교적응에 대한 구조분석. 청소년복지연구, 13(2), 173-198.

______(2013). 청소년 학교폭력-이해, 예방, 개입을 위한 지침서. 서울: 학지사.

남주희(2010). 아동의 성격차원과 분노표현의 관계: 특성분노의 매개효과. 한양대학교 대학원 석사학위 논문.

대한간호학회(1996). 간호학대사전. 서울: 대한간호학회.

대한의사협회(2006). 아동학대 예방 및 치료 지침서. 서울: 대한의사협회.

도중진 · 박광섭 · 박행렬(2012). 학교폭력의 예방 및 근절을 위한 지자체의 역할 수립 용역. 대전: 대전광역시.

두산동아(2006). 두산세계대백과. 서울: 두산출판사.

민경삼(2013). 학교폭력예방 및 대책에 관한 연구. 동국대학교 대학원 석사학위 논문.

문용린 · 김준호 · 임영식 · 곽금주 · 최지영 · 박병식 · 박효정 · 이규미 · 임재연 · 정규원 · 김충식 · 이정희 · 신순갑 · 진태원 · 장현우 · 박종효 · 장맹배 · 강주현 · 이유미 · 이주연 · 박명진(2006). 학교폭력 예방과 상담. 서울: 학지사.

문용린 · 임재연 · 이유미 · 강주현 · 김태희 · 김충식 · 김현수 · 김영란 · 이정옥 · 박종효 · 이진국 · 신순갑 · 최지영 · 김미란 · 리하르트 귄더 · 최정원 · 장맹배 · 이기숙 · 김미연(2008). 학교폭력 위기개입의 이론과 실제. 서울: 학지사.

박경현(2001). 언어폭력 예방을 위한 국어교육의 방향. 경찰대학 논문집, 21, 317-354.

박미애(2003). 학급 내 언어적 폭력의 내용 분석 -부산시 남자중학교를 중심으로. 부산대학교 대학원 석사학위 논문.

박미자 · 정상녀 · 박형신(2010). 소집단 협동 탐구활동이 유아의 과학적 탐구능력과 문제해결력에 미치는 영향. 유아교육연구, 30(1), 121-146.

박민정(2006). 초등학교 저학년 학생의 폭력적 언어와 유행어 사용실태 분석. 창원대학교 대학원 석사학위 논문.

박상도(2001). 청소년 학교폭력의 원인과 대처방안에 관한 연구. 대전대학교 대학원 박사학위 논문.

박상욱(2015). 학교폭력의 이론과 실제. 서울: 청람.

박윤아(2007). 분노조절프로그램이 정서 및 행동장애 위험 아동의 공격성 및 정서작 능력에 미치는 영향. 이화여자대학교 교육대학원 석사학위 논문.

박은미 · 박호선 · 권정숙 · 이자희(2002). 영유아를 위한 성폭력 예방교육 프로그램. 서울: 동문사.

박은혜(2009). 유아교사론. 서울: 창지사.

박은혜 · 김수연 · 김희진 · 김희태 · 박정선 · 이대균 · 이희경 · 조부경 · 조형숙 · 김미석 · 황해익(2010). 유아교육선진화 기반조성사업 5: 유치원 교원양성 및 임용 체계 개선방안. 서울: 육아정책연구소.

박은혜 · 이명선 · 성원경 · 함인자(2006). 유아를 위한 성교육 프로그램. 서울: 교육인적자원부.

박은혜 · 조운주(2013). 반성적 실천을 위한 유아교육실습. 서울: 창지사.

박정애(2000). 만4세 유아의 공격행동에 대한 연구: 기질과 스트레스와의 관계를 중심으로. 건국대학교 교육대학원 석사학위 논문.

박종효(2007). 집단따돌림(왕따)에 대한 이해: 발달경향과 정신건강의 관련성. 한국청소년연구, 18(1), 47-272.

박종효 · 진석언 · 최지영 · 곽윤정(2012). 집단따돌림 예방 프로그램 개발. 서울: 교육과학기술부 · 한국교통개발원.

박한철(1998). TV 폭력의 실태와 규제방안에 관한 연구. 연세대학교 교육대학원 석사학위 논문.

박혜숙(2012). 아동 성학대의 실태와 대책-아동보호 관련 전문가의 보고를 중심으로. 21세기 사회복지연구, 9(1), 169-193.

박혜진 · 권은주(2014). 연기론 기반으로 한 유아인성교육 모형 연구. 한국불교학, 72, 407-432.

박화순 · 마지순 · 안나리(2011). 교사가 지각한 교사-유아관계, 유아 자아개념 및 리더십의 관계. 유아교육연구, 31(6), 75-94.

박효정 · 정미경 · 박종효(2007). 학교폭력 예방 프로그램 개발 연구. 서울: 한국교육개발원.

반지정(2009). 분노조절 프로그램이 공격성향이 있는 아동의 분노통제 능력과 또래관계에 미치는 효과. 대구대학교 대학원 석사학위 논문.

백유미(2013). 유아 성폭력 예방교육 프로그램 개발을 위한 학부모의 성폭력예방교육 수행역량 요구도 분석. 열린유아교육연구, 18(2), 269-289.

법무부(2012). 학교폭력예방 및 대책에 관한 법률 Q&A. 서울: 법무부.

법무부(2021). 아동학대범죄의 처벌 등에 관한 특례법. 서울: 법무부.

법무부 · 교육과학기술부(2012). 학교폭력에 대한 교사의 역할-교사용. 서울: 법무부 · 교육과학기술부.

법제처(2014). 학교폭력예방 및 대책에 관한 법률. http://www.law.go.kr (2015. 10. 25. 인출).

_____(2015a). 찾기 쉬운 생활 법령 정보: 학교폭력 개요. http://oneclick.law.go.kr (2015. 8. 6. 인출).

____(2015b). 찾기 쉬운 생활 법령 정보: 학교폭력 개요. 언어폭력에 대처하는 방법. http://oneclick.law.go.kr (2015. 9. 28. 인출).

____(2019). 찾기 쉬운 생활 법령 정보: 학교폭력.

베스트 베이비 편집부(2012). 폭력적인 아이를 변화시키는 양육 솔루션. 베스트 베이비, 1, 160-163.

보건복지부(2020). 아동복지법. 세종: 보건복지부.

서울대상관계정신분석연구소(2002). 정신분석용어사전. 서울: 대상관계정신분석연구소.

서울대학교 교육연구소(2007). 학교폭력상담매뉴얼. 서울: 교육인적자원부.

서은희 · 이미숙(2012). 유아의 활동성 기질과 자기조절능력과의 관계: 어머니-유아관계, 교사-유아관계의 중재효과. 한국가정관리학회지, 30(2), 27-46.

서 현 · 서현아 · 박미자(2014). 그림책을 활용한 마음이해 활동이 유아의 공감능력과 대인문제해결사고에 미치는 효과. 유아교육연구, 34(5), 55-84.

성지현(2012). 유아의 연령과 놀이 영역에 따른 유아-보육교사 상호작용과 유아 언어 발달과의 관계에 관한 연구. 유아교육연구, 32(4), 229-253.

손인숙(2001). 유아의 유치원 적응 관련변인에 관한 연구. 전북대학교 대학원 박사학위 논문.

송명자(2007). 발달심리학. 서울: 학지사.

송은영 · 이경민(2014). 유치원에서의 따돌림 실태와 교사의 인식. 미래유아교육학회지, 21(3), 289-315.

송재홍 · 김광수 · 박성희 · 안이환 · 오익수 · 은혁기 · 정종진 · 조봉환 · 홍종관 · 황매향(2012). 학교폭력의 예방 및 대책. 서울: 학지사.

시사제주(2015.08.26). 원아 뺨 때리고, 이불 덮어 어두운 방 홀로 방치 어린이집 원장 기소. http://www.sisajeju.com (2015. 9. 12. 인출).

신건호 · 문연심(2006). 인간지향적 부모-자녀관계가 유아의 도움행동에 미치는 영향. 아동교육, 15(3), 257-269.

신수희 · 이완정(2014). 어머니, 교사 및 또래와의 관계에 대한 유아의 인식과 자아개념. 한국보육지원학회지, 10(5), 47-62.

신지혜 · 김혜순(2014). 유아의 정서조절과 도덕성이 리더십에 미치는 영향. 미래유아교육학회지, 21(2), 209-229.

심수영 · 문혁준(2014). 어머니의 언어통제 유형, 교사-유아관계가 유아의 사회적 능력에 미치는 영향. 생애학회지, 4(2), 61-74.

스쿨로(2020a). 학교폭력 개념 및 유형. http://schoolaw.lawinfo.or.kr (2021. 2. 17. 인출).

______(2020b). 학교폭력 진단하기. http://schoolaw.lawinfo.or.kr (2021. 2. 17. 인출).

여성가족부(2005). 성폭력 근절대책. 서울: 여성가족부.

________(2018). 2018년 아동 · 청소년 대상 성범죄 동향분석.

________(2020a). 아동 · 청소년의 성보호에 관한 법률. 서울: 여성가족부.

________(2020b). 성폭력 방지 및 피해자보호 등에 관한 법률. 서울: 여성가족부.

여성부(2009a). 아동성폭력 대응 매뉴얼: 학교용(교장 등 관리자 및 교사). 서울: 여성부.

______(2009b). 아동성폭력 대응 매뉴얼: 학교용(성폭력상담소 등 전문기관 종사자용). 서울: 여성부.

______(2009c). 아동성폭력 대응 매뉴얼: 학부모용. 서울: 여성부.

연합뉴스(2015.08.12). 지적장애 딸 학대한 계모…알고도 112신고 안 한 학교. http://www.yonhapnews.co.kr (2015. 10. 30. 인출).

오경희(2013). 학교폭력 예방을 위한 유아기 인성교육에 관한 탐색: '돌봄' 의 특성을 중심으로. 유아교육학논집, 17(4), 323-347.

오미경 · 안지영 · 김지신(2014). 아동의 공감능력이 언어폭력 가해경험에 영향을 미치는 경로: 자아탄력성과 폭력성향 친구접촉의 매개 역할. 청소년학연구, 21(10), 529-553.

오옥선(2014). 유아교사의 직업 환경적 요인이 교사효능감에 미치는 영향. 한국영유아보육학, 89, 103-125.

오인수(2013). 지속적 가해학생을 위한 효과적인 담론 참견 전략. 2013 한국교육학회 연차학술대회.

오　주 · 아영아(2006). 중학생 학교폭력 가해-피해 중복경험에 영향을 미치는 요인. 사회복지개발연구, 12(1), 79-100.

오현주(2006). 유아 교사의 아동학대와 신고 제도에 대한 인식 연구. 연세대학교 교육대학원 석사학위 논문.

울산광역시교육청(2011). 안전한 학교 만들기 위한 아동 · 청소년 성폭력 대응 매뉴얼. 울산: 울산광역시교육청.

유경애 · 김일민(2013). 교직윤리교육이 예비유아교사의 교직윤리 인식에 미치는 영향. 윤리교육연구, 31, 283-303.

유계숙 · 이승출 · 이혜미(2013). 집단따돌림 참여자 역할에 영향을 미치는 개인, 가족, 학교 관련변인. 한국가족관계학회지, 18(3), 63-89.

유구종 · 심우경(2014). 유치원 물리적 환경 변인이 유아의 사회정서 능력에 미치는 영향. 유아교육연구, 34(1), 177-201.

유연옥 · 송서정(2014). 유아의 연령별 인성교육 프로그램의 연구 경향. 사고개발, 10(3), 87-103.

유영옥(2009). 유아미술교육에서 유치원교사들의 동료장학에 대한 탐색. 아동교육, 18(3), 135-150.

유치원교원양성 · 임용제도개선연구단 · 한국4년제유아교사양성대학교수협의회 · 한국전문대학유아교육과교수협의회 · 한국국공립유치원교원연합회 · 한국유치원총연합회 · 전국사립유치원연합회(2011). 유치원 교사 헌장 · 강령. cfile205.uf.daum.net (2015. 10. 31. 인출).

육아정책연구소(2014). 유아교사 52%, 아동 간 따돌림 경향 있다고 밝혀… 유아기 인성교육 절실. 육아정책 Brief, 22. 서울: 육아정책연구소.

윤철경 · 강명숙(2012). 학교폭력 및 학교문화에 대한 학부모 · 교사 인식 조사 연구. 서울: 한국청소년정책연구원.

이경희 · 고재홍(2006). 유형별 초등학생 집단 따돌림 발생원인의 비교: 사회관계모형 분석. 한국심리학회지, 25(1), 23-45.

이나영(2008). 유아의 협동활동 프로그램 개발 및 효과 검증. 전남대학교 대학원 박사학위 논문.

이대균 · 백경순 · 홍영희(2006). 상품화된 조작 교구를 활용한 유아 수학 교육 프로그램이 유아의 수학 능력 발달에 미치는 효과. 열린유아교육연구, 11(2), 49-82.

이데일리(2015.08.13). 부산스럽다고 식탁의자에 24개월 유아 묶어둔 어린이집. http://www.edaily.co.kr (2015. 9. 3. 인출).

이미혜 · 최미숙(2010). 자연친화적 유아미술교육 프로그램 개발 및 효과. 유아교육연구, 30(2), 33-56.

이상균(1999). 학교에서의 또래폭력에 영향을 미치는 요인. 서울대학교 대학원 박사학위 논문.

______(2005). 청소년의 또래폭력 가해경험에 대한 생태 체계적 영향 요인. 한국아동복지학, 19, 141-170.

이선경 · 이민희 · 김경의(2014). 유아교사의 직무스트레스가 행복감과 조직몰입에 미치는 영향. 어린이문학교육연구, 15(4), 661-680.

이수경 · 박화윤 · 이부미(2005). 유아미술교육의 최근 동향과 발전 방향. 한국유아교육학회 2005 정기총회 및 학술대회: 한국유아교육의 미래를 위한 새로운 지평, 109-126.

이수영(2010). 초등학교 고학년의 언어폭력 예방을 위한 역할놀이 중심 집단상 프로그램 개발. 한국교원대학교 교육대학원 석사학위 논문.

이순례(2007). 언어 사용 실태 분석을 통한 국어 순화 지도 방안 -초등학교 1학년을 중심으로. 충북대학교 교육대학원 석사학위 논문.

이승은(2010). 유아의 정서에 관한연구: 정서이해, 정서유발원인, 표현방식, 연령차를 중심으로. 유아교육연구, 30(6), 67-94.

이영옥 · 천성문 · 류위자 · 정환경(2009). 학급단위 비폭력 의사소통훈련이 중학생의 의사소통 및 또래관계에 미치는 효과. 동서정신과학, 12(2), 47-57.

이용조(2014). 언어적 공격성 척도의 개발 및 타당화. 대구대학교 교육대학원 석사학위 논문.

이위환 · 김용주(2009). 현대사회와 인간관계론. 경기: 공동체.

이윤경(2007). 유아교사에게 스트레스를 주는 부모의 언어표현과 대처 방식. 아동복지연구, 5(1), 75-92.

이윤옥(2011). 협동학습에 기초한 그림책 활용 리더쉽 교육활동이 종일반 유아의 대인간 지능과 서번트 리더쉽에 미치는 영향. 유아교육학논집, 15(6), 189-212.

이은아 · 박상복(2007). Rosenberg의 비폭력 의사소통훈련 프로그램이 배척아동의 자아존중감과 또래관계에 미치는 효과. 동서정신과학, 10(2), 33-48.

이재연 · 정준미(2000). 부모의 아동기 폭력 경험과 자녀 체벌과의 관계모형. 한국아동학회지, 21(1), 85-98.

이종근(2013). 학교폭력의 원인과 대응방안에 관한 연구. 동아법학, 61, 1-27.

이주희 · 박희연 · 박은민(2011). 인성함양. 경기: 공동체.

이주희 · 최은정 · 최명선 · 박희현 · 진혜경(2008). 인간관계론. 경기: 공동체.

이혜련 · 최보가(2005). 유아의 개인 및 부모특성과 정서이해와 정서조절간의 관계. 대한가정학회지, 43(5), 1-14.

임부연(2011). 레비나스 타자철학에 기초한 유아인성교육의 미학적 접근. 유아교육연구, 31(5), 441-462.

임정란 · 오오현(2014). 공감능력 향상을 위한 학교폭력예방프로그램이 학교폭력에 방관적인 초등학생에게 미치는 영향. 상담학연구, 15(4), 1425-1440.

장미선 · 문혁준(2004). 유아의 공감에 관련된 변인 연구. 대한가정학회지, 42(9), 53-66.

전라남도진도교육지원청(2020). 2020 학교폭력 사안처리 매뉴얼. 전라남도: 진도교육지원청.

정미경 · 강미희(2005). 예비유아교사의 인형극 공연 경험이 유아에 대한 인식과 교수활동 및 자아인식에 미치는 효과. 유아교육연구, 25(2), 119-142.

정미라(2010). 유아의 성역할 정체감 유형에 따른 유치원 적응력. 아동교육, 19(3), 217-234.

정옥분 · 정순화 · 황현주(2009). 애착과 발달. 서울: 학지사.

정윤덕(2014). 유아학대 정부세종청사 어린이집 보육교사 실형. 연합뉴스 http://www.yonhapnews.co.kr (2015. 9. 26. 인출).

정현주 · 김하나 · 최보영(2012). 학교폭력 부모지침서. 서울: 한국청소년상담원.

조대훈 · 김승혜 · 강민수(2014). 학교폭력예방 및 대책. 서울: 박영사.

조선닷컴(2012). 학교 폭력 이젠 그만: 여섯살짜리가… "엄마, 나 죽으면 애들이 좋아할까?" http://news.chosun.com (2015. 10. 3. 인출).

조순옥 · 이경화 · 배인자 · 이정숙 · 김정원 · 민혜영(2014). 유아사회교육. 서울: 창지사.

조운주 · 최일선(2020). 유아사회교육. 서울: 창지사.

조종태(2012). 학교폭력에 대한 효율적 대처방안. 범죄예방정책연구, 24, 9-11.

조형숙(2007). 유아교사 교직윤리교육에 관한 소고. 교원교육, 23(3), 207-226.

조희숙 · 최인숙 · 김경중 · 정갑순 · 신화식 · 류왕호 · 조경미 · 박은준 · 최재숙 · 유인숙(1994). 아동발달심리. 서울: 학지사.

조희연(2015). 학교폭력 예방을 위한 인권교육 프로그램 개발 연구 -신체폭력, 언어폭력, 따돌림을 중심으로-. 경인교육대학교 교육대학원 석사학위 논문.

중앙아동보호전문기관(2015a). 보육교직원용 아동권리 자가 체크리스트. www.korea1391.org (2015. 10. 3. 인출).

________________(2015b). 어린이집 아동학대 조기발견을 위한 부모 안내서. www.korea1391.org (2015. 10. 3. 인출).

________________(2015c). 아동학대신고의무자가 꼭 알아야 하는 아동학대 예방요령. www.korea1391.org (2015. 10. 3. 인출).

________________(2015d). 아동학대 인지 및 신고요령. http://korea1391.org (2015. 10. 3. 인출).

________________(2015e). 사업소개. www.korea1391.org (2015. 10. 10. 인출).

지성애 · 정하나(2015). 유아공감교육에 대한 교사의 인식과 실태. 유아교육연구, 35(3),

101-126.

지성애 · 정현주 · 이영선 · 박유영(2007). 유치원과 초등학교에서의 역할놀이 현장 활용 비교. 유아교육연구, 27(1), 405-430.

차민희(2015). "학교폭력, 이렇게 대처하세요!" 학교폭력 SOS 지원단 전문상담원. http://hwaseongcity.tistory.com (2015. 10. 30. 인출).

찾기쉬운 생활법령정보(2020). 학교폭력 100문 100답. https://www.easylaw.go.kr (2021. 1. 2. 인출).

천세옥(2003). 통신언어 사용 실태 분석을 통한 국어 순화 방안. 충북대학교 교육대학원 석사학위 논문.

청소년폭력예방재단(2011). 전국 학교폭력 상담. 서울: 학지사.

초록우산(2015). 아동폭력예방교육. http://www.koreacap.or.kr (2015. 10. 25. 인출).

최덕경 · 강기정(2001). 청소년 학교폭력 실태 및 관련변인에 대한 탐색적 연구: 안성시 중 · 고등학생을 중심으로. 청소년 복지연구, 3(2), 89-103.

최옥련(2004). 유치원 교사의 직무 스트레스 요인별 분석. 한국유아교육연구, 1(2), 76-94.

최은아 · 송하나(2014). 유아의 의도적 통제와 작업기억이 정서조절에 미치는 영향: 성의 조절효과 검증. 아동학회지, 35(6), 65-78.

최태린 · 유구종 · 조희정(2015). 유아의 자아존중감이 교사-유아관계에 미치는 영향. 열린유아교육연구, 20(1), 207-227.

충남경찰(2015). 학부모들이 꼭 읽어야 할 학교폭력 대응기법. http://www.wikitree.co.kr (2015. 10. 30. 인출).

평승원(2014). 분노조절 프로그램이 초등학교 고학년 정서 및 행동장애 위험군 아동의 정서지능에 미치는 영향. 서울교육대학교 교육전문대학원 석사학위 논문.

학교폭력예방상담센터(2015). 학교폭력 유형별 초기대응. http://cafe.naver.com (2015. 10. 2. 인출).

학교폭력예방종합포털(2015). 학교폭력. http://www.stopbullying.or.kr (2015. 10. 30. 인출).

한국교육개발원(2010). 학교생활에서의 욕설사용 실태 및 순화대책 연구보고서. 서울: 한국교육개발원.

한국교육심리학회(2000). 교육심리학용어사전. 서울: 학지사.

한국기업교육학회(2010). HRD 용어사전. 서울: 중앙경제.

한국성폭력상담소(2005). http://www.sisters.or.kr/

한국심리학회(2014). 심리학용어사전. http://www.koreanpsychology.or.kr (2015. 7. 3. 인출).

한국여성개발원(2004). 성폭력 피해아동 보호대책에 관한 연구. 서울: 한국여성개발원.

한국여성정책연구원(2013). 2013년 성폭력 실태조사. 서울: 여성가족부.

한국우울증연구소(2015). 노바코분노척도. http://www.mykdi.co.kr (2015. 10. 31. 인출).

한국일보(2015.08.09). 두 살배기의 죽음 못 막은 아동학대특례법. http://www.hankookilbo.com (2015. 10. 30. 인출).

한국청소년상담원(2009). 학교폭력 어떻게 도와줄 것인가? 서울: 한국청소년상담원.

한국학교폭력상담협회(2013). 학교폭력상담이론과 실제. 경기: 양서원.

한림학사(2007). 개념어사전(통합논술). 서울: 청서출판.

한인영(2006). 성 학대 피해아동 및 가해자에 대한 개입 현황: 아동보호 전문기관 중심으로. 2006 아동기획포럼.

한찬희 · 김명순(2015). 유아교사의 역할놀이 유능성 증진을 위한 교사교육 프로그램의 개발 및 효과. 아동학회지, 36(1), 99-124.

함정현 · 민현정(2009). 한국 전래동화 영역본을 통한 영재교육 프로그램이 유아의 언어기능에 미치는 효과. 동방학, 17, 367-399.

해바라기아동센터(2006). 해바라기아동센터보고서. 서울: 해바라기아동센터.

현유정(2013). 학급 중심 언어문화 개선 프로그램이 초등학생의 언어폭력성과 자아존중감에 미치는 영향. 경인교육대학교 교육대학원 석사학위 논문.

현정환 · 후쿠시마 오사미(2002). 상담이론 그리고 연습. 서울: 창지사.

현지영 · 김수영(2015). 공감의 뿌리' 프로그램이 유아의 공감능력 향상과 공격성 감소에 미치는 효과. *아동교육, 24*(3), 313-328.

헬스조선(2015.02.09). 분노조절장애 증상…9개 해당하면 '공격성 강함'. http://health.chosun.com (2015. 10. 2. 인출).

홍순혜(2014). 학교폭력으로부터의 아동 보호 방안: 인성교육. *초록우산 어린이재단, 동광, 109*, 27-53.

홍진표(2015). 충동조절장애 앓는 대한민국, 욱하는 나도 혹시 충동조절장애 아닐까? 충동조절장애 자가진단. 삼성서울병원 우울증센터. http://www.samsunghospital.com (2015. 10. 3. 인출).

황혜경 · 윤희경 · 김지영 · 박호정 · 김성화(2014). *유아교사를 위한 학교폭력예방 및 대책*. 경기: 양서원.

Ajilchi, B., Kargar, F. R., & Ghoreishi, M. K. (2013). Relationship between the parenting styles of overstressed mothers with their children' s-Esteem. *Procedia - Social and Behavioral Sciences, 82*, 496-501.

Arizona Department of Education (2013). *Early learning standards*. Arizona: Arizona Department of Education.

Arthur A. E., Bigler, B. S., & Ruble, D. N. (2009). An experimental test of the effects of gender constancy on sex typing. *Journal of Experimental Child Psychology, 104*, 427-446.

Ashiabi, G. S. (2000). Promoting the emotional development of preschoolers. *Early Childhood Education Journal, 28*(2), 79-84.

Azria-Evans, M. (2004). Self-esteem and young children: Guiding principles. *Dimensions of Early Childhood, 32*(1), 21-27.

Berk, L. (1997). *Child development* (4th ed.). Needham Heights, MA: Allyn & Bacon.

Bjorklund, D. F. (1995). *Children's thinking: Developmental function and individual difference* (2th ed.). CA: Brooks/Cole Publishing Company.

Bosacki, S. L., & Moore, C. (2004). Preschoolers' understanding of simple and complex emotions: Links with gender and language. *Sex Roles, 50*(9), 659–675.

Bradley, R. T., Atkinson, M., Tomasino, D., & Rees, R. A. (2009). *Facilitating emotional self-regulation in preschool children: Efficacy of the early HeartSmarts® program in promoting social, emotional and cognitive development*. Boulder Creek, California: Institute of HeartMath.

Bussey, K., & Bandura, A. (1999). Social cognitive theory of gender development and differentiation. *Psychological Review, 106*, 676–713.

California Department of Education (2008). *California preschool learning foundation*. California: California Department of Education.

Cameron, L. (1998). Verbal abuse: A proactive approach. *Revolution, 8*(3–4), 76–79.

Denham, S. A. (2006). Social-emotional competence as support for school readiness: What is it and how do we assess it? *Early Education and Development, Special Issue: Measurement of School Readiness, 17*, 57–89.

Dodge, D. T., Colker, L. J., & Heroman, C. (2010). *The creative curriculum for preschool volume2: Interest areas* (5th ed.). Washington, DC: Teaching Strategies.

Dunfield, K., Kuhlmeier, V. A., O' Connell, L., & Kelley, E. (2011). Examining the diversity of prosocial behavior: Helping, sharing, and comforting in infancy. *Infancy, 16*(3), 227–247.

Felder, R. M., & Brent, R. (2007). Cooperative Learning. In P. A. Mabrouk(Ed.), *Active learning: Models from the analytical sciences*. Washington, DC: American Chemical Society.

Fritz, S., Brown, W., Lunde, J. P., & Banset, E. A. (1999). *Interpersonal skill for leadership*.

New Jersey: Prentice Hall, Inc.

Harris, T. A. (1967). I' m OK–You' re OK. http://selfdefinition.org (2015. 8. 11. 인출).

Harter, S. (1998). The development of self–representation. In W. Damon, & N. Eisenberg(Eds.), *Handbook of child psychology: Social, emotional and personality development* (5th ed., pp. 553–617). New York: Wiley.

Holmes, T. H., & Rahe, T. H. (1967). The social readjustment rating scale. *Journal of Psychosomatic Research, 11*(2), 213–218.

Infante, D., Riddle, B., Horvath, C., & Tumlin, S. (1992). Verbal aggressiveness: Message and reasons. *Communication Quarterly, 40*, 116–126.

Lortie, D. C. (1993). *교직사회: 교직과 교사의 삶* (진동섭 역). 서울: 양서원. (원저는 1975년 출판).

Louisiana Department of Education (2014). *Louisiana's birth to five early learning & development standards (ELDS)*. Louisiana: Louisiana Department of Education.

Magnusson, D. (1992). Individual development a longitudinal perspective. *European Journal of Personality, 6*(2), 119–138.

Manaster, H., & Jobe, M. (2012). Supporting preschoolers' positive peer relationships. *Young Children, 67*(5), 12–17.

Maxwell, L. E., & Chmielewski, E. J. (2008). Environmental personalization and elementary school children' s self–esteem. *Journal of Environmental Psychology, 28*, 143–153.

Mental Health America of Northern Kentucky & Southwest Ohio(2015). Novaco Anger scale. https://www.mhankyswoh.org (2015. 10. 2. 인출).

Moor, J. E., Cooper, B. R., Domitrovich, C. E., Morgan, N. R., Cleveland, M. J., Shah, H., Jacobson, L., & Greenberg, M. T. (2015). Quarterly the effects of exposure to an enhanced preschool program on the social–emotional functioning of at–risk children. *Early Childhood Research Quarterly, 32*, 127-138.

National Infant & Toddler Child Care Initiative (2010). *Relationships: The heart of development and learning*. Washington, DC: U.S. Department of Health and Human Services.

Olweus, D. (1994). Annotation: Bullying at school: Basic facts and effects of a school based intervention program. *Journal of Psychology and Psychiatry, 35*, 1171-1190.

Pennsylvania State University (2012). The PATHS® curriculum. http://www.prevention.psu.edu (2015. 7. 6. 인출).

Roe, B. D., & Ross, E. P. (1998). Student teaching and field experiences handbook. New Jersey: Prentice-Hall, Inc.

Rochat, P. (2003). Five levels of self-awareness as they unfold early in life. *Consciousness and Cognition 12*, 717-731.

Rochat, P., Broesch, T., & Jayne, K. (2012). Social awareness and early self-recognition. *Consciousness and Cognition, 21*, 1491-1497.

Seefeldt, C., & Wasik, B. A. (2006). *Early education: Three-, four-, and five-year-olds go to School* (2nd ed.). Upper Saddle River: Pearson Education. http://www.education.com (2015. 10. 3. 인출).

The Wisconsin Model Early Learning Standards Steering Committee (2013). *Wisconsin model early learning standards*. Wisconsin: The Wisconsin Model Early Learning Standards Steering Committee.

Zero to Three/National Center for Infant, Toddlers and Families (2003). 진단분류: 0-3 영유아기 정신 건강 및 발달 장애 진단 분류 (신의진 · 이경숙 · 이재영 공역). 서울: 하나출판사. (원저는 1994년 출판).

저자 소개

조 운 주

이화여자대학교 사범대학 유아교육과(문학사)
이화여자대학교 대학원 유아교육과(문학석사, 문학박사)
현, 한국교통대학교 유아교육과 교수

저서_『유아사회교육』
『유아교육기관에서의 유아생활지도』
『유아교육평가의 이론과 실제』

최 일 선

이화여자대학교 사범대학 유아교육과(문학사)
이화여자대학교 대학원 유아교육과(문학석사, 문학박사)
현, 경인교육대학교 유아교육과 교수

저서_『유아교육개론』
『유아교육기관에서의 유아생활지도』
『유아사회교육』

제3판

유아를 위한

학교폭력예방 및 대책

초 판 1쇄 발행 2016년 1월 11일
초 판 4쇄 발행 2019년 8월 21일
제2판 1쇄 발행 2021년 3월 5일
제3판 2쇄 발행 2024년 1월 12일

지 은 이 | 조운주 · 최일선
펴 낸 이 | 김기섭
편 집 인 | 이윤희
펴 낸 곳 | 창지사 www.changjisa.com
153-802 서울시 금천구 가산디지털 1로 83 파트너스타워 1차 9층
전화 (02) 719-2211~3
팩스 (02) 701-9386
등 록 | 1977년 4월 28일·제1-421호

ISBN 978-89-426-1555-1 (93370)

값 20,000원